dtv

Eckart Conze
Schatten des Kaiserreichs

Die Reichsgründung von 1871
und ihr schwieriges Erbe

dtv

Ausführliche Informationen über
unsere Autorinnen und Autoren und ihre Bücher
finden Sie unter www.dtv.de

Originalausgabe 2020
© 2020 dtv Verlagsgesellschaft mbH & Co. KG, München
Das Werk ist urheberrechtlich geschützt. Jede Verwertung ist nur mit
Zustimmung des Verlags zulässig. Das gilt insbesondere für Vervielfältigungen,
Übersetzungen und die Einspeicherung und Verarbeitung in
elektronischen Systemen.
Für Inhalte von Webseiten Dritter, auf die in diesem Werk verwiesen wird,
ist stets der jeweilige Anbieter oder Betreiber verantwortlich, wir übernehmen
dafür keine Gewähr. Rechtswidrige Inhalte waren zum Zeitpunkt der
Verlinkungen nicht erkennbar.
Lektorat und Satz: Ditta Ahmadi, Berlin
Druck und Bindung: CPI books GmbH, Leck
Printed in Germany · ISBN 978-3-423-28256-7

Den Freunden in Toronto
Helen Graham und James Retallack

Inhalt

Einleitung
**Reichsgründung und Nationalstaat:
In weiter Ferne, so nah** — 7

I Der Weg zum Nationalstaat — 23

**Deutscher Nationalismus zwischen
Krieg und Revolution** — 25
Vom Alten Reich zum Deutschen Bund –
Janusköpfigkeit der Nationalbewegung –
Deutsche Einheit, deutsche Freiheit,
deutsche Macht: 1848

Bismarck, Preußen und die nationale Frage — 40
Realpolitik – »Eisen und Blut« –
1866: Krieg und Revolution von oben

Das Kaiserreich als Kriegsgeburt — 62
Nationaler Krieg – nationaler Sieg –
Kaiserproklamation in Versailles – Einheit
durch Feindschaft – Reichsgründung –
Alternativlos?

II Der autoritäre Nationalstaat — 103

Grenzen der Demokratisierung: Das Reich und seine Verfassung — 104
Souveränität der Fürsten – Preußen-Deutschland – Primat der Exekutive: Bismarcks langer Schatten – Der Kaiser – Demokratisierung ohne Parlamentarisierung: Der Reichstag

Nationalismus im Nationalstaat — 134
Zwischen Partizipation und Aggression – Nationalismus und Antisemitismus – Der radikale Nationalismus und seine Feinde

Der imperiale Machtstaat — 159
»Wer von Europa spricht, hat unrecht.« – Nicht-Krieg als Frieden – Nur eine koloniale Episode? – »Nach jedem Krieg wird es besser.«

III Ein vergangenes Reich? — 197

Ein Sonderweg in die Moderne? — 199
Nationalgeschichte im Schatten der Katastrophe – Vom »deutschen Weg« zum »Sonderweg« – Das Kaiserreich als Geschichte und Vorgeschichte

Bismarck-Deutungen nach 1945: Vom allmählichen Verschwinden eines Problems — 221
Adenauer in Friedrichsruh – Bismarck in Bonn – Jenseits von Verklärung und Dämonisierung

Die Schlafwandler:
Ein Buch und seine Folgen 230
Doch hineingeschlittert? – Eine »normale«
Nation und ihre Interessen

Das Erbe der Hohenzollern 242
Eine fast normale Familie – Kronprinz und
»Führer« – »Vogelschiss« und national-
historischer Revisionismus

Schluss
Die Gegenwart der Vergangenheit 255

Dank	261
Anmerkungen	263
Literatur	273

Einleitung
Reichsgründung und Nationalstaat:
In weiter Ferne, so nah

»Hohenzollernwetter« herrschte in Berlin, als am 2. September 1873 auf dem Königsplatz vor dem Palais Raczynski, das wenige Jahre später dem Reichstag weichen musste, die Siegessäule in Anwesenheit des Kaisers feierlich eingeweiht wurde. »Eine Sommersonne, so lachend und unverhüllt wie vor drei Jahren über dem weiten Blutfelde von Sedan, strahlte über dem Plan«, berichtete die Vossische Zeitung, »und ließ ... die goldene, schöne Riesengestalt der Victoria-Borussia auf der Höhe der Säule in blendendem Glanze schimmern.«[1] Die von dem Architekten und Oberhofbaurat Johann Heinrich Strack, einem Schinkel-Schüler, entworfene Säule war das erste Nationaldenkmal des am 18. Januar 1871 in Versailles proklamierten Deutschen Reiches. In der Säule selbst sowie dem Bildprogramm der monumentalen Reliefs am Denkmalsockel und des Glasmosaiks in der Säulenhalle spiegelte sich ein nationales Geschichtsbild. »In diesen Bildern«, so formulierte es die für das Denkmal zuständige Baukommission, »kann die Erinnerung an die Macht und den Glanz des ehemaligen Deutschen Reiches und zugleich die Notwendigkeit der gegenwärtigen staatlichen Entwicklung aus der Vergangenheit der deutschen Geschichte zur Anschauung gebracht werden.« Für Kaiser Wilhelm I. war das Monument, wie er in der Einweihungsansprache betonte, ein »Zeugnis der Taten der Armee«. Vergoldete Kanonen aus dem Deutsch-Dänischen Krieg von 1864, dem

Preußisch-Österreichischen Krieg von 1866 und dem Deutsch-Französischen Krieg von 1870/71 schmückten die drei Trommeln der über fünfzig Meter hohen Säule. Auf ihr steht, fast neun Meter hoch, die von dem Berliner Bildhauer Friedrich Drake gegossene Siegesgöttin Viktoria mit dem Lorbeerkranz, die zugleich, am Adlerhelm und dem Feldzeichen mit dem Eisernen Kreuz unschwer zu erkennen, eine Borussia darstellt – die Kriegsgeburt des Deutschen Reiches als Triumph Preußens und seines Militärs.

»Das dankbare Vaterland dem siegreichen Heer« lautete 1873 die Inschrift am Sockel des Denkmals, nicht »König Wilhelm seinem siegreichen Volk«, wie ursprünglich vorgesehen. Auch dadurch brachte die Siegessäule den kleindeutsch-preußischen Bellizismus der Reichsgründungszeit zum Ausdruck. Soldaten aus den drei »Reichseinigungskriegen«, wie sie nun retrospektiv genannt wurden, gehörten zu den Ehrengästen bei der Einweihung und sogar einige greise Veteranen aus den Befreiungskriegen 1813/14. Auch der Kaiser erinnerte an die Kriege gegen das napoleonische Frankreich. Für das von Anton von Werner entworfene Mosaik in der Säulenhalle hatte er selbst das Thema vorgegeben, die »Rückwirkung des Kampfes gegen Frankreich auf die deutsche Einigung und die Schaffung des Deutschen Kaiserreiches«. Die Siegessäule feierte den deutschen Nationalstaat nicht als Werk der deutschen Nationalbewegung, sondern als militärischen Erfolg. Eine »monumentale Zeit« erfordere »monumentale Kunst«, hatte der Maler und Kunstkritiker Anton Teichlein 1871 geschrieben. Das »nationale Selbstgefühl« verlange ein Siegesdenkmal, und der Dank der Nation gebühre Krieg und Krieger: »Nicht auf der Tribüne, sondern auf dem Schlachtfelde ist die Einheit Deutschlands erfochten worden, … der Parlamentarismus hat, bei allen seinen Verdiensten, nicht das erste Anrecht auf monumentale Verherrlichung.«

Kurz vor dem Zweiten Weltkrieg wurde die Säule von den Nationalsozialisten im Zuge der Umgestaltung Berlins zur Reichshauptstadt »Germania« von ihrem ursprünglichen Standort entfernt und weiter westlich, am Großen Stern im Tiergarten, wiederaufgebaut und dabei um eine Trommel erhöht. Im Krieg nur leicht beschädigt, entging sie Zerstörungsabsichten der Siegermächte, vor allem Frankreichs, nach 1945. Verkehrsumtost steht sie heute weder für die neue deutsche Einheit seit 1989/90 wie das Brandenburger Tor noch für die freiheitliche Demokratie und den Parlamentarismus der Bundesrepublik wie der Reichstag mit der Kuppel von Norman Foster. Aber sie ragt als Geschichtszeichen in den Himmel über Berlin und in unsere Gegenwart hinein. Sie erinnert an den 1871 begründeten ersten deutschen Nationalstaat, das Kaiserreich, dessen Schatten bis in die Gegenwart reicht.

»Durch Kriege entstanden, konnte das unheilige Deutsche Reich preußischer Nation immer nur ein Kriegsreich sein. Als solches hat es, ein Pfahl im Fleische der Welt, gelebt, und als solches geht es zugrunde.«[2] Was Thomas Mann im amerikanischen Exil am 29. Mai 1945, wenige Tage nach dem Ende des Zweiten Weltkriegs in Europa, in seiner Rede über »Deutschland und die Deutschen« formulierte, gilt es nicht auch schon für das deutsche Kaiserreich? Die Kriegsgeburt von 1871, sie versank nach nicht einmal fünf Jahrzehnten im Ersten Weltkrieg. Kriegsniederlage und Revolution fegten sie hinweg. Doch der Schatten des Kaiserreichs lag über der Weimarer Republik, eine schwere Belastung, die zum Scheitern der ersten deutschen Demokratie entscheidend beitrug und ihre Zerstörung sowie die Machtübernahme der Nationalsozialisten begünstigte. Zwölf Jahre später lag der 74 Jahre zuvor in Versailles gegründete deutsche Nationalstaat – und mit ihm weite Teile Europas – in Schutt und Asche, durch den von Deutschland begonnenen Krieg und die von Deutschen begangenen Verbrechen auch moralisch ruiniert.

Begann 1871, was zwischen 1933 und 1945 so katastrophal endete? War im Kaiserreich das »Dritte Reich« bereits angelegt?

Generationen von Deutschen haben diese Fragen nach 1945 beschäftigt. Die Überwindung der deutschen Teilung im Jahr 1990 hat die Aufmerksamkeit erneut auf den ersten deutschen Nationalstaat gelenkt. Im Juni 1991 entschied der Deutsche Bundestag, den Regierungssitz der Bundesrepublik Deutschland von Bonn nach Berlin zu verlegen, in die Hauptstadt des Landes. In der Debatte, die der Abstimmung vorausging, spielten historische Argumente eine wichtige Rolle. Für die einen war Berlin als Hauptstadt des Deutschen Reiches durch dessen imperiale Ambitionen und Großmachtansprüche, vor allem aber durch den Nationalsozialismus und seine Verbrechen diskreditiert. Für die anderen ergab sich die Entscheidung für Berlin zwingend aus der deutschen Einheit und aus der durch sie gewonnenen neuen Nationalstaatlichkeit.

Drei Jahrzehnte später ringt die »Berliner Republik«, wie sie der Publizist Johannes Gross Anfang der 1990er Jahre nannte, mit einer Renationalisierung, ja einem neuen Nationalismus, der außenpolitische Bindungen, nicht zuletzt in Europa, infrage stellt und innenpolitisch und gesellschaftlich einer völkisch bestimmten nationalen Identität das Wort redet. Was verstehen die Deutschen der Gegenwart unter Nation? Und wie sehen sie damit sich selbst? Ein freiheitliches und demokratisches Nationsverständnis, wie es sich in den Jahrzehnten nach 1945 entfalten konnte, wird heute wieder herausgefordert. Es wird infrage gestellt von politischen Kräften, für die Nation nicht auf Freiheit, Demokratie und der Würde des Menschen beruht, sondern auf einer in erster Linie ethnisch begründeten Zusammengehörigkeit und auf einem Verständnis von Nation, das auf der Vorstellung der Abstammungsgemeinschaft beruht. Das ist der Kern der neuen nationalen Frage, die sich vor diesem Hintergrund zwangsläufig auch darauf bezieht, welches Bild ihrer nationalen Geschichte die Deutschen haben, wie sie diese Geschichte deuten. Und dabei geht es auch um das Kaiserreich.

Anderthalb Jahrhunderte nach seiner Gründung und mehr als hundert Jahre nach seinem Untergang ist uns dieses ferne Reich wieder näher gerückt. 2014 stritten die Deutschen über den Beginn des Ersten Weltkriegs und die Verantwortung des Kaiserreichs. Mit seinem Buch *Die Schlafwandler* löste der Historiker Christopher Clark eine Debatte aus, die an die berühmte »Fischer-Kontroverse« der 1960er Jahre erinnerte. Aber es ging nicht nur um die Vergangenheit. Das Kaiserreich, so war 2014 zu vernehmen, werde in ein schlechtes Licht gerückt, es werde als autoritär und aggressiv charakterisiert, um das Deutschland des 21. Jahrhunderts zu treffen und es an einer selbstbewussten nationalen Politik zu hindern. Die 2017 erstmals in den Bundestag gewählte AfD plädiert für eine Außenpolitik, die sich an Bismarck orientiert, und beklagt in einem Parlamentsantrag, dass die »gewinnbringenden Seiten der deutschen Kolonialzeit erinnerungspolitisch keinen Niederschlag finden«. Zugleich wird darüber gestritten, ob der deutsche Völkermord an den Herero und Nama in den Jahren 1904 bis 1908 Entschädigungsleistungen rechtfertigt. Auch der Umgang mit Kunst und Kultur aus kolonialen Kontexten ist umstritten. Das zeigt nicht zuletzt die Diskussion über das im wiedererrichteten Berliner Stadtschloss der Hohenzollern beheimatete Humboldt Forum und seine Ausstellung.

Auch durch solche Bauten rückt uns das preußisch-deutsche Kaiserreich wieder näher. Die historische Rekonstruktion prominenter Gebäude hat Debatten ausgelöst nicht nur über die symbolische und geschichtspolitische Botschaft, die von solchen Wiederaufbauten ausgeht, sondern auch über die selektive Aneignung von Architektur und Architekturgeschichte in der Berliner Republik. Warum musste der Palast der Republik, herausragendes Objekt politischer Architektur der späten DDR, abgerissen werden, um an seiner Stelle und am historischen Ort das alte Stadtschloss der Hohenzollern wiedererstehen zu lassen? Auch in Potsdam wurde die Fassade des im 18. Jahrhundert errichteten Stadtschlosses rekonstruiert. Es beherbergt heute den brandenburgischen Landtag. Und einen Steinwurf entfernt wächst der Turm der Garnisonkirche, im Zweiten Weltkrieg schwer beschädigt und 1968 gesprengt, in die Höhe. Streit begleitet auch dieses Rekonstruktionsprojekt von Anfang an. Es geht dabei um die preußisch-deutsche Geschichte, denn weit über den »Tag von Potsdam« hinaus, als Nationalkonservative und Nationalsozialisten dort im März 1933 ihren Schulterschluss öffentlich inszenierten, steht die Garnisonkirche für den Militärstaat Preußen, den Militarismus des preußisch-deutschen Kaiserreichs, darüber hinaus steht sie als Versammlungsort des nationalen Lagers nach 1918 für Republik- und Demokratiefeindschaft. Das stellt den Wiederaufbau vor große Herausforderungen, die dadurch nicht geringer werden, dass auch heutige Gegner unserer liberalen Demokratie die Rekonstruktion begrüßen und – öffentlich – unterstützen.

Sogar über die Hohenzollern selbst, das preußische Königs- und deutsche Kaiserhaus, diskutiert die Öffentlichkeit. Den Anlass dafür bilden weitreichende Entschädigungsforderungen der Familie des letzten deutschen Kaisers. Vordergründig geht es dabei um den Anteil der früheren Herrscherdynastie und insbesondere des ehemaligen Kronprinzen Wilhelm, des ältesten Sohns Wilhelms II., am Aufstieg und an der Machtübernahme des Nationalsozialismus. Haben die Hohenzollern, hat der Kronprinz der Diktatur Vorschub geleistet? Tatsächlich aber geht es um das Bild der Hohenzollern in der deutschen Geschichte, um das Bild Preußens und das Bild des Kaiserreichs. Warum, so fragt man sich, vertreten die Nachkommen des letzten Kaisers ihre Forderungen seit einiger Zeit mit so großem Selbstbewusstsein? Glauben sie die Öffentlichkeit auf ihrer Seite? Verspüren sie durch den Zeitgeist, das politische und gesellschaftliche Klima Rückenwind? Zu den Dynamiken einer Renationalisierung, die seit einiger Zeit in Europa und weltweit zu beobachten sind – und von denen sich die Bundesrepublik lange verschont glaubte – gehört in Deutschland fraglos ein veränderter Blick auf das Kaiserreich.

In diese Entwicklung fällt – am 18. Januar 2021 – der 150. Jahrestag der Reichsgründung von 1871. Jahrestage kommen ungerufen. Das hat Bundespräsident Gustav Heinemann 1971 festgestellt, als sich die Gründung des deutschen Kaiserreichs zum 100. Mal jährte. Weil die nationale Frage gerade jetzt wieder schärfer, zum Teil aggressiver gestellt und intensiver diskutiert wird und weil in dieser Auseinandersetzung Geschichtsbilder und Geschichtsdeutungen eine wichtige Rolle spielen, wird in diesem Buch der Versuch unternommen, die Reichsgründung von 1871 und den damals errichteten deutschen Nationalstaat, das Kaiserreich, im Licht der Gegenwart zu betrachten. Es ist historische Analyse und geschichtspolitische Intervention. »Das, was war«, so hat es der Historiker Johann Gustav Droysen einst formuliert, »interessiert uns nicht darum, weil es war, sondern weil es in gewissem Sinne noch ist und wirkt.«³ Wirkt das deutsche Kaiserreich anderthalb Jahrhunderte nach seiner Gründung noch auf die Bundesrepublik von heute nach? Wie blicken wir vom Beginn des 21. Jahrhunderts auf den deutschen Nationalstaat des 19. Jahrhunderts? Wie verhalten sich der 1871 im Spiegelsaal des Schlosses von Versailles begründete deutsche Nationalstaat und der Nationalstaat Bundesrepublik Deutschland zueinander?

Es ist die Geschichte des 1871 gegründeten Nationalstaats selbst, jenes Reiches, das nach einem »Höllensturz« (Ian Kershaw) in Krieg und Gewalt versank, die das Deutschland der Gegenwart von der Reichsgründung des Jahres 1871 trennt – und das nicht nur staatsrechtlich. Das schließt historische Erinnerung nicht aus – im Gegenteil. Im Sinne kritischer Reflexion ist diese Erinnerung heute wichtiger denn je. Aber es verbieten sich simple nationalhistorische und nationalpolitische Kontinuitätspostulate und ein Jubiläumsgedenken, das den deutschen Nationalstaat der Gegenwart als Fortsetzung des Nationalstaats von 1871 ansieht und versucht, ihn in dessen Tradition zu stellen. Alles, was uns das Reich von 1871 heute noch zu sagen hat, unterstreicht Distanz und Diskontinuität, und das gilt nicht nur für den Nationalsozialismus, es gilt auch für das Kaiserreich. Allein die Weimarer Republik kann einen Platz im Demokratiegedächtnis der Bundesrepublik beanspruchen. Die historische Vergegenwärtigung der Reichsgründung und ihrer Folgen wird durch diese Distanz erleichtert und erschwert zugleich. Erleichtert, weil Distanz einen weiteren Blick und klarere Urteile ermöglicht. Erschwert, weil Distanz und retrospektives Wissen oftmals zu einer Urteilsbildung führen, in der die Zukunft der Vergangenheit nicht als offen begriffen wird, sondern als geschlossen und determiniert. Für das Kaiserreich heißt das: Sosehr der Nationalsozialismus – implizit oder explizit – Fluchtpunkt und Frageperspektive jeder Auseinandersetzung mit der Geschichte des 1870/71 gegründeten Nationalstaats ist, ja sein muss, so wenig waren sein Aufstieg, seine Machtübernahme, seine Herrschaft und seine Verbrechen im Jahr 1871 vorherbestimmt.

Vor diesem Hintergrund liegt dem Buch ein doppeltes Verständnis der Reichsgründung zugrunde. Die Reichsgründung, das waren zum einen jene Ereignisse der Jahre um 1870, in denen sich unter preußischer Führung und vor dem Hintergrund des Deutsch-Französischen Krieges der deutsche Nationalstaat formierte, eine Abfolge von Ereignissen, die ihren symbolhaften Höhepunkt in der Proklamation des Deutschen Reiches in Versailles am 18. Januar 1871 fand. Aber als Nationalstaatsbildung war die Reichsgründung ein längerer Prozess, der sich aus politischen, ökonomischen, gesellschaftlichen und kulturellen Dynamiken speiste, die zum Teil viele Jahrzehnte zurückreichten: in die Zeit der Französischen Revolution, der napoleonischen Herrschaft, des Vormärz und der Revolution von 1848. Und diese Dynamiken, am mächtigsten die der Nationalisierung und des Nationalismus, endeten nicht mit der Ausrufung des Reiches, sondern setzten sich fort weit über 1871 hinaus. In den Jahrzehnten nach 1871 nahm der Nationalstaat Gestalt an, er entwickelte und veränderte sich. Ein autoritärer Nationalstaat ist das Kaiserreich freilich bis zu seinem Ende geblieben. Das bestimmte und begrenzte die Möglichkeiten des Wandels.

Von den Schatten des Kaiserreichs handelt dieses Buch. Es erhebt nicht den Anspruch einer Gesamtdarstellung. Politikgeschichtlich akzentuiert wird das Kaiserreich als ein autoritärer Nationalstaat charakterisiert, ausgestattet zwar mit liberalen und demokratischen Potentialen, aber doch bis zu seinem Ende beherrscht von einer politischen Ordnung und von politischen Interessen, die den Durchbruch zu einer parlamentarischen Demokratie verhinderten. Was immer möglich gewesen sein mag, es ist nicht geschehen. Das demokratische Wahlrecht der Männer wurde durch die Schwäche des Reichstags konterkariert, eine vitale Zivilgesellschaft und ein reiches kulturelles Leben blieben autokratisch gedeckelt. Das Kaiserreich war ein funktionierender Rechtsstaat, es verfügte über eine effiziente Verwaltung. Sein Sozialversicherungssystem war fortschrittlich und begründete ein bis in die Gegenwart wirksames Modell von Sozialstaatlichkeit. Doch Sozialstaat und Sozialistengesetze gehörten zusammen, waren zwei Seiten einer repressiven Politik der Bedrohungsabwehr. Dass die Reichsgründung als Revolution von oben erfolgte, überschattete das Kaiserreich bis zu seinem Untergang.

Zur Rechtfertigung und Stabilisierung des autoritären Staates, jenes »Machtstaats vor der Demokratie«,[4] trug der Nationalismus entscheidend bei. Auch sein Schatten lag über dem Nationalstaat. Abgrenzung und Ausgrenzung waren konstitutive Elemente des deutschen Nationalismus lange vor 1871. Und das verstärkte sich nach der Reichsgründung noch. Feindbilder und Gegensatzkonstruktionen im Innern wie nach außen sollten nationale Zusammengehörigkeit und – ex negativo – nationale Identität stiften. Später wirkte auch eine aggressive Weltpolitik daran mit, eine imperiale Machtentfaltung, zu welcher der deutsche Kolonialismus gehörte, dessen Folgen bis heute spürbar sind. Angelegt schon in der Ära Bismarck, radikalisierte sich der Nationalismus in den Jahrzehnten vor dem Ersten Weltkrieg. Für den Weg in den Krieg und den Entschluss zum Krieg im Sommer 1914 war dieser radikale, völkisch aufgeladene Nationalismus von entscheidender Bedeutung. Antisemitismus charakterisierte ihn von Anfang an.

Im Vorfeld des 150. Jahrestags der Reichsgründung treten an die Stelle kritischer Distanz immer häufiger affirmative Bekenntnisse zur preußisch-deutschen Nationalgeschichte und zu einer nationalstaatlichen Kontinuität. Als sei mit der deutschen Vereinigung 1990, die politisch, rechtlich und historisch alles andere als eine Wieder-Vereinigung war, das 1945 untergegangene Deutsche Reich wieder erstanden. Historikerinnen und Historiker haben einen Anteil an dem als »normale« Nation weich gezeichneten Kaiserreich. Nicht alle verfolgen dabei eine neonationalistische Agenda. Aber auch ein Nationsverständnis, das mit Blick auf das Kaiserreich primär auf Demokratisierung und Egalisierung abhebt, übersieht die Schattenseiten des Nationalismus, das Ausgrenzende, die Exklusion derer, die nicht zur Nation gehören sollten, den Imperativ der politischen, kulturellen und nicht zuletzt ethnischen Homogenisierung. Geschichtsbilder, die die Modernität, die Fortschrittlichkeit und die kulturelle Dynamik des Kaiserreichs und seiner Gesellschaft betonen, überdecken die Persistenz autoritärer Strukturen, die anhaltende soziale Fragmentierung, den aggressiven Militarismus, einen brutalen, zum Teil völkermörderischen Kolonialismus und die sozialdarwinistisch unterfütterte Ideologie nationaler Machtstaatlichkeit.

Nach 1945 hat es lange gedauert, bis das Kaiserreich zur historisch abgeschlossenen Epoche werden konnte. In der frühen Nachkriegszeit zeichneten Historiker ein Bild des Kaiserreichs, das vor allem dem Zweck diente, angesichts der nationalsozialistischen Gewaltherrschaft und ihrer Verbrechen sowie angesichts der deutschen Teilung die Idee der Nation und des deutschen Nationalstaats zu retten. Kritisch war dagegen das Kaiserreichbild deutscher Emigranten, aber auch das des Hamburger Historikers Fritz Fischer. Dieser sorgte mit seinen Thesen zur Entstehung des Ersten Weltkriegs und zur Verantwortung des Kaiserreichs und seiner Eliten in Geschichtswissenschaft und Öffentlichkeit für scharfe Kontroversen, fand aber großen Widerhall gerade in einer jüngeren Generation. In der Denkfigur des deutschen »Sonderwegs« bündelte sich diese kritische Deutung. Weit über die Geschichte des Kaiserreichs hinaus lag die Bedeutung der Sonderwegsthese darin, dass sie Kontinuitätslinien über das Jahr 1918 hinaus postulierte und 1871 mit 1933 verband. Durchgesetzt hat sich die Sonderwegsthese am Ende nicht, auch weil sie die deutsche Geschichte am Standard einer westlichen Normalentwicklung maß und die Geschichte der westlichen Nationen idealisierte und verklärte. Aber das entwertet nicht die Ergebnisse der von der Sonderwegsthese ausgehenden Forschung, und vor allem macht es nicht die Frage nach den Verbindungen von Kaiserreich und Nationalsozialismus obsolet, nach jenen Schattenlinien, von denen der Historiker Thomas Nipperdey gesprochen hat.

Je stärker man das Kaiserreich vom »Dritten Reich« trennt, desto mehr erscheint der Nationalsozialismus wieder als »Betriebsunfall« der deutschen Geschichte, wie der deutsch-amerikanische Historiker Fritz Stern schon vor mehr als fünfzig Jahren auf dem Berliner Historikertag feststellte.[5] Wenn man das Scheitern der Weimarer Republik, ihre Zerstörung sowie den Aufstieg und die Machtübernahme der Nationalsozialisten erklären will, dann muss man frei von jedem Determinismus den Blick auch auf die deutsche Geschichte des 19. Jahrhunderts und auf das Kaiserreich richten. Der Hinweis allein auf den Ersten Weltkrieg, die Kriegsniederlage und ihre Folgen reicht nicht aus, weil er nicht zuletzt die Dispositionen ausblendet, welche die Wahrnehmung von Niederlage, Revolution und Republikgründung bestimmten.[6]

Diese Dispositionen entstanden im Kaiserreich. Und auch der Weltkrieg selbst ist nicht zu erklären, wenn man nicht auch nach seinen tieferen, weiter zurückliegenden Ursachen fragt, beispielsweise nach jenem nationalen Bellizismus, der mit der Kriegsgeburt Kaiserreich untrennbar verbunden ist.[7] Wer sowohl mit Blick auf den Ersten Weltkrieg als auch mit Blick auf den Nationalsozialismus die Frage nach dem *Warum* nicht völlig ausblendet, der muss sich mit der Geschichte des Kaiserreichs auseinandersetzen. Der 150. Jahrestag der Reichsgründung bietet dafür einen Anlass.

I Der Weg zum Nationalstaat

Vordergründig ging es nur um die Gründung des Deutschen Zollvereins 1834. Aber für Heinrich von Treitschke (1834–1896), den Hofhistoriker des preußisch-deutschen Machtstaats, fügte sich in seiner zwischen 1879 und 1894 erschienenen *Deutschen Geschichte des 19. Jahrhunderts* dieses Ereignis in eine längere Entwicklung, in der schon 1834 die Reichsgründung von 1871 nicht nur abzusehen, sondern angelegt war: »Dann kam jene folgenschwere Neujahrsnacht des Jahres 1834, die auch den Massen das Nahen einer besseren Zeit verkündete. Auf allen Landstraßen Mitteldeutschlands harrten die Frachtwagen hochbeladen in langen Zügen vor den Mauthäusern, umringt von fröhlich lärmenden Volkshaufen. Mit dem letzten Glockenschlage des alten Jahres hoben sich die Schlagbäume; die Rosse zogen an, unter Jubelruf und Peitschenknall ging es vorwärts durch das befreite Land. Ein neues Glied, fest und unscheinbar, war eingefügt in die lange Kette der Zeiten, die den Markgrafenstaat der Hohenzollern hinaufgeführt hat zur kaiserlichen Krone. Das Adlerauge des großen Königs blickte aus den Wolken, und aus weiter Ferne erklang schon der Schlachtendonner von Königgrätz.«[1]

Die Reichsgründung von 1871 war keine historische Notwendigkeit. Sie war nicht alternativlos. Aber Generationen von – deutschen – Historikern haben den Weg zum kleindeutschpreußischen Nationalstaat so dargestellt, und sie haben damit Generationen von Deutschen ein Geschichtsbild vermittelt, das die deutsche Geschichte der ersten siebzig Jahre des 19. Jahrhunderts auf die nationale Einigung unter preußischer Führung zulaufen ließ; ein Geschichtsbild, das in der Nationalstaatsbildung den historischen Fortschritt schlechthin und im Nationalstaat, in einer nationalstaatlichen Ordnung die Normalform politischer Existenz erkannte. Ironisch hatte der Schweizer Historiker Jacob Burckhardt schon 1871 festgestellt, dass es nun nicht mehr lange dauern werde, »bis die ganze Weltgeschichte von Adam an siegesdeutsch angestrichen und auf 1870/71 orientiert sein wird«.[2] Heinrich von Treitschke wirkte daran entscheidend mit. Er wurde nicht müde, jenes nationalistische, kleindeutsch-borussische Geschichtsbild auszuarbeiten und zu popularisieren, in dessen Zentrum die schon lange vor 1871 von dem Historiker Johann Gustav Droysen entwickelte These von Preußens »deutschem Beruf« stand.[3] So begann die Geschichtsschreibung zum Kaiserreich lange vor seiner Gründung. »Deutsche« Geschichte wurde nicht nur als nationale Geschichte konzipiert, sondern als eine Geschichte, die in die Errichtung eines deutschen Nationalstaats unter preußischer Führung münden musste. Als das dann tatsächlich eingetreten war, ging es darum, den nationalen Staat als Ergebnis der Geschichte zu rechtfertigen und ihn »siegesdeutsch« als den gleichsam vorherbestimmten End- und Höhepunkt preußischer und deutscher Geschichte darzustellen. Nationale Geschichte wurde so gut wie ausschließlich als preußisch-kleindeutsche Geschichte gedacht und auf die Reichsgründung hin geschrieben. Nur marginalisierte Außenseiter – welfisch-hannoversch, süddeutsch, österreichisch, katholisch, die Verlierer der Reichsgründung, wenn man so will – vertraten andere Sichtweisen. Doch gerade sie erinnern uns daran, dass man die deutsche Geschichte der Jahrzehnte vor 1871 nur bedingt als nationale Geschichte erzählen kann und man sich der Sogkraft von 1871 zu entziehen versuchen muss.[4]

Deutscher Nationalismus zwischen Krieg und Revolution

Vom Alten Reich zum Deutschen Bund

Am Beginn des 19. Jahrhunderts sprach kaum etwas für die Entwicklung eines deutschen Nationalstaats und für den Aufstieg Preußens zur deutschen Kaisermacht. Preußen, unter Friedrich II. zur europäischen Großmacht geworden, erlitt im Oktober 1806 bei Jena und Auerstedt eine demütigende Niederlage gegen die französischen Truppen. Am 26. Oktober 1806 zog Napoleon in Berlin ein, der preußische König Friedrich Wilhelm III. und seine Familie mussten nach Ostpreußen fliehen. Im Frieden von Tilsit (Juli 1807) verlor Preußen seine gesamten westelbischen Gebiete, mehr als die Hälfte seines Territoriums und seiner Bevölkerung. Dem Land wurden gewaltige Kriegskontributionen auferlegt, und es kam unter französische Besatzungsherrschaft.

In der Auseinandersetzung mit der französischen Herrschaft und dem französischen Nationalismus politisierte sich das Verständnis von »Volk« und »Nation« auch in Deutschland. Der frühe deutsche Nationalismus lud sich immer stärker antifranzösisch auf und gewann angesichts der französischen Okkupation und eines wachsenden Hasses auf die französische Besatzungsmacht eine enorme Breitenwirkung. Neben der Idee der Nation und Begriffen wie »Volk«, »Vaterland« und »Einheit« wurde auch »Freiheit« zu einer häufig gebrauchten politischen Vokabel. Das meinte in den Jahren seit 1800 vor allem die Befreiung von Fremdherrschaft und Unterdrückung, nicht innenpolitische Liberalisierung durch Verfassungen und politische Mitsprache. Und schon gar nicht zielte die nationale Bewegung der Jahre vor 1815 auf einen nationalen Staat, wie er Jahrzehnte später entstand. Für die Nationalbewegung jener Zeit war zunächst die Befreiung von der französischen Herrschaft das Hauptziel.

Dass beispielsweise der preußische König am 17. März 1813 an sein Volk appellierte, nunmehr »Preußen und Deutsche« zu sein, und zum Kampf gegen den »fremden Herrscher« aufrief, wirkte mobilisierend und entfaltete eine enorme Popularität, auch wenn die Zusammensetzung der Freiwilligenverbände sozial begrenzt blieb und viele Angehörige der Unterschichten zum Kriegsdienst gezwungen werden mussten. Dass »der König rief und alle, alle kamen«, ist eine schon zeitgenössische, aus den Freiwilligeneinheiten stammende Verklärung, der Versuch, den antinapoleonischen Krieg zum Volkskrieg zu stilisieren und ihm dadurch – später – eine nationaldemokratische Bedeutung zu geben.

Die antinapoleonische Mobilisierung und die Siege über Frankreich, die ihr folgten, nicht zuletzt in der »Völkerschlacht« bei Leipzig im Oktober 1813, stabilisierten den nationalen Enthusiasmus und steigerten die Erwartungen vor allem derer, die als Freiwillige in den Krieg gezogen waren, um für die Nation und ihre Freiheit zu kämpfen. Nun standen preußische, russische und britische Truppen in Paris, und in Wien trafen sich Europas Monarchen und ihre leitenden Minister, um Europa nach 25 Jahren Krieg eine neue Ordnung zu geben. Voraussetzung einer stabilen und friedlichen Ordnung war es, revolutionäre Potentiale einzudämmen und Revolutionen nach französischem Muster zu verhindern. Denn Revolution, das war die Erfahrung der Zeitgenossen, bedeutete Krieg. Dieser Imperativ bestimmte die Wiener Ordnung und in ihrem Zentrum die Neugestaltung Deutschlands.

Durch die Konstruktion des Deutschen Bundes wurden die überschießenden politischen Erwartungen der Nationalbewegung bitter enttäuscht. Diese Enttäuschung spiegelt sich in der späteren Geschichtsschreibung. Insbesondere in den Augen der kleindeutsch-borussischen Historiker diente die in Wien geschaffene europäische Ordnung ausschließlich dem Zweck, die liberale und die nationale Bewegung zu unterdrücken. Auch deswegen waren diese Historiker nie in der Lage, die friedensstiftende beziehungsweise friedenserhaltende Funktion des Wiener Systems zu untersuchen, geschweige denn anzuerkennen. Sie zeichneten das Bild eines im Innern wie nach außen unfreien Deutschlands und waren überzeugt, dass nur ein Ende der Zersplitterung und ein starker und geschlossener Nationalstaat diese doppelte Unfreiheit überwinden könnte.

Janusköpfigkeit der Nationalbewegung

In den Jahren nach dem Wiener Kongress legte sich das System Metternich wie ein eiserner Deckel über den Deutschen Bund. Auf der Wartburg, wo Angehörige der 1812 gegründeten deutschen Burschenschaften im Oktober 1817 den 300. Jahrestag von Martin Luthers Thesenanschlag in Wittenberg als nationales Ereignis begingen und damit auch den Protestantismus als Religion nationaler Befreiung – von römischer Dominanz – darstellten, wurden nicht nur Bücher verbrannt, »Schandschriften des Vaterlands«, wie es hieß – darunter der napoleonische *Code Civil* –, sondern auch ein hessischer Zopf, ein preußischer Ulanenschnürleib und ein österreichischer Korporalstock als Symbole der antiliberalen und antinationalen Repressionspolitik des Deutschen Bundes. In den Feuerreden wurden Freiheit und nationale Einheit gefordert und den Fürsten vorgeworfen, ihre Versprechen von 1813 gebrochen zu haben. Zwei Jahre später ermordete der Jenaer Student Karl Ludwig Sand den Dichter August von Kotzebue, der als russischer Agent galt. Der Deutsche Bund und seine einzelnen Staaten reagierten mit den Karlsbader Beschlüssen: Verbot der Burschenschaften und der Turnbewegung, Zensur, Entlassung von Professoren, die der nationalen Bewegung nahestanden. Oberflächlich kehrte daraufhin Ruhe ein, doch die nationale Bewegung fand Mittel und Wege, den nationalen Gedanken wachzuhalten. Vor allem der Philhellenismus, die Unterstützung des griechischen Freiheitskampfs gegen die türkische Herrschaft, bot dafür in den 1820er Jahren eine Möglichkeit.

Mit der französischen Julirevolution von 1830 endete diese Phase. Mit ihr wurde klar, dass eine Politik der Repression politischen und gesellschaftlichen Wandel auf Dauer nicht verhindern konnte. Freiheit als Nation und Freiheit in der Nation, das gehörte seit 1830 immer stärker zusammen. Dieser doppelte Imperativ bestimmte auch das Hambacher Fest von 1832, das bis heute einen wichtigen Platz in der deutschen Demokratiegeschichte einnimmt. In Hambach wurde auch deutlich, dass die deutschen Entwicklungen Teil einer größeren, europäischen Dynamik waren. Neben den schwarz-rot-goldenen deutschen Farben war die französische Trikolore im Publikum ebenso zu sehen wie die weiß-rote polnische Fahne, mit der die Teilnehmer ihre Solidarität mit den polnischen Aufständischen zum Ausdruck brachten, denen es 1830 zumindest für kurze Zeit gelungen war, die russische Herrschaft abzuschütteln. Vom europäischen »Völkerfrühling« war die Rede, und damit verband sich die Vorstellung eines friedliebenden, völkerverbindenden Nationalismus, eines Europas freier – befreiter – Völker, zwischen denen es keine Gegensätze, keine Feindschaft mehr geben würde.

Aber wenn man die Hambacher Reden genau liest, dann relativiert sich dieses Bild, dann wird die Ambivalenz auch schon des frühen Nationalismus erkennbar, zu dem die Idee des Völkerfriedens und der Solidarität der Nationen ebenso gehörte wie die Betonung nationaler Gegensätze und Dominanzansprüche. Johann Georg August Wirth, einer der Organisatoren des Festes, zweifelte nicht daran, dass auch das Elsass und Lothringen in ein freies und geeintes Deutschland zurückfinden würden. Und Johann Jacob Siebenpfeiffer, neben Wirth die zweite Hambacher Führungsfigur, sprach von der »erhabenen Germania ..., in der einen Hand die Fackel der Aufklärung, welche zivilisierend hinausleuchtet in die fernsten Winkel der Erde, in der anderen die Waage des Schiedsrichteramtes, streitenden Völkern das selbsterbetene Gesetz des Friedens spendend«.[5] Dahinter verbarg sich, durch die

Rede von der Zivilisierungsmission und der Rolle des Schiedsrichters kaum kaschiert, ein deutscher Macht- und Superioritätsanspruch, der sich auch in Hambach mit der Abgrenzung von allem »Undeutschen« verband, so wie schon 1817 die Burschen und Turner auf der Wartburg aus ihrem Hass auf Frankreich und alles Französische kein Hehl gemacht hatten und auch den Juden das Recht abgesprochen hatten, Teil der nationalen deutschen Gemeinschaft zu sein.

Bis weit ins 20. Jahrhundert hinein hat die Geschichtsschreibung das Bild eines zunächst friedliebenden, von Gleichberechtigung, Völkerverständigung und transnationaler Solidarität geprägten deutschen Nationalismus gezeichnet, der erst später im 19. Jahrhundert, nach der Gründung des Kaiserreichs, machtstaatlich und aggressiv geworden sei. Das entsprang auch dem Versuch, die deutsche Nationalbewegung und das gleichsam liberale nationale Denken des frühen 19. Jahrhunderts zu trennen von den späteren Entwicklungen des Nationalismus und seiner Bedeutung für die Dynamiken von Krieg und Gewalt im 20. Jahrhundert und so die Diskreditierung des nationalen Gedankens zu verhindern. Bei näherer Betrachtung freilich findet diese Vorstellung einer Transformation des Nationalismus in der historischen Entwicklung keine Bestätigung. Von Anfang an wohnten dem nationalen Gedanken – nicht nur in Deutschland – illiberale Potentiale inne, Vorstellungen von Überlegenheit, von Abgrenzung und – nationaler – Feindschaft. Zutreffender ist es daher, von einer Janusköpfigkeit des Nationalismus auszugehen. Und das gilt nicht nur im Hinblick auf die internationale Ordnung und die Beziehungen zwischen einzelnen Nationen. Es gilt auch für die Idee der Nation als politische Gemeinschaft und soziale Ordnung, der zwar einerseits ein auf den Einzelnen bezogenes Freiheits- und Gleichheitsversprechen innewohnt und damit ein gewaltiges demokratisches Potential, für die aber andererseits auch Vorstellungen von Zugehörigkeit und Nichtzugehörigkeit, von Andersartigkeit und Ungleichheit konstitutiv sind, ganz gleich ob diese nun kulturell, sprachlich, historisch, religiös oder ethnisch begründet werden.

Es war nur eine Frage der Zeit, bis der Deutsche Bund auf die Hambacher Forderungen und auf die neue Welle nationaler und liberaler Kundgebungen reagierte. Die Politik der Repression gewann wieder die Oberhand. Das hatten manche Liberale befürchtet und deswegen auch die weitgehenden Forderungen des Hambacher Fests kritisiert. Zu ihnen gehörte der Historiker und Staatswissenschaftler Karl von Rotteck, ein badischer Liberaler, der aus zwei Gründen vor einem radikalnationalen Kurs warnte: zum einen weil ein solcher Kurs nur zu massiven Gegenmaßnahmen führen würde, wie es dann auch geschah; zum anderen weil der gemäßigte südwestdeutsche Abgeordnete nicht die nationale Einheit um jeden Preis wollte. »Ich will die Einheit nicht anders als mit Freiheit, und ich will lieber Freiheit ohne Einheit als Einheit ohne Freiheit.« Mehr Freiheit sei auch in den bestehenden Strukturen möglich, und zwar durch eine Politik moderater Liberalisierung in den Einzelstaaten des Deutschen Bundes. »Ein Staatenbund ist ... zur Bewährung der Freiheit geeigneter als die ungeteilte Masse eines großen Reiches.«[6]

Doch die Macht der nationalen Bewegung war nicht zurückzudrängen, weder durch die Politik der Repression noch durch die Vorbehalte gemäßigter Liberaler wie Rotteck. Das zeigte sich zehn Jahre nach der Julirevolution in der Rheinkrise des Jahres 1840, die zur Eruption eines Massennationalismus führte, was weder Wien noch Berlin verhindern konnten. Die Rheinkrise entstand, als die französische Regierung angesichts einer außenpolitischen Niederlage im Nahen Osten, die von vielen Franzosen als nationale Demütigung wahrgenommen wurde, den Rhein als »natürliche« französische Ostgrenze zu propagieren begann. Das sollte die Regierung entlasten und den nationalen Druck in eine andere Richtung ableiten. In der französischen Gesellschaft begann der politische Schachzug rasch eine eigene, so nicht vorhergesehene Dynamik zu entfalten: Krieg lag in der Luft. Der Deutsche Bund reagierte zurückhaltend. Vor allem Metternich war sich des nationalen und nationalisierenden Potentials der Problematik bewusst. Aber im Westen und Südwesten des Deutschen Bundes, in den an Frankreich grenzenden Gebieten, herrschte eine andere Stimmung. Die französische Herrschaft und die napoleonischen Kriege lagen erst eine Generation zurück. Bedurfte es da nicht einer nationalen Reaktion, zumal es mit dem Rhein beziehungsweise der Rheingrenze um eine zwischen Frankreich und Deutschland, zwischen Franzosen und Deutschen hoch aufgeladene Frage ging?

Aus dieser Situation entstand im Herbst 1840 die Rheinliedbewegung, durch die der deutsche Nationalismus, bis dahin noch gedeckelt durch Zensur und rigide Einschränkungen der Vereinigungs- und Versammlungsfreiheit, sich nicht nur stark emotionalisierte, sondern – zum Teil durch diese Emotionalisierung – auch eine bis dahin ungekannte Massenwirkung erlangte. Mit einem Schlag waren die Erinnerungen an 1813 wieder da, nicht nur in Gestalt der Kriegsangst und der Erfahrung von Leid und Zerstörung, sondern auch in der Revitalisierung des deutsch-französischen Gegensatzes, der durch die französische Rheinpolitik gleichsam neue Nahrung erhielt. »Sie sollen ihn nicht haben, den freien deutschen Rhein«, dichtete Nikolaus Becker, ein Gerichtsschreiber aus der Nähe von Aachen, und in Windeseile verbreitete sich sein Lied in unzähligen Vertonungen in ganz Deutschland. Auch Max Schneckenburgers »Wacht am Rhein«, später die inoffizielle Nationalhymne des Kaiserreichs, entstand in diesen Monaten zusammen mit vielen anderen Liedern, darunter nicht zuletzt das »Deutschlandlied« des Dichters Heinrich Hoffmann von Fallersleben. Der Rhein wurde zum politisch aufgeladenen Nationalsymbol, und der Kampf um den Rhein zum Ausdruck der deutsch-französischen Feindschaft, jener in ferne Jahrhunderte zurückprojizierten »Erbfeindschaft«, von der nun immer häufiger die Rede war.7 Die ostentative »Nationalgesinnung« des gerade auf den Thron gekommenen preußischen Königs Friedrich Wilhelm IV. machte dann in den Jahren nach 1840 insbesondere in Preußen den Weg frei für eine Vielzahl nationaler Vereinsgründungen. Nicht nur die Turnbewegung wurde wieder zugelassen, innerhalb weniger Jahre entstanden auch weit über Preußen hinaus national orientierte Gesangvereine – »Germania« –, die durch ihr Liedgut die nationale Sache voranzubringen trachteten. Der Nationalismus gewann auf diese Weise eine Massenbasis, der freilich die antifranzösische Haltung gleichsam genetisch eingeschrieben war. Die Rheinkrise schuf darüber hinaus stärker als je zuvor eine nationale Öffentlichkeit, in der politische Fragen und Forderungen diskutiert wurden. Dahinter gab es kein Zurück mehr. Dazu trug auch die Verbesserung von Verkehrswegen und Kommunikationsmöglichkeiten bei, die die Grenzen der Einzelstaaten überschritten und nationale Verbindungen sowie den nationalen Austausch ermöglichten. Der am 1. Januar 1834 errichtete Deutsche Zollverein leistete dazu einen entscheidenden Beitrag.

Die Zollvereinsbewegung, maßgeblich vorangetrieben durch den württembergischen Ökonomen Friedrich List, hatte bis Ende der 1820er Jahre zunächst nicht zu einem einheitlichen Zollgebiet geführt, sondern zu verschiedenen kleineren Zusammenschlüssen, die das Wirtschaftsgebiet des Deutschen Bundes eher fragmentierten als vereinheitlichten. Erst in mühsamen Verhandlungen, in denen Preußen sein wachsendes ökonomisches Gewicht zur Geltung brachte, in denen aber auch die süddeutschen Staaten erkannten, dass kleinräumige Zusammenschlüsse ihren Interessen nicht dienten, sie aber durch eine Zollunion von Preußens dynamischem Wirtschaftswachstum profitieren würden, schälte sich 1831/32 der Deutsche Zollverein als große Lösung heraus. Österreich, dessen Regierung sich der nationalisierenden Wirkung eines zoll- und handelspolitischen Verbunds bewusst war und klar erkannte, dass vor allem Preußen von einem einheitlichen großen Zollgebiet profitieren und – auch politisch – gestärkt werden würde, konnte den Zollverein nicht verhindern. So entstand Anfang 1834 der Deutsche Zollverein, durch den unter preußischer Führung zunächst 18 Staaten, die jedoch fast das gesamte Territorium Nord- und Süddeutschlands abdeckten, eine handels- und zollpolitische Einheit bildeten. 23 Millionen Menschen von den etwa 29 Millionen Einwohnern des gesamten Deutschen Bundes gehörten zu diesem neuen Wirtschaftsgebiet. Eine Vorentscheidung jedoch für den kleindeutsch-preußischen Nationalstaat von 1871 war der Zollverein nicht, auch wenn das zu betonen die spätere kleindeutsch-borussische Geschichtsschreibung mit dem eingangs zitierten Heinrich von Treitschke an der Spitze nicht müde wurde. Preußen mochte im Zollverein sein wirtschaftliches Gewicht in die Waagschale werfen können, aber ein automatischer politischer Dominanzanspruch war daraus nicht abzuleiten. Das zeigt nicht zuletzt der Krieg von 1866, als wichtige Staaten des Zollvereins nicht auf preußischer, sondern auf österreichischer Seite standen. Von der wirtschaftlichen Stärke Preußens konnte man profitieren, den politischen Machtzuwachs Berlins betrachtete man aber gerade in Süddeutschland skeptisch, ja ablehnend.

Deutsche Einheit, deutsche Freiheit, deutsche Macht: 1848

In den Jahren vor 1848 verbanden sich Hungerunruhen und sozialer Protest mit den politischen Forderungen der liberalen und der nationalen Bewegung. Waren die Regierungen in den deutschen Einzelstaaten in der Lage, diesem Druck und den sich wechselseitig verstärkenden Unzufriedenheitspotentialen zu begegnen? Wieder einmal nahm die revolutionäre Dynamik, die binnen Kurzem fast ganz Europa erfasste, Ende Februar 1848 von Paris ihren Ausgang. Doch schon wenige Tage später erreichte das

»Schmettern des Gallischen Hahns«, wie es Karl Marx einige Jahre zuvor formuliert hatte, auch Deutschland. In Wien fegte die Revolution die Regierung Metternichs hinweg, aber auch in den anderen deutschen Staaten erhob die liberale und demokratische Opposition mit dem Rückenwind aus Frankreich, wo der König gestürzt und die Republik ausgerufen worden war, ihre Forderungen: Konstitutionalisierung, Liberalisierung, Demokratisierung, Nationalisierung. Aus Angst um ihre Throne gaben die deutschen Fürsten den »Märzforderungen« bereitwillig nach. In Preußen veröffentlichte König Friedrich Wilhelm IV. am 21. März 1848 einen »Aufruf an mein Volk und an die deutsche Nation«. In bewusster Anknüpfung an 1813 kündigte er darin nicht nur eine Verfassung und andere Reformen an, sondern erklärte auch: »Preußen geht fortan in Deutschland auf.«

Von etwa achtzig Prozent der volljährigen Männer teils in direkter, teils in indirekter Wahl gewählt, trat am 18. Mai 1848 in der Frankfurter Paulskirche eine deutsche Nationalversammlung zu ihrer konstituierenden Sitzung zusammen. An ihrer Aufgabe und Verantwortung, eine deutsche Verfassung und damit den ersehnten Nationalstaat zu schaffen, zweifelten die Abgeordneten nicht. Die Geschichte der Frankfurter Nationalversammlung und vor allem die Geschichte ihres Scheiterns ist oft erzählt worden. Dass es den Abgeordneten gelang, eine freiheitliche deutsche Verfassung zu entwerfen, die einen Grundrechtekatalog in der Tradition der amerikanischen Verfassung und der französischen Erklärung der Menschen- und Bürgerrechte enthielt und den Föderalismus festschrieb, tritt demgegenüber oftmals in den Hintergrund. Zwar war der Nationalstaat der Paulskirche keine parlamentarische Demokratie, die Frage der Verantwortung der Regierung gegenüber dem Parlament blieb offen, aber der Reichstag mit seinen zwei Kammern – Volkshaus und Staatenhaus – hatte das Budgetrecht, er kontrollierte die Regierung und war die zentrale Gesetzgebungskörperschaft. In den Augen der gemäßigten Liberalen, die in der

Paulskirche die Mehrheit stellten, war das ein gewaltiger Fortschritt, der alles in den Schatten stellte, was auf einzelstaatlicher Ebene bis dahin erreicht worden war. Doch der im Laufe des Jahres 1848 langsam Gestalt annehmenden Paulskirchenverfassung erwuchsen starke Gegner. Im Habsburgerreich schlug die Armee unter den Marschällen Windischgrätz und Radetzky zunächst die nationalen Aufstände in Ungarn, Böhmen und Oberitalien nieder, in Ungarn dabei unterstützt von russischen Truppen, bevor sie gegen die radikalen Revolutionäre in Wien vorging. In Preußen ließ der König das verfassunggebende Parlament aus Berlin jagen, bevor es wenige Wochen später aufgelöst wurde und der Monarch eine Verfassung oktroyierte.

Mit diesem doppelten Sieg der Gegenrevolution, in Wien und in Berlin, büßte die Frankfurter Nationalversammlung massiv an politischem Gewicht ein. Und über eine eigene, insbesondere militärische Macht verfügte sie nicht. Das war schon im Sommer 1848 in der Schleswig-Holstein-Frage deutlich geworden. Mit Beginn der 1840er Jahre hatte sich ein an Heftigkeit zunehmender und überdies national aufgeladener Konflikt über die beiden Herzogtümer Schleswig und Holstein entwickelt, die vom dänischen König in Personalunion regiert wurden, wobei Holstein aber zum Deutschen Bund gehörte. Die Frage hatte enormes nationalpolitisches Potential, und als sich die Spannungen im Frühjahr 1848 verschärften, war es wenig überraschend, dass sich die Nationalversammlung in der Paulskirche das Ziel der politischen Unabhängigkeit der Herzogtümer mit ihrer mehrheitlich deutschen Bevölkerung von Dänemark zu eigen machte. Dafür war man sogar zum Krieg bereit, zu einem nationalen Krieg, den mangels einer Nationalarmee preußische Truppen führen mussten.

Die Schleswig-Holstein-Frage reichte in ihrer Bedeutung über die beiden Elbherzogtümer und ihre Zugehörigkeit zum Deutschen Bund weit hinaus, denn hier flackerten Vorstellungen nationaler Macht und deutscher Größe auf, die zeigen, wie stark sich die Idee eines deutschen Nationalstaats inzwischen machtstaatlich aufgeladen hatte und wie stark dieser Nationalstaat, seine Begründung und seine Zukunft von der überwiegenden Mehrheit der Frankfurter Abgeordneten in Kategorien machtpolitischer Konfrontation gedacht wurden. Von Anfang an, so der Bonner Historiker Friedrich Christoph Dahlmann, ein gemäßigter Liberaler, angesichts von Interventionsdrohungen der europäischen Großmächte, solle »die neue deutsche Macht ... in ihrem Aufkeimen beschnitten (werden), sie soll, wenn es möglich wäre, nach allen Seiten hin zerfetzt und endlich zerbrochen werden! Unterwerfen wir uns bei der ersten Prüfung, welche uns naht, den Mächten des Auslands gegenüber ..., dann, meine Herren, werden Sie Ihr ehemals stolz erhobenes Haupt nie wieder erheben!«[8]

Aber nicht nur in der Schleswig-Holstein-Frage wurde erkennbar, dass die Frankfurter Nationalversammlung den deutschen Nationalstaat nicht innerhalb der europäischen Ordnung des Wiener Kongresses zu etablieren trachtete, sondern gegen diese Ordnung, der man keine andere Absicht unterstellte, als Deutschland auf Dauer in einer Position der Schwäche, Abhängigkeit und Inferiorität zu halten. Fast 200 Jahre später taucht das gleiche Argument wieder im Hinblick auf die Europäische Union auf. Es gehört zum Kernarsenal des deutschen Nationalismus.[9] 1848/49 wurde dies ganz besonders da deutlich, wo das Parlament über die Grenzen und damit die territoriale Ausdehnung des künftigen Nationalstaats debattierte. Neben Schleswig im Norden ging es dabei um die preußische Provinz Posen im Osten, die nicht zum Deutschen Bund gehörte, ferner um Böhmen und Mähren, im Süden um das als »Welsch-Tirol« bezeichnete italienischsprachige Trentino, im Westen schließlich um das Herzogtum Limburg.[10] Es waren Grenzgebiete mit gemischten Bevölkerungen, in denen neben Deutsch auch andere Sprachen gesprochen wurden und in denen auch die geschichtliche Entwicklung eine klare Bestimmung nationaler Zugehörigkeit erschwerte, wenn nicht unmöglich machte. Die Mehrheit der Frankfurter Abgeordneten kümmerte das nicht. In ihrem Bestreben, einen starken und mächtigen Nationalstaat zu errichten, gingen sie noch über Ernst Moritz Arndt hinaus, der in seiner Antwort auf die Frage »Was ist des Deutschen Vaterland?« schon 1813 die deutsche Nation jenseits politischer Grenzen oder historischer Gegebenheiten als Sprachnation bestimmt hatte: »So weit die deutsche Zunge klingt / Und Gott im Himmel Lieder singt / Das soll es sein! / Das, wackrer Deutscher, nenne Dein!«

Hatten die Teilnehmer des Hambacher Festes noch polnische Fahnen geschwenkt und das Vorparlament, das die Frankfurter Nationalversammlung vorbereitete, sich im Frühjahr 1848 für die »Wiederherstellung Polens« ausgesprochen, so waren in der Paulskirche ganz andere Töne zu hören. Für einen »gesunden Volksegoismus« plädierte in der Polendebatte der Paulskirche Ende Juli 1848 der liberale ostpreußische Abgeordnete Wilhelm Jordan. Einem unabhängigen polnischen Staat zuzustimmen, war für ihn »eine kurzsichtige, eine selbstvergessene Politik, eine Politik der Schwäche«. Er sprach von der »Übermacht des deutschen Stammes gegen die meisten slawischen Stämme«, die er zu einer »naturhistorischen Tatsache« erklärte, und bezeichnete die »deutschen Eroberungen in Polen«, nicht zuletzt durch die Polnischen Teilungen, die im späten 18. Jahrhundert den polnischen Staat von der Landkarte tilgten, als »Naturnotwendigkeit«. Es sei ein »Naturgesetz«, dass »ein Volkstum durch seine bloße Existenz noch kein Recht hat auf politische Selbständigkeit, sondern erst durch die Kraft sich als Staat unter anderen zu behaupten«. Das war Sozialdarwinismus *avant la lettre*. Recht war, so Jordan wörtlich, das »Recht des Stärkeren«. Durch Regeln und Verträge »den Völkern ihre Bahnen vorzuzeichnen«, hieß für Jordan, »Spinnengewebe auszuspannen, um darin Adler zu fangen«.[11]

Auch wenn nicht alle Abgeordneten so extrem argumentierten wie Jordan, wurde in den Debatten der Paulskirche doch deutlich, dass die noch mit liberalem und demokratischem Potential versehene Forderung nach nationaler Selbstbestimmung ihren universellen Charakter verlor, als man sich 1848 an die konkrete Umsetzung machte. Nun ging es um die Selbstbestimmung der Deutschen, um die Macht und die Überlegenheit der deutschen Nation und des deutschen Nationalstaats. Von der Vorstellung eines »Völkerfrühlings«, gar eines »Völkerbunds«, eines Bundes der Völker gegen die Kräfte der Reaktion und eine Politik der Repression war bald nicht mehr viel übrig. Im Gegenteil: Die Idee eines nationalen Machtstaats führte de facto zu einem Bündnis der Nationalversammlung beziehungsweise ihrer Mehrheit mit den Kräften der Reaktion – sei es mit der preußischen Regierung, die im Juli 1848 einen polnischen Aufstand in der Provinz Posen gewaltsam niedergeschlagen hatte, sei es mit dem österreichischen Militär, das gegen die italienischen Aufstände in Oberitalien vorging und dadurch auch den Verbleib des Trentino, also »Welsch-Tirols«, in den Grenzen des künftigen deutschen Nationalstaats sicherte. Während man im Falle Schleswigs und der Provinz Posen ethnisch und kulturell argumentierte, schien diese Begründung nationaler Zugehörigkeit für das Trentino nicht zu gelten. »Wir besitzen Südtirol und somit behalten wir es; das ist mein Völkerrecht«, erklärte ein österreichischer Abgeordneter in der Paulskirche.[12]

Das mochte in der Nationalversammlung und der deutschen Öffentlichkeit mehrheitsfähig sein, aber es diskreditierte den demokratischen und liberalen Nationalismus, trug zur Stärkung der Gegenrevolution bei und erhöhte international die Zweifel an der Kompatibilität eines deutschen Nationalstaats mit einer vom Prinzip des Gleichgewichts bestimmten europäischen Ordnung. Deswegen zeichnete sich bereits im Spätsommer 1848, als Großbritannien und Russland in der Schleswig-Holstein-Frage der Nationalversammlung ihre Grenzen aufzeigten und sich gleichzeitig in Wien und Berlin die Gegenrevolution durchsetzte, das

Scheitern der Revolution ab, auch wenn der preußische König erst im Frühjahr 1849 die ihm vom Frankfurter Parlament angetragene deutsche Kaiserkrone ausschlug, jenen »Reif aus Dreck und Letten gebacken« und behaftet »mit dem Ludergeruch der Revolution«, den er als »legitimer König von Gottes Gnaden« nicht tragen könne. Die Revolution, die im Jahr zuvor so optimistisch und zukunftsgewiss begonnen hatte, endete dann blutig mit der Auflösung des Stuttgarter Rumpfparlaments durch württembergische Truppen sowie der gewaltsamen Niederschlagung der Reichsverfassungskampagne und der republikanischen Aufstände bis zum Sommer 1849. Noch während Soldaten unter preußischer Führung – Oberbefehlshaber war der »Kartätschenprinz« Wilhelm von Preußen, der Bruder des Königs und spätere Kaiser Wilhelm I. – brutal die letzten dieser Aufstände in Südwestdeutschland beendeten, rekonstituierte sich in Frankfurt im Juli 1849 der Bundestag, kein Parlament, sondern die Gesandtenversammlung des Deutschen Bundes, die ihre Arbeit wieder aufnahm, als sei nichts geschehen.

Der Deutsche Bund, der ja offiziell nie aufgelöst worden war, wurde exakt in seiner vorrevolutionären Form wiederhergestellt. In der Punktation von Olmütz am 29. November 1850 verzichtete Preußen nicht nur auf die Fortsetzung seiner Unionspolitik, die auf einen nationalen Staat unter preußischer Führung und ohne Österreich zielte, sondern stimmte zudem der Wiederherstellung des Deutschen Bundes zu. Olmütz war eine Absage an alle nationalen und liberalen Forderungen, der Auftakt zu einer von Wien und Berlin gemeinsam betriebenen bundesweiten Politik der Reaktion und der Repression der nationalen und liberalen Bewegung.

Auf die nationale Bewegung wirkten die Entwicklungen zwischen 1849 und 1851 traumatisierend. Die Perspektive eines Nationalstaats war in weite Ferne gerückt. Gegen sie standen die Machtverhältnisse im Deutschen Bund und seinen Staaten sowie die Politik der europäischen Mächte, die jeder Änderung der politischen Ordnung Deutschlands – sei es durch territoriale Vergrößerung, sei es durch Nationalisierung – widersprachen.

Bismarck, Preußen und die nationale Frage

Realpolitik

Mit seiner Olmütz-Rede im Preußischen Landtag betrat am 3. Dezember 1850 Otto von Bismarck die große politische Bühne. Erst vier Jahrzehnte später, 1890, sollte er sie wieder verlassen. Man muss nicht der Idee anhängen, dass – nur – »große Männer« Geschichte machen, um trotzdem Bismarcks individuelle historische Bedeutung anzuerkennen. Dennoch stand auch Bismarck in seiner Zeit. Sein eigenes Motto deutet an, dass er selbst sich dessen bewusst war: »Unda fert nec regitur« – die Welle trägt, aber beherrschen lässt sie sich nicht. 1815 geboren, gehörte Bismarck seit 1849 der Zweiten Kammer des Preußischen Landtags an. Als kompromissloser Vertreter der Gegenrevolution hatte der Gutsbesitzer aus der Altmark schon 1848/49 auf sich aufmerksam gemacht. Im Landtag und in der nationalliberalen politischen Öffentlichkeit dominierte die Empörung über die »Schmach von Olmütz«, wollten die Stimmen nicht verstummen, die die Demütigung Preußens und die Verletzung der nationalen Ehre, wie man es sah, nicht hinzunehmen bereit waren und zum Krieg aufriefen. Jenseits der Tatsache, dass der konservative Abgeordnete, dessen reaktionäre Vorstellungen selbst dem König nicht geheuer waren, die Zustimmung der preußischen Regierung zur Olmützer Punktation rechtfertigte und die Unionspolitik scharf kritisierte, warnte er vor einem Krieg, der lediglich der öffentlichen Stimmung des Augenblicks entsprang. Es sei leicht, so Bismarck in der viel zitierten Kernpassage seiner Rede, »mit dem populären Winde in die

Kriegstrompete zu stoßen und sich dabei an seinem Kaminfeuer zu wärmen oder von dieser Tribüne donnernde Reden zu halten und es dem Musketier, der auf dem Schnee verblutet, zu überlassen, ob sein System Sieg und Ruhm erwirbt oder nicht. Es ist nichts leichter als das, aber wehe dem Staatsmann, der sich in dieser Zeit nicht nach einem Grunde zum Kriege umsieht, der auch nach dem Kriege noch stichhaltig ist.«[13] Mit seiner Kritik an der nationalliberalen Position und seiner Warnung vor »jeder schmachvollen Verbindung mit der Demokratie« stärkte Bismarck die Position des Königs und seiner konservativen »Kamarilla« und schien einer antinationalen konservativen Prinzipienpolitik sowie der Solidarität der konservativen Mächte das Wort zu reden.

Aber das war nur die Hälfte der Rede, und diese war alles andere als eine Absage an den Krieg. Doch für Bismarck gab es – 1850 genauso wie anderthalb Jahrzehnte später – nur einen Grund für einen Krieg: »Warum führen große Staaten heutzutage Krieg«, fragte der Junker, dessen Weg ins Zentrum der Berliner Macht mit dieser Rede begann, und stellte dann fest: »Die einzig gesunde Grundlage eines großen Staates ... ist der staatliche Egoismus und nicht die Romantik, und es ist eines großen Staates nicht würdig für eine Sache zu streiten, die nicht seinem eigenen Interesse angehört.«[14] Wer genau hinhörte, dem konnte nicht entgehen, dass Bismarck damit jedweder Prinzipienpolitik – »Romantik« – eine Absage erteilte, sei sie nun liberaler oder konservativer Natur. Stattdessen rückte er das staatliche Interesse, die staatliche Macht ins Zentrum politischer Entscheidungen, für die auch rechtliche Bindungen allenfalls eine relative Bedeutung hatten. Wenn man also nach dem leitenden Prinzip politischen Handelns fragt, das Bismarck in seiner Olmütz-Rede identifizierte und zum Maßstab erhob, dann war es jenseits einer ideologischen Fundierung – liberal oder konservativ – das Machtstaatsprinzip. Macht, Machtinteressen, Machtgewinn und Machtsteigerung wurden zum Ideologie-Ersatz, und Machtpolitik, preußische Machtpolitik, konnte deswegen, das zeigt die weitere Entwicklung, in unterschiedlichen Koalitionen und mit unterschiedlichen politischen Kräften und ideologischen Richtungen betrieben werden, mit Konservativen ebenso gut wie mit Liberalen. Damit war auch – schon früh – der Verbindung von preußischer Politik und nationaler Bewegung der Boden bereitet. Der Schulterschluss Bismarcks mit den Nationalliberalen von 1866 war vor diesem Hintergrund keine plötzliche und überraschende Wendung, sondern eine politische Möglichkeit, die bereits anderthalb Jahrzehnte früher Gestalt angenommen und sich in den Jahren nach 1849, gespeist durch die Erfahrungen der Revolution und ihres Scheiterns, ausgeformt hatte.

Schon in den 1850er Jahren hat man diesen Primat einer aus ideologischen, rechtlichen oder moralischen Bindungen gelösten Machtpolitik, die Vorstellung des autonomen Machtstaats, als »Realpolitik« bezeichnet. Der Begriff geht zurück auf den liberalen Publizisten August Ludwig von Rochau (1810–1873) und seine Schrift *Grundsätze der Realpolitik. Angewendet auf die staatlichen Zustände Deutschlands* (1853). Von der »realpolitischen« Wende des bürgerlichen Liberalismus angesichts der Erfahrung und des Scheiterns der Revolution von 1848 ist in der Literatur immer wieder die Rede, um insbesondere das Einschwenken des Großteils der Liberalen auf die deutsche Politik Bismarcks seit 1866 und deren Zustimmung zu einer Nationalstaatsbildung von oben zu erklären. »Herrschen heißt Macht üben«, hatte Rochau geschrieben, »und Macht üben kann nur der, welcher Macht besitzt. Dieser unmittelbare Zusammenhang von Macht und Herrschaft bildet die Grundwahrheit aller Politik und den Schlüssel der ganzen Geschichte.«[15] Das war eine Fortführung des Arguments, das Bismarck in seiner Olmütz-Rede entwickelt hatte und das sich auf Innen- und Außenpolitik gleichermaßen beziehen ließ.

Eine an preußischen Machtinteressen orientierte Realpolitik entfremdete Bismarck im Laufe der 1850er Jahre von seinen hochkonservativen Freunden und politischen Unterstützern in Berlin, allen voran den Brüdern Leopold und Ernst Ludwig von Gerlach. Sie sahen Preußen prinzipiell an der Seite Russlands als der konservativen, antirevolutionären europäischen Ordnungsmacht und kritisierten Bismarck wegen seiner Unterstützung der preußischen Neutralitätspolitik im Krimkrieg (1853–1856), von der nur das revolutionäre Regime Louis Bonapartes, der seit 1852 als Napoleon III. Kaiser der Franzosen war, profitieren würde. Aus seiner Ablehnung des Bonapartismus machte Bismarck kein Hehl, aber für eine an Preußens Interessen orientierte Außenpolitik konnte diese Ablehnung keine Grundlage sein. Über jeder Prinzipienpolitik stehe für ihn sein »spezifisch preußischer Patriotismus«. Frankreich interessiere ihn nur insoweit, schrieb er am 2. Mai 1857 an Leopold von Gerlach, »als es auf die Lage meines Vaterlandes reagiert, und wir können Politik nur mit dem Frankreich treiben, welches vorhanden ist ...«.

Ganz ähnlich hatte Bismarck schon in den Jahren zuvor im Hinblick auf eine gemeinsame Politik mit Österreich argumentiert und sich dagegen gewandt, »dass wir unsre schmucke und seefeste Fregatte an das wurmstichige alte Orlogschiff von Österreich koppelten«. Es gebe keine prinzipielle Übereinstimmung mit Österreich, schrieb er 1856 in seinem »Prachtbericht« an den preußischen Ministerpräsidenten Otto von Manteuffel, vielmehr sei »Deutschland zu eng für uns beide«, und er sei überzeugt, »dass wir in nicht allzu langer Zeit für unsere *Existenz* gegen Östreich werden fechten müssen«. Existentielle Interessen, das meinte nichts anderes als Machtinteressen und eine Politik, die diese Interessen aktiv und planmäßig verfolgte. »Wir werden Amboss, wenn wir nichts tun, um Hammer zu werden.«[16]

Die Dynamik der Realpolitik und einer zunehmend bindungsfreien einzelstaatlichen Machtpolitik war seit der Jahrhundertmitte keineswegs auf Deutschland beschränkt. Die Entwicklung in Deutschland war nur insofern spezifisch, als zu ihren Folgen die preußisch-deutsche Nationalstaatsbildung gehörte, die einerseits möglich wurde durch die machtpolitische Übereinstimmung zwischen der preußischen Regierung und der nationalen Bewegung und andererseits durch die Erosion der in Wien 1814/15 errichteten europäischen Ordnung. Das schuf die Freiräume für die Umwälzung des europäischen Mächtesystems zunächst mit der italienischen Nationalstaatsbildung, später mit der deutschen. Eine Politik einzelstaatlicher, nationaler Interessen trat an die Stelle multilateraler europäischer Politik. Die Bereitschaft der europäischen Mächte, sich in eine gemeinsame und vertraglich abgesicherte europäische Ordnung zu integrieren, ließ nach der Revolution von 1848 spürbar nach. Das führte zum Krimkrieg, in dem erstmals seit 1815 die europäischen Großmächte wieder gegeneinander Krieg führten.

Keiner erkannte das klarer als Bismarck, der sah, welche Möglichkeiten für eine machtvolle deutsche Politik Preußens sich aus diesen Entwicklungen ergaben. Diese Einsicht brachte ihn in der zweiten Hälfte der 1850er Jahre zwar in Konflikt mit den konservativen Prinzipienpolitikern im eigenen Land, war aber eine zentrale Voraussetzung für die ordnungszerstörende preußische Machtpolitik, die in den 1860er Jahren erst Österreich aus Deutschland verdrängte und dann den Weg zur kleindeutschen Nationalstaatsgründung ebnete.

»Eisen und Blut«

Zu Beginn der 1850er Jahre deutete in Deutschland nichts auf neue Bewegung in der nationalen Frage hin. Bismarck vertrat in Berlin mit seiner anti-österreichischen Haltung eine minoritäre Position, wurde immer stärker marginalisiert, bis er sich schließlich Anfang 1859 als Botschafter in St. Petersburg »kaltgestellt« sah. Die nationale Bewegung leckte ihre Wunden von 1848 und wurde durch die Politik der Reaktion niedergehalten. Erst Ende des Jahrzehnts kamen die Dinge wieder in Bewegung. In Preußen hatte im Oktober 1858 Prinz Wilhelm die Regentschaft für seinen nicht mehr regierungsfähigen Bruder übernommen. Von einer »Neuen Ära« war die Rede, und der künftige König sprach von »moralischen Eroberungen«, die Preußen in Deutschland machen müsse. Aber schon nach wenigen Wochen und anfänglicher Euphorie war von einer Politik liberaler Reformen und nationaler Bewegung kaum noch etwas zu spüren.

Das änderte sich, als in Italien, dessen kleinteilige politische Ordnung ebenfalls auf den Wiener Kongress zurückging, Bewegung in die nationale Frage kam mit dem Königreich Piemont-Sardinien, das sich, unterstützt von Napoleon III., an die Spitze einer national-italienischen Politik setzte. Der erste Gegner dieser Politik war Österreich, das noch immer über weite Gebiete Oberitaliens – die Lombardei und Venetien – herrschte. Lagen die Sympathien der deutschen Nationalbewegung im Sardinischen Krieg gegen Österreich, der im April 1859 begann, wie schon 1848 bei der Donaumonarchie, so schlug das ins Gegenteil um, als sich die österreichische Niederlage und damit eine nationale Neuordnung Italiens, zunächst freilich nur des italienischen Nordens, abzeichnete. Österreich wurde in dieser Situation nicht primär als deutsche Macht wahrgenommen, sondern als Repräsentant einer antinationalen Politik, als diejenige Macht, die in Italien, aber eben auch in Deutschland einer politischen Neuordnung unter nationalen Vorzeichen im Wege stand. Aus St. Petersburg forderte Bismarck, die österreichische Schwäche auszunutzen, mit der Armee nach Süddeutschland vorzurücken und »das Königreich Preußen in Königreich Deutschland umzutaufen«. Er spürte die nationale Welle, die 1859 durch Deutschland ging, und strebte danach, diese nationale Welle der preußischen Politik nutzbar zu machen. Doch sein Einfluss war zu dieser Zeit begrenzt, sein Vorstoß blieb folgenlos.

1859 wurde in Deutschland erkennbar, dass die Politik der Reaktion den Nationalismus zwar temporär und an der Oberfläche gedeckelt hatte, er aber nicht zurückzudrängen war. Begünstigt durch das liberalere Klima der »Neuen Ära« und die österreichische Ohnmacht, war die nationale Bewegung überall in Deutschland mit einem Schlag wieder da: in Presse und Publizistik, in einer Welle von Vereinsgründungen oder -wiedergründungen, darunter besonders wichtig der im September 1859 gegründete Deutsche Nationalverein, aber auch in einer Reihe nationalpolitischer Feste, die im Herbst 1859 mit den Feiern zum 100. Geburtstag Friedrich Schillers einsetzten. Gerade diese Feste zeigten auch, dass aus der Nationalbewegung noch stärker als in den 1840er Jahren eine Massenbewegung geworden war. Zehntausende nahmen 1862 am Deutschen Schützenfest in Frankfurt, 1863 am Deutschen Turnfest in Leipzig und 1864 am Deutschen Sängerfest in Dresden teil. Zwar waren die nationalen Vorstellungen in dieser Massenbewegung oftmals vage und ganz unterschiedlicher Natur, doch die Hoffnungen aller richteten sich in erster Linie auf Preußen und nicht auf Österreich.

Aber konnten diese Hoffnungen, die von den liberalen Zielen der Nationalbewegung nicht zu trennen waren, tatsächlich auf Preußen ruhen? In Berlin bahnte sich Anfang der 1860er Jahre mit der vom König und seinem Kriegsminister Albrecht von Roon geplanten Heeresreform ein massiver politischer Konflikt an, der die liberalen Träume platzen ließ und letztlich nicht ohne Auswirkungen auf die Entwicklung der nationalen Politik in Preußen und Deutschland bleiben konnte.

Die Auseinandersetzung über die Finanzierung der Militärreform und das Budgetrecht des seit 1858 mehrheitlich liberalen Preußischen Abgeordnetenhauses entwickelte sich innerhalb kürzester Zeit zu einem massiven Verfassungskonflikt. Die im Juni 1861 gegründete Deutsche Fortschrittspartei, die den zögerlichen Kurs der »Altliberalen« kritisierte, setzte sich nicht nur für eine nationale Einigung unter preußischer Führung ein, sondern verlangte auch die Parlamentarisierung der preußischen Verfassung. Ihr erdrutschartiger, triumphaler Sieg bei den Wahlen zum Abgeordnetenhaus erst im Dezember 1861 und dann noch einmal im Mai 1862 verschärfte den Konflikt weiter. Angesichts der tiefen Staatskrise erwog der König seine Abdankung, in Armeekreisen war von Staatsstreich die Rede. Für den König und seine militärischen Berater hieß der letzte Ausweg in dieser Situation: Bismarck.

»Mit der Verwendung dieses Mannes ist der schärfste und letzte Bolzen der Reaktion von Gottes Gnaden verschossen«, kommentierte August Ludwig von Rochau die Ernennung Bismarcks zum preußischen Ministerpräsidenten am 22. September 1862 in der *Wochenschrift des Nationalvereins*. Für den Liberalen Max von Forckenbeck bedeutete Bismarck: »Regieren ohne Etat, Säbelregiment im Innern, Krieg nach außen. Ich halte ihn für den gefährlichsten Minister für Preußens Freiheit und Glück.« Die Wogen schlugen hoch in Berlin. Bürgerkrieg lag in der Luft. Der im Londoner Exil lebende Karl Marx mochte in diesen Chor nicht einstimmen. Nüchtern sah er in der Ernennung Bismarcks die Erfüllung eines »frommen Wunsches der kleindeutschen Fortschrittspartei. Sie schwärmten für den ›Fortschrittsmann‹ Louis Bonaparte. Sie sehn jetzt, was ein ›bonapartistisches‹ Ministerium in Preußen meint.«[17]

Was sollte das heißen? Bismarck trieb einerseits den Verfassungskonflikt auf die Spitze. Am Tag nach seiner Ernennung lehnte das Abgeordnetenhaus den Militäretat mit 308 gegen 11 Stimmen ab. Aus dem Verfassungskonflikt wurde ein Verfassungsbruch, als Bismarck erklärte, dann eben ohne Budget regieren zu wollen, und damit das Parlament und seine verfassungsmäßigen Rechte ausschaltete. Zugleich freilich spielte der neue Ministerpräsident die nationale Karte und verband in seiner berühmten Rede vor der Budgetkommission der Abgeordnetenkammer seine Vorstellung preußischer Machtpolitik mit einer nationalen Perspektive: »Nicht auf Preußens Liberalismus sieht Deutschland, sondern auf seine Macht; Bayern, Württemberg,

Baden mögen den Liberalismus indulgieren [ihm nachgeben; E.C.], darum wird ihnen doch keiner Preußens Rolle zuweisen; Preußen muss seine Kraft zusammenfassen und zusammenhalten auf den günstigen Augenblick, der schon einige Male verpasst ist; Preußens Grenzen nach den Wiener Verträgen sind zu einem gesunden Staatsleben nicht günstig; nicht durch Reden und Majoritätsbeschlüsse werden die großen Fragen der Zeit entschieden – das ist der große Fehler von 1848 und 1849 gewesen –, sondern durch Eisen und Blut.«[18] Die antiliberale Rhetorik und die brutale Wortwahl sorgten weit über Preußen hinaus für Empörung in der liberalen Öffentlichkeit. Antiliberal, aber national: Bismarck wusste nur zu gut, wie er die liberale Opposition, die es aus Angst vor der unkontrollierbaren Dynamik einer Revolution nicht wagte, das Volk gegen den Verfassungsbruch zu mobilisieren, mit ihren eigenen Waffen schlagen konnte.

Die Gelegenheit dazu bot sich, als Ende 1863 erneut die Schleswig-Holstein-Frage auf die Tagesordnung der nationalen und internationalen Politik rückte. Erneut – wie 1848 – ging es um die Eingliederung Schleswigs in den dänischen Staatsverband. Eine entrüstete nationale Öffentlichkeit in Deutschland wehrte sich dagegen, forderte die Selbstständigkeit Schleswig-Holsteins unter einem deutschen Fürsten und den Eintritt auch Schleswigs in den Deutschen Bund. Eine solche Entwicklung schloss auch Bismarck nicht aus, konnte sich sogar schon früh eine Annexion Schleswig-Holsteins durch Preußen vorstellen. Aber Preußen durfte dabei nicht als Verbündeter der deutschen Nationalbewegung erscheinen, weil das – wie 1848 – die europäischen Großmächte, England und Russland allen voran, auf den Plan gerufen und innerhalb Preußens das nationale Lager gestärkt hätte. So stellte sich Bismarck auf den Boden der europäischen Verträge sowie des deutschen Bundesrechts und gewann auf dieser Grundlage Österreich für ein gemeinsames Vorgehen gegen Dänemark. Preußisch-österreichische Bundestruppen marschierten zunächst in Holstein

ein und besetzten wenig später ganz Jütland. Der am 30. Oktober 1864 geschlossene Frieden von Wien führte, anders als von der Nationalbewegung erhofft, nicht dazu, dass Schleswig und Holstein ein eigenständiger Staat im Deutschen Bund wurden. Vielmehr errichteten Preußen und Österreich ein Kondominium über die beiden Elbherzogtümer. Freilich diente dieses Kondominium nur dazu, Preußen die Möglichkeit einer späteren Annexion offenzuhalten, die 1864 angesichts des gemeinsamen Vorgehens mit Österreich und der Gefahr einer Intervention der europäischen Mächte ausgeschlossen war.

Der Deutsch-Dänische Krieg und sein Ausgang stürzten die deutsche Nationalbewegung und insbesondere die preußische Opposition in ein Dilemma und in einen schweren Konflikt. Zwar entsprach die Kondominiumslösung nicht den Erwartungen der nationalen Kräfte, die Schleswig-Holstein lieber als eigenen Staat im Deutschen Bund gesehen hätten als unter preußisch-österreichischer Verwaltung, aber war nicht trotzdem Dänemark mit seinen Herrschaftsansprüchen gescheitert? Hatte nicht doch die deutsche Sache gesiegt? Selbst wer das so sah, musste zugleich erkennen, dass der eigentliche Gewinner kein anderer war als Bismarck, der in der Auseinandersetzung mit Dänemark, im Schulterschluss mit Österreich und ohne Intervention der europäischen Mächte ein wichtiges nationales Ziel erreicht und damit die Demütigung von 1848 wettgemacht hatte. Bismarcks mit dem Mittel des Krieges erzielter nationalpolitischer Erfolg begann, die oppositionelle Front gegen den Ministerpräsidenten aufzuweichen. Was war wichtiger: innenpolitische Liberalisierung oder nationaler Fortschritt? War nicht Macht, auch militärische Macht, die Voraussetzung für eine erfolgreiche nationale Politik? Und betrieb nicht Bismarck eine solche Machtpolitik, und zwar nicht nur im preußischen, sondern im nationalen Interesse?

In der liberalen *National-Zeitung* jedenfalls war am 12. August 1864 zu lesen: »Jeder Fortschritt ... in der Gewinnung der notwendigen deutschen Macht ist zugleich ein Fortschritt im freiheitlichen Leben. Umgekehrt führt verlängerte Verwahrlosung der Macht, die doch einmal unentbehrlich ist zur Erhaltung der Nation, immer tiefer in die Unfreiheit hinein.« Und wenn Preußen seine Macht durch Annexion Schleswig-Holsteins vergrößern könne, so war aus nationalliberalen Kreisen schon wenig später zu hören, dann stehe dieses nationale Machtinteresse über dem Selbstbestimmungsrecht der Schleswig-Holsteiner. Dieses Recht nämlich, argumentierte im Frühjahr 1865 Theodor Mommsen, der Historiker und Mitgründer der Fortschrittspartei, sei »kein unbedingtes, sondern findet seine Schranken an den allgemeinen Interessen der deutschen Nation. Denn es gibt kein schleswig-holsteinisches Volk, sondern nur ein deutsches, und wo dieses spricht, hat jenes zu gehorchen.«[19] Während sich so eine allmähliche Annäherung zumindest des rechten Flügels der preußischen Liberalen an Bismarck und seine machtstaatliche Politik abzeichnete, wuchs im Liberalismus außerhalb Preußens die Skepsis. Wenn das Selbstbestimmungsrecht der Schleswig-Holsteiner nicht zählte, welches Gewicht hatte dann das Recht der Bayern, Württemberger oder Sachsen? Und wenn nationale Einheit nichts anderes mehr war als das Ergebnis preußischer Machtpolitik und eines womöglich militärisch durchgesetzten preußischen Dominanzanspruchs, was bedeutete das dann für die deutschen Mittel- und Kleinstaaten?

Das preußisch-österreichische Kondominium über Schleswig-Holstein war von Anfang an konfliktbehaftet. Das war von Bismarck bewusst so angelegt, der nicht nur das mittelfristige Ziel einer preußischen Annexion der Herzogtümer weiter verfolgte, sondern dem auch klar war, dass eine preußische Machtsteigerung, ja eine preußische Hegemonie in Deutschland ohne eine Verdrängung Österreichs aus Deutschland nicht denkbar war. Solange der Deutsche Bund existierte, der Österreichs Rolle und seine Vormacht in Deutschland sicherte, war daran nicht zu denken. Auch deswegen widersetzte sich Berlin allen österreichischen Initiativen einer Bundesreform. Bismarck wollte keinen reformierten Deutschen Bund Wiener Provenienz, sondern eine Neuordnung Deutschlands unter preußischen Auspizien. Der Krieg mit Österreich war damit geradezu vorprogrammiert.

Schon 1854, vor dem Hintergrund des Krimkriegs, hatte Bismarck seine Lehre aus der Geschichte Preußens gezogen: »Die großen Krisen bilden das Wetter, welches Preußens Wachstum fördert, indem sie furchtlos, vielleicht auch sehr rücksichtslos von uns benutzt wurden.«[20] Und indem sie, das müsste man für die Zeit zwischen 1860 und 1870 hinzufügen, von Bismarck geradezu geschaffen wurden. Aussichten auf Erfolg hatte eine solche Deutschlandpolitik freilich nur, wenn sie nicht die außerdeutschen Großmächte Großbritannien, Russland und Frankreich auf den Plan rief. Jetzt zahlte es sich aus, dass der Konsens der Großmächte im Krimkrieg zerbrochen war. Großbritannien verfolgte seine imperialen Interessen global und nicht in Europa, und nicht zuletzt wirtschafts- und handelspolitisch war eine kleindeutsch-preußische Lösung für London attraktiver als die Fortexistenz des Deutschen Bundes. Den russisch-österreichischen Schulterschluss gab es seit dem Krimkrieg nicht mehr, zumal Preußen signalisierte, russische Interessen, beispielsweise in Polen, zu respektieren. Frankreich schließlich hoffte, von einem preußisch-österreichischen Konflikt und einer Neuordnung Deutschlands profitieren zu können. Das musste man ausnutzen, ohne Napoleon III. ein Mitspracherecht bei dieser Neuordnung einzuräumen oder französische Kompensationsforderungen zu befördern. Dazu war vor allem schnelles Handeln wichtig: ein schneller Krieg, ein schneller Sieg, ein schneller Frieden.

1866: Krieg und Revolution von oben

Der Entschluss zum Krieg fiel im preußischen Kronrat im Februar 1866. Die sich zuspitzenden Konflikte in Schleswig-Holstein bildeten den Anlass dafür, nicht den tieferen Grund. Preußen sei die »einzige lebensfähige Schöpfung«, so argumentierte Bismarck, »die aus den Ruinen des alten deutschen Reiches hervorgegangen sei, und hierauf beruhe sein Beruf, an die Spitze von Deutschland zu treten. Österreich habe das nach diesem Ziel gerichtete natürliche und wohlberechtigte Streben Preußens aus Eifersucht von jeher bekämpft, indes es die Führung Deutschlands, obwohl selbst dazu unfähig, Preußen nicht gegönnt habe.«[21] Nun wurde der Krieg planvoll und rasch herbeigeführt. Dass auch Wien seit Jahresbeginn 1866 immer stärker auf Konfrontationskurs ging und einen Krieg nicht ausschloss, widerspricht dem nicht. Einem am 8. April 1866 auf drei Monate befristeten Bündnis mit Italien, dem es um das noch immer österreichische Venetien ging, folgte am Tag darauf der preußische Antrag im Frankfurter Bundestag, eine aus allgemeinen und direkten Wahlen, dem Wahlrecht von 1848, hervorgegangene Nationalversammlung zu berufen und dieser die Reform des Deutschen Bundes und seiner Bundesverfassung zu übertragen. Das war für Wien inakzeptabel. Aber auch die Sympathien des liberalen Deutschlands konnte Bismarck mit seinem Vorstoß nicht gewinnen. Der preußische Ministerpräsident, der in Berlin den Parlamentarismus mit Füßen trat und mit einer Politik des permanenten Verfassungsbruchs regierte, wirkte wenig glaubwürdig, als er nun als Mittel preußischer Machtpolitik und um den »Bruderkrieg« mit Österreich zu provozieren, ins »Zeughaus der Revolution« griff. So wie der liberale Jurist Rudolf von Ihering entsetzten sich damals viele: »Mit einer solchen Schamlosigkeit, einer solchen grauenhaften Frivolität ist vielleicht noch nie ein Krieg angezettelt worden wie der, den Bismarck gegenwärtig in Österreich zu erheben sucht. Das innerste Gefühl empört sich über einen solchen Frevel an allen Grundsätzen des

Rechts und der Moral.«[22] Nur die äußerste Linke fühlte sich bestätigt. Für Karl Marx und Friedrich Engels war Bismarcks Politik Bonapartismus pur, und sie zweifelten nicht daran, dass Bismarck die bürgerlich-liberale Opposition über kurz oder lang doch auf seine Seite ziehen würde.[23]

Dass der Deutsche Bund und seine Verfassung Bismarck nicht mehr kümmerten, demonstrierte der Einmarsch preußischer Truppen in Holstein mit seiner österreichischen Militärpräsenz. Das war faktisch die erste Kriegshandlung in diesem zweiten von Bismarck bewusst herbeigeführten Krieg. Mehrheitlich beschloss die Bundesversammlung daraufhin die Mobilisierung des Bundesheeres. Bis auf wenige Ausnahmen stellten sich alle Staaten auf die Seite Österreichs und unterstützten damit eine Bundesexekution gegen Preußen, als der Krieg begann. Mobilisiert waren die Streitkräfte auf beiden Seiten längst. Am 16. Juni marschierten preußische Truppen in Hannover, Kurhessen und Sachsen ein. Wenige Tage später, am 20. Juni, erklärte vereinbarungsgemäß Italien, am Tag danach Preußen Österreich den Krieg. Bereits am 3. Juli kam es bei Königgrätz in Nordböhmen zur Schlacht mit den österreichischen Truppen, in der sich der Krieg zugunsten Preußens entschied.

»Casca il mondo!« Für den römischen Kardinalstaatssekretär Giacomo Antonelli brach nach dem preußischen Sieg über Österreich die Welt zusammen. Das bezog sich nicht nur auf den Sieg des – preußischen – Protestantismus über den – österreichischen – Katholizismus, sondern auf das Ende einer politischen Ordnung im Herzen Europas, die bei allen Veränderungen im Einzelnen über Jahrhunderte Bestand gehabt hatte. Der ins lateinische Mittelalter hinabreichende Wurzelstrang der deutschen Tradition, aus dem sich die spezifisch mitteleuropäische Transnationalität speiste, wurde gekappt.[24] An die Stelle eines Verbandes von Einzelstaaten, zusammengehalten durch Rechtsregeln und das notwendige Minimum gemeinsamer Institutionen, in dem – ob nun im Alten

Reich oder im Deutschen Bund – Österreich eine Vorrangstellung einnahm, traten jetzt, das zeichnete sich schon 1866 ab, eine von Preußen dominierte Ordnung und die Perspektive eines nationalen Staates. Österreich hingegen wuchs weiter aus Deutschland heraus, ja wurde aus Deutschland hinausgedrängt. Für Wien hatte das durchaus auch entlastende Wirkung. Es war die Voraussetzung dafür, dass sich das Habsburgerreich den drängenden Fragen einer inneren Reform zuwenden konnte. Das führte schon 1867 zum Ausgleich mit Ungarn, der staatlichen Wiederherstellung des Königreichs Ungarn, durch welche die österreichisch-ungarische – k.u.k. – Doppelmonarchie entstand.

Die politische Geographie in Deutschland veränderte sich grundlegend. Preußen wurde zur beherrschenden Macht nördlich des Mains. Nicht nur Schleswig und Holstein wurden annektiert, sondern auch das Königreich Hannover, Kurhessen, Nassau und die Freie Stadt Frankfurt. Ihre Herrscher wurden abgesetzt, ein wahrhaft revolutionärer Akt. Wäre es nach Bismarck gegangen, dann wäre auch noch Sachsen hinzugekommen. Damit war Preußen von Aachen im Westen bis nach Königsberg im Osten ein territorial geschlossener Flächenstaat, ein politisches und ökonomisches Schwergewicht. Auf das Prinzip der Legitimität und das Recht der Staaten nahm diese gewaltige Machtsteigerung keinerlei Rücksicht. Vom politischen Konservatismus, insbesondere in Preußen, entfremdete sich Bismarck dadurch auf lange Zeit. Dort, in dem politischen Lager, dem Bismarck entstammte und dem er seinen Aufstieg verdankte, entsetzte man sich über »Kronenraub und Nationalitätenschwindel«, über den Bonapartismus des Ministerpräsidenten mit seinen plebiszitär-caesaristischen Methoden. Das sei der »Triumph der Demokratie«, urteilte Ernst Ludwig von Gerlach, Bismarcks politischer Ziehvater.[25] Seinem »Meister« Bonaparte sei Bismarck über den Kopf gewachsen, urteilte Friedrich Engels auf der entgegengesetzten Seite des politischen Spektrums.[26]

Die süddeutschen Staaten, die an der Seite Österreichs gekämpft hatten, konnten sich der preußischen Machtentfaltung nicht entziehen. Ihnen fehlte das politische und wirtschaftliche Gewicht, gegen den preußischen Dominanzanspruch einen eigenen, süddeutschen Weg einzuschlagen. Das wäre nur an der Seite Frankreichs möglich gewesen. Aber war das denkbar angesichts der sich immer weiter steigernden nationalen Dynamik und angesichts des Drucks, den Berlin ausübte? So gab es am Ende wohl keine Alternative zur Selbstentmachtung. Der Zollverein wurde institutionell ausgebaut. Das Zollparlament, dessen süddeutsche Mitglieder durch freie Wahlen bestimmt wurden, und der Zollbundesrat gaben dem Zollverein politische Strukturen, die nationale Institutionen schon antizipierten und überdies Preußen zusätzliche Einfluss- und Steuerungsmöglichkeiten verschafften. Auch militärisch wurde die Dominanz Preußens festgeschrieben. In den Schutz- und Trutzbündnissen, die für den Angriffs- wie für den Verteidigungsfall galten, verpflichteten sich Baden, Württemberg, Bayern und Hessen-Darmstadt, ihre Truppen im Kriegsfall preußischem Oberbefehl zu unterstellen. Daraus leitete sich schon für den Frieden eine Angleichung an das preußische Militär ab, nicht zuletzt durch eine Standardisierung der Ausbildung. Für den »Nationalkrieg« gegen Frankreich 1870 wurden so wichtige Voraussetzungen geschaffen. Politisch mochte die Anlehnung der süddeutschen Staaten vernünftig, vielleicht sogar unausweichlich sein. Populär war sie nicht. Das zeigte sich bei den Wahlen zum Zollparlament 1868, die nicht zum Triumph der kleindeutschen, propreußischen Kräfte wurden und die, am deutlichsten in Bayern und Württemberg, alles andere als ein Plebiszit für eine rasche Nationalstaatsbildung unter preußischer Führung waren. Gegner der Borussifizierung warnten vor dem »Unheil des Militarismus« und ließen im Wahlkampf keinen Zweifel daran, was die Dominanz Preußens im Kern bedeuten würde: »Steuer zahlen …, Soldat sein …, Maul halten.«[27]

Mit den Staaten nördlich der Mainlinie schloss sich Preußen zum Norddeutschen Bund zusammen, dessen von Bismarck entworfene Verfassung die Reichsverfassung von 1871 in zentralen Punkten vorwegnahm. Diese Bundesverfassung war mindestens genauso revolutionär wie die Absetzung der Herrscher in Hannover, Kurhessen und Nassau. Zwar wurde kein parlamentarisches Regierungssystem etabliert, aber ein aus allgemeinen, gleichen und direkten Wahlen (der männlichen Bevölkerung über 25 Jahren) hervorgehendes Parlament geschaffen, der Norddeutsche Reichstag. Er verfügte auch über legislative Kompetenzen, die allerdings das Militärwesen einschließlich des umstrittenen Militärbudgets und die Außenpolitik nicht umfassten. Allein die Bezeichnung verwies schon auf die gesamtdeutsche Perspektive der Verfassung. Über die Institutionen des Bundesrats freilich und insbesondere des Bundespräsidiums, welches die »Krone Preußens«, der König also, innehatte, wurde nicht nur die Dominanz Preußens konstitutionell abgesichert, sondern auch ein Primat der Exekutive festgesetzt. Und da es keine eigenen Ministerien des Norddeutschen Bundes gab, lag diese Exekutive bei der preußischen Regierung mit dem preußischen Ministerpräsidenten an der Spitze, der zugleich auch das Amt des Bundeskanzlers ausübte. Ernannt und entlassen wurde dieser vom preußischen König, nur diesem war er verantwortlich. So war der Norddeutsche Bund zwar ein konstitutioneller, aber eben kein parlamentarischer Bundesstaat. In seine Verfassungswirklichkeit ragte insbesondere durch die militärische Kommandogewalt des preußischen Königs noch ein Stück Absolutismus hinein.[28]

Und dennoch: Der Norddeutsche Bund und seine Verfassung bedeuteten auch einen Liberalisierungsfortschritt. Das ließen vor allem die Stimmen der – konservativen – Kritiker erkennen, für die die Bundesverfassung mit ihrem Wahlrecht und den legislativen und budgetären Befugnissen des Reichstags eine demokratisch-revolutionäre Fehlentwicklung darstellte. In der Tat haben schon Zeitgenossen das Geschehen der Jahre um 1866 als »Revolution von oben« bezeichnet. »Soll Revolution sein«, so kommentierte Bismarck im Sommer 1866 die politische Umwälzung in Deutschland, »so wollen wir sie lieber machen als erleiden.«[29] »Die Revolution, in der wir stehen, kommt von oben«, schrieb Heinrich von Treitschke Ende Juli 1866, und der kritisch-distanzierte Jacob Burckhardt gelangte wenige Jahre später in der Retrospektive zu der Einschätzung: »Bismarck hat nur in eigene Hand genommen, was mit der Zeit doch geschehen wäre, aber ohne ihn und gegen ihn.« Regierung und Armee Preußens, so sah es der Schweizer Beobachter, machten »die große deutsche Revolution von 1866«. Für Burckhardt war das »eine abgeschnittene Crisis ersten Ranges«. Das bezog sich nicht primär auf die Klärung des preußisch-österreichischen Verhältnisses und damit der Machtfrage in Deutschland, sondern in erster Linie auf die innen- und verfassungspolitische Krise, in der sich Preußen seit 1861/62 befand. 1866 habe die nationale Frage die Oberhand gewonnen über die konstitutionelle, und für Burckhardt bestätigte der Krieg mit Frankreich 1870/71 nur noch, was bereits 1866 angelegt war: In Deutschland könne »die Macht nach innen und außen ... nun ganz systematisch von oben her organisiert werden«.[30]

Es war vor allem das nationalliberale Lager, das sich der Wirkung dieser »Revolution von oben« nicht entziehen konnte. Rudolf von Ihering, der liberale Rechtswissenschaftler, der sich im Frühjahr 1866 noch über die »Schamlosigkeit« Bismarcks ereifert und sie als einen »Frevel an allen Grundsätzen des Rechts und der Moral« bezeichnet hatte, pries den preußischen Ministerpräsidenten nun als »Genie ..., der ein Meisterstück der politischen Kombination und Tatkraft geliefert hat ... Ich gebe für einen solchen Mann der Tat ... hundert Männer der liberalen Gesinnung, der machtlosen Ehrlichkeit.«[31] Droysen, der Historiker, begeisterte sich: Endlich habe die deutsche Nation ihren »Herkules ..., den Augiasstall reinzukehren, den sie vollgemistet hat«. »Dieses

Jahr 1866 allein macht es der Mühe wert, gelebt zu haben«, schrieb er an anderer Stelle.³² Für Theodor Mommsen war es ein »wunderbares Gefühl, dabeizusein, wenn die Geschichte um die Ecke biegt«. Und Heinrich von Treitschke rechtfertigte Bismarcks Politik und seinen Krieg mit einem Hinweis auf den »Finger Gottes«, der »sichtbarlich aus den Wolken gewinkt« habe.

Es kann kaum überraschen, dass sich 1866 im deutschen Liberalismus eine Spaltung vollzog, die sich zwar in den Jahren zuvor schon abgezeichnet hatte, die aber nun offen erkennbar wurde und sich auch organisatorisch manifestierte. Unter dem Eindruck von Königgrätz, aber auch angesichts der liberalen Niederlage bei den Wahlen zum Abgeordnetenhaus, die just am Tag der Schlacht stattfanden (aber von deren Ausgang noch nicht beeinflusst wurden), entschloss sich eine Mehrheit der liberalen Abgeordneten, auf ein Angebot Bismarcks einzugehen und den Verfassungskonflikt durch ein Indemnitätsgesetz zu beenden. Darin wurde der ohne parlamentarische Zustimmung zustande gekommene Haushalt der Jahre seit 1862 für rechtmäßig erklärt, zugleich jedoch wurde das Budgetrecht des Landtags ausdrücklich bekräftigt, der Verfassungsbruch also letztlich bestätigt. Mit großer Mehrheit nahm die Kammer Anfang September 1866 die Gesetzesvorlage an. Gegner der Vorlage fanden sich nicht nur auf dem linken Flügel der Liberalen, sondern auch unter den Konservativen, von denen nicht wenige das Indemnitätsgesetz für ein falsches und überflüssiges Zugeständnis an die Liberalen und, noch grundsätzlicher, an den Konstitutionalismus und das Parlament hielten. Doch die Indemnitätsvorlage des Ministerpräsidenten zielte nicht nur, ja nicht einmal primär auf die Vergangenheit, sondern vor allem auf die Zukunft. Bismarck war sich bewusst, welche Schubkraft der Schulterschluss mit der nationalen Bewegung seiner preußisch-deutschen Machtpolitik geben würde, und zwar sowohl innerhalb als auch außerhalb Deutschlands und ganz besonders im Hinblick auf Frankreich. Darüber hinaus war ihm klar, dass die Kräfte des Liberalismus, nicht zuletzt getragen von der wirtschaftlichen Dynamik und der gesellschaftlichen Entwicklung, auf Dauer nicht zurückzudrängen sein würden. War es dann nicht klüger, sich mit diesen Kräften zu verbünden, ihre Unterstützung zu gewinnen und sie dadurch dem Systemerhalt zu verpflichten und nicht der Systemtransformation?

1866 ist immer wieder als Schicksalsjahr des deutschen Liberalismus bezeichnet worden, und fast so häufig hat man von einer Selbstpreisgabe gesprochen. Die Mehrheit der Liberalen habe dem Ziel der – nationalen – Einheit Priorität eingeräumt vor dem Ziel der Freiheit; der nationale Staat sei nicht länger auch als freiheitlicher Staat gedacht worden. Das ist nicht falsch. Doch vergegenwärtigt man sich die Geschichte der Nationalbewegung seit Beginn des 19. Jahrhunderts, dann versteht man besser, warum so viele Liberale nach 1866 zu Anhängern Bismarcks und seiner machtstaatlichen Nationalpolitik wurden. Diese war zwar, gemessen an liberalen Vorstellungen, defizitär, aber doch offenkundig in der Lage, den nationalen Staat, den Staat der Deutschen zu schaffen. Und die Freiheit?

»Der deutsche Staat und die deutsche Freiheit müssen gleichzeitig mit denselben Mitteln errungen werden«, so hieß es 1867 im Gründungsprogramm der Nationalliberalen Partei, die aus denjenigen Liberalen hervorging, die Bismarcks Politik unterstützten. Sie trat an die Stelle des Nationalvereins, der sich in jenem Jahr formell auflöste. Aber aus der Gleichzeitigkeit konnte auch ein Nacheinander werden, wenn »die Einheit Deutschlands zu Macht und Freiheit« unverändert das Ziel blieb. Als Fundamentalopposition sei man, so lässt sich das nationalliberale Programm lesen, nicht in der Lage, an der politischen Ausgestaltung des aus dem Reich der Ideen in die Welt der Tatsachen rückenden Nationalstaats mitzuwirken. Das zielte auf Regierungsfähigkeit und Regierungsbeteiligung, auch wenn dies Kompromisse bedeutete. Es sei besser, schrieb der in Karlsruhe lehrende liberale Historiker

Hermann Baumgarten, in der »Regierung ein Geringes zu tun« als in der »Opposition ein Unbegrenztes zu fordern«.[33] Und war denn nicht die Verfassung des Norddeutschen Bundes mit ihrem Wahlrecht, das zu jener Zeit zu den fortschrittlichsten in ganz Europa gehörte, schon ein großer Schritt in die richtige Richtung? Hinter solchen Positionen stand die Gewissheit, dass dem Liberalismus und seinen Zielen auch angesichts der gesellschaftlichen und wirtschaftlichen Entwicklung die Zukunft gehören werde. Von »Zukunftsgewissheit« hat der Historiker Dieter Langewiesche gesprochen, und das verband sich mit der Überzeugung, dass die Nationalstaatsbildung, die politisch ja gerade erst begonnen hatte, enorme Liberalisierungschancen bereithielte, die man freilich nur ergreifen und umsetzen könne, wenn man sich an dem großen »Einigungswerk« beteiligte.[34]

Von der »Tragödie des deutschen Liberalismus« schrieb in einem einflussreichen, zuerst 1953 veröffentlichten Buch der deutsche Emigrant Friedrich Sell, der vor dem Hintergrund der nationalsozialistischen Herrschaft den deutschen Liberalismus des 19. Jahrhunderts dafür kritisierte, dass er immer wieder – und am stärksten in den Jahren der Reichsgründung – der Versuchung der Macht erlegen sei, liberale Ideale geopfert und kompromittiert und dadurch Obrigkeitsstaat und Autoritarismus gestärkt habe – mit Wirkungen weit ins 20. Jahrhundert hinein.[35] Dass gerade Vertreter des Nationalliberalismus die Idee der Nation mit freiheitlichen Vorstellungen verbanden, war kein Selbstbetrug, sondern ergab sich aus dem emanzipatorischen Potential des nationalen Gedankens, so wie er in Deutschland seit dem späten 18. Jahrhundert Gestalt angenommen hatte. An dieser Überzeugung hielten gerade auch die Nationalliberalen nach 1866 fest und unterstützten deswegen die Politik Bismarcks, die ganz offenkundig dazu imstande war, den als freiheitsfeindlich wahrgenommenen Partikularismus – die »Kleinstaaterei« – zu überwinden und einen nationalen deutschen Staat zu schaffen.

Aber der nationale Gedanke und das Ziel des Nationalstaats waren eben nicht nur, das hatten schon die Entwicklungen vor 1866 gezeigt, freiheitlich umzusetzen, sondern mindestens ebenso sehr machtstaatlich, autoritär und illiberal. Beides war möglich, und die freiheitliche Variante war 1848/49 gescheitert. Das charakterisierte die Entwicklung seit 1866 und erst recht nach 1870/71, die die Idee der Nation nicht ihrer sozialen Integrationskraft beraubte, wohl aber – und immer stärker – ihrer Liberalität.[36] Viele Liberale fanden sich damit ab, viele trösteten sich mit dem seit 1866 Erreichten, und nicht wenige, nicht zuletzt Angehörige des Wirtschaftsbürgertums, richteten sich in einer Konstellation ein, die Wirtschaftswachstum und materiellen Wohlstand generierte und die Gefahr einer »roten Revolution« bannte. Was wollte man mehr? Musste man um jeden Preis an der politischen Herrschaft teilhaben, sie womöglich selbst ausüben, wenn, wie Bismarck es demonstrierte, andere, erfahrenere Kräfte das besser konnten? Der Bürger sei »geschaffen zur Arbeit, aber nicht zur Herrschaft«, konstatierte Hermann Baumgarten, der Historiker, gleich 1866. Und es glich schon, politisch und sozial, einer liberalen Selbstaufgabe, wenn nun der Bürger Baumgarten dem Adel – Bismarck – seine Reverenz erwies. Man werde seine »bürgerliche Einbildung ein wenig einschränken« und sich »bescheiden, neben dem Adel eine ehrenvolle Stelle zu behaupten«.[37] Doch wie leicht konnte aus dem »neben« ein »unter« werden. So enthielten die Entwicklungen des Jahres 1866 auch den Keim, zumindest aber die Möglichkeit eines sozial integrativen, breit akzeptierten und doch autoritären Nationalstaats.

Noch aber gab es diesen nationalen Staat nicht. Dass Bismarck ihn anstrebte, aber lediglich auf einen kleindeutschen Nationalstaat unter preußischer Führung aus war, daran bestand kein Zweifel. »Wir sind nicht am Ziele unserer Politik, wir sind am Anfang derselben«, erklärte er im September 1866 im Preußischen Abgeordnetenhaus.[38] Einen Plan, der Schritt für Schritt zur deutschen Einheit führte, gab es jedoch nicht. Im Gegenteil: Die Wahlen zum Zollparlament hatten gezeigt, wie groß in Süddeutschland die Vorbehalte gegen Preußen und Bismarck waren. Liberale und partikulare Bedenken führten dazu, dass die süddeutschen Staaten sich nicht im Gleichschritt und mit Hurra auf Berlin zubewegten. Eher wuchs in Bayern, Württemberg und Baden die Ablehnung. Um diese abzubauen, hätte es der Perspektive eines liberalen Nationalstaats bedurft, der auch die historischen Eigenrechte der Staaten respektierte. Die Nationalbewegung war im Süden trotz aller Gegenkräfte zwar weiterhin stark, aber ihre Vorstellung eines Nationalstaats sah anders aus als das, was die Verfassung des Norddeutschen Bundes erwarten ließ: nicht nur konstitutionell und durch das allgemeine Wahlrecht mit einer demokratischen Fassade versehen, sondern vor allem parlamentarisch, mit einer starken Volksvertretung und einer – dem Parlament, nicht dem Monarchen – verantwortlichen Regierung. Das freilich wäre das Ende des preußischen Modells gewesen: obrigkeitlich, mit einem Primat der Exekutive und nicht zuletzt im Bereich von Militär und Außenpolitik beschnittenen Rechten des Parlaments. Dazu war Bismarck nicht bereit. Die Revolution, auch die nationale, sie konnte nur von oben kommen.

Das Kaiserreich als Kriegsgeburt

Nationaler Krieg – nationaler Sieg

Doch wie sollte die Revolution von oben erfolgen? Ein nationaler Krieg gegen Frankreich schien die Lösung zu bieten: geführt von Preußen und seiner Armee, getragen von nationaler Zustimmung. In der Retrospektive lässt sich daraus leicht das Szenario des Deutsch-Französischen Krieges von 1870 entwickeln, und Bismarck schloss einen solchen Krieg als Mittel großpreußischnationaler Politik zweifellos nicht aus, war bereit, ihn zu führen, wenn eine günstige Gelegenheit sich bot. Klar war allerdings auch, dass Napoleon III. einem deutschen Nationalstaat unter Einschluss der süddeutschen Staaten niemals zustimmen würde. Der schnelle preußische Sieg und der ebenso schnelle Friedensschluss von 1866 hatten Napoleon die Möglichkeit genommen, französische Kompensationen für den preußischen Machtzuwachs zu erhalten. Am Krieg gar nicht beteiligt, sah sich Frankreich deshalb dennoch als Verlierer, und in der Forderung nach »Rache für Sadowa« – »Revanche pour Sadova« –, wie die Entscheidungschlacht von 1866 in Frankreich bezeichnet wurde, bündelte sich der immer stärker antideutsche, vor allem aber antipreußische französische Nationalismus. Er sehe einen baldigen Krieg mit Frankreich als eine unabweisliche Notwendigkeit an, äußerte Bismarck schon im Herbst 1869. Das bezog sich nicht nur auf die nationale Entwicklung in Deutschland und die preußische Politik, sondern mindestens ebenso sehr auf Napoleon III., dessen innenpolitische Stellung nach Bismarcks Ansicht erschüttert war. Es werde dem französischen Kaiser über kurz oder lang nichts übrig bleiben, als mit einem Krieg die Aufmerksamkeit der Nation von der inneren Lage nach außen abzulenken und durch einen siegreichen Feldzug seine eigene Stellung wieder zu festigen. Vor diesem Hintergrund habe, so Bismarck, der Norddeutsche Bund überhaupt keinen Grund, selbst den Ausbruch eines Krieges zu veranlassen oder zu beschleunigen.[39]

Das bedeutet indes nicht, dass Bismarck den Krieg mit Frankreich nicht wollte. Im Gegenteil: Er war überzeugt, dass die »gedeihliche Entwicklung und Sicherstellung der Verhältnisse« in Deutschland nur noch im Gefolge eines Krieges mit Frankreich möglich sei.[40] Dahinter verbarg sich weder eine Präventivkriegsabsicht noch eine gezielte, planvolle Politik der Provokation. Aber die Aussage war doch auch mehr als »eine nüchterne Tatsachenfeststellung im Sinne eines Konditionalsatzes«.[41] Denn als sich im

Sommer 1870 eine Situation entwickelte, in der die Wahrscheinlichkeit wuchs, dass Frankreich einen Krieg gegen Preußen – und damit gegen Deutschland – beginnen würde, ergriff Bismarck diese Gelegenheit ohne zu zögern und trotz des Risikos, das mit einem Krieg gegen Frankreich fraglos verbunden war. Es ging dabei um die berühmte spanische Thronkandidatur des Prinzen Leopold von Hohenzollern-Sigmaringen, Spross einer katholischen Nebenlinie der Hohenzollerndynastie. Als diese von Bismarck mit eingefädelte Kandidatur Anfang Juli 1870 bekannt wurde, ging ein Aufschrei durch Frankreichs Politik und Öffentlichkeit. Die Thronkandidatur wurde als gezielte Provokation bewertet und zu einer Frage der nationalen Ehre erhoben. Ein Preuße auf dem spanischen Thron, das bedeute Krieg, hieß es. In Berlin war der König in dieser Situation zu einer Rücknahme der Kandidatur bereit.

Wenn aus dieser Rücknahme ein Kriegsgrund wurde, dann lag das daran, dass die französische Regierung, um unter dem Druck der öffentlichen Meinung die nationale Ehre wiederherzustellen und das Land politisch wieder zu stabilisieren, nun einen öffentlichen und dauerhaften Verzicht seitens des preußischen Königs verlangte. Dazu war dieser nicht bereit. In dieser Situation ordnete die Regierung in Paris die militärische Mobilmachung an. Die berühmte »Emser Depesche«, die im scharfen Ton der von Bismarck gekürzten Fassung die Weigerung des Königs darstellte, dem französischen Druck nachzugeben, vor allem aber die demütigende Absicht des französischen Vorstoßes betonte, löste den französischen Entschluss zum Krieg nicht aus. Dieser war bereits gefallen. Gleichwohl verstärkte sie die Kriegsstimmung in der französischen Öffentlichkeit und spielte dem Kriegskurs der Pariser Regierung dadurch zusätzlich in die Hände. Gedacht war die »Emser Depesche« in erster Linie für die europäische und, mehr noch, für die deutsche, vor allem die süddeutsche Öffentlichkeit. Sie sollte die Bereitschaft zum Nationalkrieg verstärken, als welchen Bismarck den Krieg gegen Frankreich zu führen gedachte.

Die Rechnung ging auf. Wir wissen heute, dass keineswegs eine Welle der Kriegsbegeisterung ganz Deutschland erfasste, aber es traten allenthalben die antipreußischen Vorbehalte hinter der gemeinsamen nationalen Sache zurück. Beginnend bald nach der Reichsgründung, haben Historiker ein lange wirksames Bild der öffentlichen Stimmung gezeichnet, in dem sich ihr eigener nationaler Enthusiasmus widerspiegelte. Aber was für das national orientierte Bürgertum insbesondere in Preußen galt, musste in Süddeutschland, in katholischen Kreisen oder in der Arbeiterbewegung noch lange nicht zutreffen. Je stärker in den Jahrzehnten nach 1870 die Konflikte und Spannungen in der Gesellschaft des Kaiserreichs wurden, desto mehr diente die Erinnerung an 1870 der Beschwörung einer nationalen Gemeinschaft. Es waren durchaus auch die Angst vor dem Krieg und die Sorge um die ins Feld ziehenden Soldaten, die die Deutschen auf dem Weg in den nationalen Krieg begleiteten. Über vierzig Jahre später wurde dann das berühmte »Augusterlebnis« am Beginn des Ersten Weltkriegs, von dem wir heute wissen, dass es dies so nie gegeben hat, nach dem vermeintlichen Vorbild von 1870 konstruiert. Es ging – 1870 wie 1914 – um die Beschwörung nationaler Geschlossenheit und Kriegsbegeisterung. Der Krieg sollte eine nationale Einheit stiften, die anders offensichtlich nicht zu erreichen war. Nach der französischen Kriegserklärung an Preußen am 19. Juli 1870, die für die Öffentlichkeit noch einmal die Frage der Kriegsschuld beantwortete, war die Aktivierung der Schutz- und Trutzbündnisse von 1866 dennoch ein politischer Automatismus. So wurde aus der preußisch-französischen Konfrontation binnen kürzester Zeit ein deutsch-französischer Krieg. Zu einem europäischen Konflikt weitete er sich nicht aus. Russland hielt sich ebenso abseits wie England, und Österreich wäre, wenn überhaupt, wohl nur in den Krieg eingetreten, wenn französische Truppen in Süddeutschland die Rheingrenze überschritten hätten. Doch dazu kam es nicht. Musste der Ausgang des Krieges vor seinem Beginn noch als Risiko gelten, auch bei Bismarck, so zeigte sich im Sommer 1870 schon nach wenigen Tagen die preußisch-deutsche Überlegenheit.

Es war ein Krieg zwischen den Zeiten, traditionell und modern zugleich. Dem perfekt organisierten deutschen Eisenbahnaufmarsch folgten große Reiterschlachten wie die von Gravelotte oder Vionville. Letztere bestimmten das Bild der Kampfhandlungen ebenso wie die verlustreichen Sturmangriffe bei Wörth oder Weißenburg im nördlichen Elsass in den ersten Kriegstagen. Doch kriegsentscheidend waren diese Operationen nicht. Ausschlaggebend für den deutschen Sieg waren neben der strategischen Überlegenheit der von Generalstabschef Graf Helmuth von Moltke geführten drei preußisch-deutschen Armeen – insbesondere in deren dritter kämpften und starben preußische und süddeutsche Soldaten Seite an Seite – die großen Einkreisungs- und Umfassungsschlachten bei Metz und vor allem am 1. und 2. September 1870 bei der am Rande der Ardennen gelegenen Stadt Sedan. 83 000 französische Soldaten und Offiziere wurden dort nach der Kapitulation der »Rheinarmee« gefangen genommen, an ihrer Spitze Kaiser Napoleon III. selbst. Doch anders als nach der Schlacht von Königgrätz war nach Sedan der Krieg nicht zu Ende, obwohl es kaum noch Zweifel am preußisch-deutschen Erfolg gab. Nach dem Scheitern von Waffenstillstandsverhandlungen marschierten die deutschen Armeen dann auf Paris. Das mobilisierte den französischen Widerstand. Nach dem Zusammenbruch des Kaiserreichs in der Folge von Sedan rief die am 4. September proklamierte französische Republik zum »Widerstand bis zum Äußersten«, zu einem Volkskrieg auf, der sich noch Monate hinzog. Erst am 28. Januar 1871, zehn Tage nach der Proklamation des Deutschen Reichs in Versailles, kapitulierte Paris nach mehrmonatiger Belagerung. Dem Vorfrieden von Versailles von Ende Februar folgte nach schwierigen Verhandlungen, die beinahe zur Wiederaufnahme der Kampfhandlungen geführt hätten, am 10. Mai 1871 der Frieden von Frankfurt.

Nationale Emotionen und nationaler Hass wallten in Frankreich wie in Deutschland schon vor Kriegsbeginn auf und trugen in seiner Anfangsphase östlich wie westlich des Rheins zur Mobilisierung der Gesellschaften bei. »Krieg oder Resignation« hatte die französische Zeitung Le Temps bereits Tage vor der »Emser Depesche« getitelt. Nach Bekanntwerden des Telegramms und aufgepeitscht durch die Presse und die Parlamentsreden der Politiker zogen in Paris die Menschen in Scharen über die Straßen und Boulevards. »À Berlin« riefen sie und sangen die »Marseillaise«, die Hymne der Revolution und ihrer Kriege. »Mit verschwindenden Ausnahmen …«, so notierte Theodor Fontane, »war Paris einem chauvinistischen Rausch hingegeben. Zahllose Banden, … oft von Soldaten geführt und mit der dreifarbigen Fahne vorauf, durchzogen unter dem beständigen Rufen: ›Es lebe der Krieg! Nieder mit Bismarck!‹ die Straßen … Die Polizei ließ Alles gewähren.« Auch Napoleon III. knüpfte an die Revolution und ihre Kriege unter Napoléon Bonaparte an, beschwor die nationale Ehre und forderte die französischen Truppen auf, die »Zivilisation« nach Deutschland zu tragen: »Die glorreiche Fahne, die wir noch einmal denen gegenüber entfalten, die uns herausfordern, ist dieselbe, die durch Europa die zivilisatorischen Ideen unserer großen Revolution trug.«[42] Später legitimierten nationale Emotionen Verluste und Opfer, ermöglichten den Volkskrieg der französischen Republik von September an und verstärkten den Widerstandswillen der Franzosen im »guerre à outrance« – im »Krieg bis zum Äußersten«.

Auf der anderen Seite des Rheins, in Berlin, wohin der preußische König aus Bad Ems zurückgekehrt war, sangen Menschenmengen Unter den Linden nicht nur das »Preußenlied«, sondern auch »Die Wacht am Rhein«, dessen Aufstieg zur inoffiziellen Nationalhymne des Kaiserreichs in diesen Tagen begann. Es begleitete die Mobilmachung und den Aufmarsch der preußisch-deutschen Truppen im Westen, am Rhein. Doch die kollektiven

Erinnerungen, die sich mit dem Kriegstaumel, der nationalen Begeisterung und dem Franzosenhass verbanden, reichten weiter zurück als in die Zeit der Rheinkrise von 1840. Tausende von Berlinern richteten eine Adresse an den König: »Wie 1813 bis 1815«, hieß es dort, »wird jeder Preuße mit Gut und Blut zu seinem glorreichen Kriegsherrn stehen, und Ew. Königl. Majestät getreues Volk bittet nur eins: Nicht zu ruhen, bis dieser französische Übermut für alle Zeiten gedemütigt und Deutschland in seiner alten Größe hergestellt und gesichert ist.« Die ebenfalls an Wilhelm I. gerichtete Erklärung des Norddeutschen Reichstags vom 19. Juli 1870, entworfen von Johannes Miquel, einem führenden Nationalliberalen, später Oberbürgermeister von Frankfurt am Main und preußischer Finanzminister, las sich nicht viel anders: »Von den Ufern des Meeres bis zum Fuße der Alpen hat das Volk sich auf den Ruf seiner einmütig zusammenstehenden Fürsten erhoben. Kein Opfer ist ihm zu schwer. Die öffentliche Stimme der zivilisierten Welt erkennt die Gerechtigkeit unserer Sache. Befreundete Nationen sehen in unserem Siege die Befreiung von dem auch auf ihnen lastenden Drucke Bonapartistischer Herrschaft und Sühne des auch an ihnen verübten Unrechts. Das deutsche Volk aber wird endlich auf der behaupteten Wahlstatt den von allen Völkern geachteten Boden friedlicher und freier Einigung finden. Ew. Majestät und die verbündeten deutschen Regierungen sehen uns wie unsere Brüder im Süden bereit. Es gilt unsere Ehre und unsere Freiheit.«[43] Bis weit in die politische Linke hinein reichte die Zustimmung. August Bebel und Wilhelm Liebknecht, die sich bei der Abstimmung über die Kriegskredite der Stimme enthielten, waren in der Minderheit. Typisch war die Resolution einer Augsburger Arbeiterversammlung: »Deutsche, angegriffen durch den Mörder aller Volksfreiheiten, durch den Dezember-Mann Louis-Napoleon, haben die Pflicht, mit allen ihren Kräften für die Verteidigung des heimatlichen Bodens einzustehen.«[44]

Dass jenseits des Rheins immer wieder die Zivilisation beschworen wurde, in deren Namen Frankreich den Krieg führe, verhöhnte die deutsche Presse – ein Vorgeschmack auf den Ersten Weltkrieg – mit wiederholten Hinweisen auf die »Wilden«, die nordafrikanischen Soldaten in der französischen Armee. »Was für eine Armee ist das, die ihre Haupthoffnung auf die Wildheit ihrer Afrikaner setzt!« Auch vor diesem Hintergrund bedeute die französische Niederlage einen »Sieg der Civilisation in Europa«.[45] So waren deutscher Nationalismus und Franzosenhass schon 1870 rassistisch aufgeladen, und dieser Rassismus ließ sich in den Jahrzehnten des Kaiserreichs wiederaufnehmen und weiterentwickeln, er ließ sich politisch instrumentalisieren, lange bevor er 1914 erneut zur Kriegswaffe wurde.

Das akademische Deutschland stand den Massen auf der Straße und den politisch Verantwortlichen in nichts nach. Nicht nur zahllose einzelne Gelehrte, Historiker allen voran, fielen in den antifranzösischen, nationalen Kriegschor ein, auch die Universitäten positionierten sich als Institutionen für Krieg und Vaterland – und gegen Frankreich. Landauf, landab wurden Universitätsreden gehalten wie an der Berliner Friedrich-Wilhelms-Universität. Seine Universität, betonte ihr Rektor, der aus einer hugenottischen Familie stammende Physiker Emil Du Bois-Reymond, sei »das geistige Leibregiment des Hauses Hohenzollern«. Die gesamte Universität habe »keinen anderen Gedanken ... als Krieg, Krieg, Krieg; Krieg bis auf das Messer, Krieg nun aber auch bis auf den letzten Blutstropfen, bis auf den letzten Thaler gegen diese wandelnde Lüge, das zweite Kaiserreich, gegen dies unsittliche friedensmörderische Volk der Franzosen«.[46]

So wurde im Sommer 1870 noch einmal deutlich, in welchem Maße die deutsche Nationalbewegung, ja die deutsche Nation, ihre Geschlossenheit dem antifranzösischen Ressentiment, dem Franzosenhass verdankte – entstanden in der Zeit der napoleonischen Herrschaft, geschürt in den Befreiungskriegen 1813 bis 1815, in der Zeit danach wachgehalten, immer wieder neu revitalisiert, glorifiziert und dabei zugleich in frühere Jahrhunderte zurückverlängert. Der Franzosenhass lieferte fast mehr noch als der Wunsch nach nationaler Einheit den Kitt für die unterschiedlichen Kräfte und Strömungen der Nationalbewegung, und er verband Volk und Fürsten, Linke und Rechte, Adlige und Bürger, Katholiken und Protestanten, Norddeutsche und Süddeutsche. Er schuf ein durch den Krieg verstärktes nationales Zusammengehörigkeitsgefühl, das die Gründung eines deutschen Nationalstaats unter preußischer Führung ermöglichte.

Nach der Schlacht von Sedan und der Gefangennahme Napoleons III. steigerte sich der nationale Enthusiasmus zum Triumph. Zwar verstummte nicht alle Kritik, und insbesondere in Süddeutschland gab es noch immer preußenfeindliche Stimmen, gab es Menschen, die der Dynamik der durch den Krieg nahezu unaufhaltsam gewordenen nationalen Einigung unter preußischer Führung skeptisch gegenüberstanden. Aber ihre Zahl ging zurück.

Die mit Sedan einsetzende Glorifizierung des Krieges hat in den Jahrzehnten des Kaiserreichs auch die Grauen des Krieges überlagert und zurückgedrängt. Später stand der Krieg von 1870/71 im Schatten der beiden Weltkriege. Erst in jüngerer Zeit hat die Geschichtsschreibung, auch die deutsche, die Fassade der Glorifizierung zum Einsturz gebracht und den Quellen, aus denen Kriegsbegeisterung und nationaler Enthusiasmus sprechen, stärker auch solche Dokumente gegenübergestellt, in denen die Schrecken des Krieges sichtbar werden. In der Retrospektive, nicht zuletzt in den offiziellen Regimentsgeschichten, ist natürlich von »tobenden Gefechten« und »verlustreichen Angriffen« die Rede, aber auch immer wieder von »Siegesfreude« und »Todesmut«. Individuelle Zeugnisse sprechen indes eine andere Sprache. »Ein Schlachtfeld ist fürchterlich, der Tod in den krassesten Formen überall«, schreibt ein sächsischer Offizier an seine Frau. Und ein Kriegsmaler, an den Kämpfen selbst unbeteiligt, vertraut seinem Tagebuch nach einem Gang über das Schlachtfeld von Wörth an: »Auf der letzten Höhe hat nur noch die Metzgerei in Masse gewütet. Jede Schilderung erlahmt und jede treffende würde dem Leser übel machen.« Angst ist omnipräsent. Das Hurragebrüll der angreifenden Soldaten soll diese Angst übertönen, mit Heldenmut hat es nichts zu tun. Und der Gesang am Abend, immer wieder »Die Wacht am Rhein« oder der Choral von Leuthen »Nun danket alle Gott«, er war nicht nur Siegesgesang, sondern ein oft verzweifelter Versuch, mit dem Erlebnis der Schlacht, der Erfahrung von Tod und Sterben umzugehen. Vieles davon wurde später verdrängt und verschwand deshalb mehr und mehr aus der Erinnerung an den Krieg. Für die Kriegsbereitschaft der Deutschen 1914 und für die Kriegspropaganda war das eine entscheidende Voraussetzung.[47]

Die Vorstellung des nationale Einheit stiftenden Krieges erreichte mit dem Deutsch-Französischen Krieg ihren Höhepunkt. Mit ihm zusammen wurden jetzt die Kriege von 1864 und 1866 zu Reichseinigungskriegen. Sie hatten, so wurde es nun in retrospektiver Überzeugung dargestellt, nicht nur die Voraussetzungen geschaffen für die politische Nationalstaatsbildung im Sinne des am 18. Januar 1871 proklamierten preußisch-deutschen Kaiserreichs, sondern sie ließen durch die gemeinsame Kriegserfahrung und das gemeinsame Opfer jene Nation als Erfahrungs- und Opfergemeinschaft Gestalt annehmen, die sich dann die Form des Deutschen Reiches gab. Die Vorstellung nationaler Einheit blieb vor diesem Hintergrund stets mit der Erfahrung des nationalen Krieges verknüpft und löste sich in den Jahrzehnten nach der Reichsgründung nicht aus diesen Bezügen. Diese Wahrnehmung entstand freilich nicht von selbst, sondern sie wurde nicht zuletzt von Politik und Geschichtsschreibung zunächst präformiert und später immer wieder stabilisiert. Wilhelm I., der spätere Kaiser, sprach schon bei Kriegsbeginn 1870 in seiner Adresse an das deutsche Volk davon, dass »die einmütige Erhebung der deutschen Stämme und ihrer Fürsten ... alle Unterschiede und Gegensätze in sich beschlossen und versöhnt« habe. Der Krieg werde Deutschland »den dauernden Frieden bringen«, und aus der »blutigen Saat« werde »eine von Gott gesegnete Ernte Deutscher Freiheit und Einigkeit sprießen«.[48]

Zwei Linien lassen sich von hier aus ziehen: Die deutsche Einheit und die Entstehung des Kaiserreichs als Nationalstaat wurden von Anfang an als Ergebnis eines Krieges gedeutet. Daraus entwickelte sich eine positive Bewertung von Krieg, ja seine Verherrlichung, die in den Jahrzehnten nach 1871 zu einem bestimmenden Element des preußisch-deutschen Militarismus wurden. Im Militarismus des Kaiserreichs verband sich die ins 17. Jahrhundert zurückreichende preußische Militärtradition mit dem preußisch-deutschen Nationalismus des 19. Jahrhunderts. Und der Erfolg des »bellizistischen Nationaletatismus« (Johannes Burkhardt), der Sieg über Frankreich und die Begründung des Kaiserreichs, stärkte nicht nur Reputation und Stellung des Militärs in Politik und Gesellschaft, sondern ließ Krieg in zunehmendem Maße als Mittel zur Überwindung der politischen und gesellschaftlichen Konflikte erscheinen, von denen das Kaiserreich schon in seiner Gründungskonstellation charakterisiert war, die sich aber angesichts seiner rasanten Modernisierung sowie seiner Entwicklung zur industriellen Massengesellschaft in den Jahren des Wilhelminismus noch einmal verschärften.

Die Kriegsmentalität sowohl der konservativen Machteliten des Kaiserreichs als auch der radikalnationalistischen Kräfte, die sich im Vorfeld des Ersten Weltkriegs für den politischen Kurs, der 1914 in den Krieg führte, als entscheidend erweisen sollte, war auch noch anderthalb Generationen nach 1870 geprägt durch die Einigungskriege und insbesondere den Deutsch-Französischen Krieg. Als junger Offizier hatte Paul von Hindenburg nicht nur am Krieg von 1870/71 teilgenommen, sondern als Vertreter seines Regiments auch an der Kaiserproklamation in Versailles. Hindenburg, 1847 geboren, gehörte zu jener national-bellizistischen Generation, für die aus Krieg und Sieg nationale Einheit und nationale Zusammengehörigkeit erwuchsen.[49]

Der deutsch-französische Gegensatz, die in den Jahrzehnten vor 1870 konstruierte und viele Jahrhunderte rückverlängerte »Erbfeindschaft«, war konstitutiv nicht nur für die Gründung des deutschen Nationalstaats, sondern blieb über die Jahrzehnte hinweg ein bestimmendes Element der deutschen nationalen Identität. Verlauf und Ausgang des Ersten Weltkriegs, der Friedensvertrag von Versailles sowie schließlich die nationalsozialistische Außenpolitik und der Zweite Weltkrieg schrieben diesen identitätsbestimmenden Gegensatz bis weit ins 20. Jahrhundert hinein fort. Es bedurfte der doppelten Kriegsniederlage, der deutschen und der französischen, und der Zerstörung Europas im Zweiten Weltkrieg, bevor seit den 1950er Jahren der deutsch-französische Gegensatz im Prozess der europäischen Integration überwunden werden und an seine Stelle die deutsch-französische Freundschaft treten konnte. Strukturell lagen die Wurzeln der deutsch-französischen Feindschaft in einem antagonistischen Nationalismus, ohne den die Prozesse politischer, gesellschaftlicher und kultureller Nationalisierung des 19. Jahrhunderts nicht denkbar gewesen wären. Dieser antagonistische Nationalismus war längst ausgeformt und Teil des nationalen Selbstverständnisses geworden, bevor er im Deutsch-Französischen Krieg gleichsam erneut seine Bestätigung fand und sich – beiderseits des Rheins – konkretisierte. Die deutsche Politik trug ihren Teil dazu bei, dass die Feindschaft nach dem Krieg nicht überwunden wurde; diese Politik konnte aber nur auf der Grundlage einer schon zuvor existierenden Mentalität der Franzosenfeindschaft gedeihen, die zwischen den napoleonischen Kriegen und den 1860er Jahren entstanden war und die von der Nationalbewegung wie von den Regierungen immer wieder neu angefacht wurde. In Deutschland schuf der Gegensatz zu Frankreich in der politischen Situation seit 1866 eine der wichtigsten Klammern zwischen der preußischen Regierung – Bismarck – und der Nationalbewegung. Dass ein deutscher Nationalstaat ein starker, ein machtvoller Nationalstaat sein musste, ergab sich aus der breit geteilten Notwendigkeit nationaler Selbstbehauptung. Und sosehr sich das in erster Linie gegen Frankreich richtete, so sehr legitimierte der Imperativ militärisch gestützter Machtstaatlichkeit zugleich den Autoritarismus des Kaiserreichs im Innern und die eklatanten Demokratie- und vor allem Parlamentarismusdefizite. Der nationale Bellizismus der Reichsgründungsphase blieb erhalten und stand einer politischen Liberalisierung im Weg. Denn wenn alle staatliche Kraft auf den außenpolitischen Gegensatz mit Frankreich – möglicherweise auch mit anderen Nationen – konzentriert werden musste, dann musste diese äußere Stärke im Innern generiert werden, das politische System so gestaltet sein, dass es zu höchster äußerer Kraftentfaltung in der Lage war.[50]

Kaiserproklamation in Versailles

Als Wilhelm I. am 18. Januar 1871 dem »Rufe der deutschen Fürsten und Städte« – nicht des Volkes – folgend die deutsche Kaiserkrone annahm, tat er dies, wie er in einer von Bismarck im Spiegelsaal von Versailles verlesenen Proklamation zur Annahme der Kaiserwürde betonte, »in der Hoffnung, daß dem deutschen Volke vergönnt sein wird, den Lohn seiner heißen und opfermutigen Kämpfe in dauerndem Frieden und innerhalb seiner Grenzen zu genießen, welche dem Vaterlande die seit Jahrhunderten entbehrte Sicherheit gegen einen erneuten Angriff Frankreichs gewähren«. Selbst in der Stunde des Triumphs – zwar war der Krieg im Januar 1871 noch nicht zu Ende, aber die Niederlage Frankreichs zeichnete sich deutlich ab – wurde die Kontinuität der französischen Bedrohung beschworen. Fast schien es, als brauche die kriegsgeborene deutsche Einheit die – fortgesetzte – französische Gefahr, als sei die innere Einheit von äußerem

Druck abhängig. Krieg und Reichsgründung, so viel ist sicher, trugen zu Frieden und Versöhnung nicht bei. Dass die Kaiserproklamation im deutschen Hauptquartier in Versailles stattfand, mag nicht planvoller Absicht entsprungen sein. Aber gab es kein Gespür für die Wahrnehmung dieses Aktes in Frankreich? Der preußische Kronprinz Friedrich Wilhelm, der spätere Kaiser Friedrich III., fragte sich während der Zeremonie »mehr als einmal, ob es denn wirklich wahr sei, dass wir uns in Versailles befänden, um hier die Wiederherstellung des deutschen Kaisertums zu erleben«. »Traumartig« erschien ihm, was er erlebte.[51] Man werde den Deutschen ihre Siege ohnehin nicht verzeihen, war Bismarck überzeugt.[52] Doch den Zeitgenossen Theodor Fontane beschlich ein Gefühl der Irritation angesichts des für die Proklamation des Deutschen Reiches gewählten Ortes, der *Galerie des Glaces* im Schloss von Versailles: »Die aus der Zeit Ludwigs XIV. herrührenden Bilder und Inschriften, alle Frankreich und den Absolutismus verherrlichend, gaben eine seltsame Umrahmung für diesen Wiedererstehungstag eines durch Siege geeinigten Deutschlands.«[53]

Was dem deutschen Beobachter seltsam erschien, wie musste es in Frankreich aufgenommen werden? Für die Franzosen stand die Proklamation eines kriegerischen, im Krieg gegen Frankreich entstandenen und auch weiter gegen Frankreich gerichteten deutschen Kaisertums im Schloss von Versailles, das von König Louis-Philippe im 19. Jahrhundert zum nationalen Geschichtsmuseum erklärt und »allem Ruhm Frankreichs« – »A toutes les gloires de la France« – gewidmet worden war, nicht allein. Vielmehr fügte sich der 18. Januar 1871 geradezu zwangsläufig in ein Bild, das im weiteren Verlauf auch durch den Friedensvertrag von Frankfurt mit seinen harten Reparationsbestimmungen und die Annexion Elsass-Lothringens bestimmt wurde. Spätestens danach und vor diesem Hintergrund musste die Kaiserproklamation in Versailles ihre Unschuld verlieren. Der französische Schrei nach Revanche bezog sich in den folgenden Jahrzehnten stets auch auf die Demütigung des 18. Januar 1871.

Das wurde nach dem Ersten Weltkrieg deutlich. Dass die Pariser Friedenskonferenz am 18. Januar 1919 begann, war zwar nicht von langer Hand geplant, denn dann hätte man die Konferenz auch gleich in Versailles eröffnen können. Stattdessen trafen sich die Vertreter der Siegermächte des Ersten Weltkriegs im Uhrensaal des französischen Außenministeriums am Quai d'Orsay in Paris. Als jedoch der 18. Januar als offizieller Eröffnungstermin feststand, konnte es wenig überraschen, dass die französische Seite mit diesem Datum symbolische Politik betrieb und den Bezug auf die deutsche Reichsgründung einsetzte, um französische Interessen und Erwartungen hinsichtlich des Friedensschlusses zu unterstreichen. Der französische Staatspräsident Raymond Poincaré, der die Konferenz eröffnete, erinnerte an den 18. Januar 1871, als ein deutsches Invasionsheer im Schloss von Versailles das Deutsche Reich proklamiert und zwei französische Provinzen geraubt habe. Von Anfang an sei das Reich mit diesem Makel behaftet gewesen: »Im Unrecht geboren, endete es in Schande!« Mit diesem Ausruf schloss der französische Präsident und erklärte die Friedenskonferenz für eröffnet.[54]

Versailles selbst blieb 1919 der Unterzeichnungszeremonie, dem eigentlichen Friedensschluss am 28. Juni 1919, vorbehalten. Was bereits in der Wahl des Ortes für die – wenigen – Begegnungen und die schriftlichen Verhandlungen zwischen den deutschen Verlierern und den alliierten Siegern zum Ausdruck gekommen war, das steigerte sich nun noch einmal. Es ging der französischen Seite um die Erinnerung an den Krieg von 1870/71, mehr noch aber an die Proklamation des Deutschen Reiches im Spiegelsaal des Schlosses. Diese Erinnerung und die Schmach, die sich für Frankreich fast mehr noch als mit der Kriegsniederlage mit der Gründung des Kaiserreichs ausgerechnet an diesem Ort, der wie kein anderer für französische Macht und Größe stand, verband, sie sollten mit der Zeremonie gleichsam getilgt, ausgelöscht werden. »18 Janvier 1871 – 28 Juin 1919 – Voici L'Heure De La Justice« (»Die Stunde der Gerechtigkeit«) titelte die französische Tageszeitung *Le Petit Parisien* an diesem Tag. Als symbolischer Akt richtete sich die Inszenierung des Friedensschlusses viel stärker an die Franzosen als an die Deutschen. Am 28. Juni 1919 ging es nicht so sehr um die Demütigung der Deutschen als vielmehr um den Stolz und die gleichsam in Krieg und Sieg wiedergewonnene Ehre der französischen Nation. Dafür standen auch die anwesenden hochbetagten Veteranen des Krieges von 1870/71, die zu der Zeremonie eingeladen worden waren. Aus französischer Sicht war der 28. Juni der Tag der Vergeltung, der Tag der Revanche.

Das Kaiserreich wurde nicht nur im Krieg begründet, es wurde im Hauptquartier der preußisch-deutschen Streitkräfte proklamiert. Der Maler Anton von Werner hat *Die Proklamierung des deutschen Kaiserreiches* im Spiegelsaal von Versailles in insgesamt vier Gemälden festgehalten, von denen eines bis heute erhalten ist. Auch wenn Werners Bilder keine völlig realistische Geschichtsdarstellung waren, dokumentieren sie doch die militärische Atmosphäre, in der die Reichsgründung stattfand. So gut wie ausschließlich Militärs und Uniformträger – die anwesenden Fürsten und Vertreter der deutschen Dynastien tragen Gardeuniformen – sind zu sehen, die wenigen Zivilisten, Abgeordnete des Norddeutschen Reichstags, sind ganz in den Hintergrund gedrängt.[55]

Zwar war die Verfassung des Deutschen Reiches bereits am 1. Januar 1871 in Kraft getreten, aber der symbolische Gründungsakt war die Proklamation am 18. Januar, und diese unterstrich nicht nur die Kriegsgeburt des Reiches, sondern präsentierte den neuen Staat von Anfang an als Militärstaat und den Kaiser als einen militärischen Führer, als einen Heerkaiser. Dennoch stellte sich Wilhelm I. bewusst in die Tradition des preußischen und insbesondere friderizianischen Feldherrenkönigtums, bezog sein

Charisma aus der Verbindung monarchischer Herrschaft und militärischer Führung in jenem Krieg, in dem die Armee den deutschen Nationalstaat herstellte.[56] Als die Siegesnachricht aus Sedan Berlin erreichte, umjubelte eine begeisterte Menge das Reiterdenkmal Friedrichs II. Unter den Linden. »Jeder wußte, jeder fühlte«, schrieb die *Neue Preußische Zeitung*, die »Kreuz-Zeitung«, »daß der Lorbeer, der hier dem großen Könige geweiht wurde, dem teuren Siegeskönig im Felde galt ... Auf dem hohen Roß saß und hing die Berliner Schar und wehte mit den Mützen und Fahnen und schrie und jubilierte: Der alte Fritz ist in Sedan! Hurrah!«[57]

Einheit durch Feindschaft

Als »Volk in Waffen« verkörperte die preußisch-deutsche Armee die Nation, sie war die Nation. Der Krieg von 1870 wurde von Anfang an als Volks- und Nationalkrieg gedeutet, der deutsche Sieg dadurch erklärt. »Nur wenn das Heer das ganze Volk in Waffen ist«, sagte der Rechtswissenschaftler Carl Georg Bruns in seiner Berliner Rektoratsrede im Oktober 1870, »ist diese furchtbare, nachhaltige, eigentlich gar nicht zu erschöpfende ... Steigerung und Ausdehnung der Heeresmassen möglich, die unseren Gegner so ganz überwältigt hat ...« Das war nicht nur ein Lob der preußischen Heeresverfassung und damit im Nachhinein eine Bestätigung der Politik Bismarcks im durch die Heeresreform ausgelösten Verfassungskonflikt. Es war auch die Identifikation von Volk und Armee, die von 1870 an publizistisch breit als die entscheidende Voraussetzung des militärischen Erfolgs und der Reichsgründung dargestellt wurde. »Es war unser ganzes Volk, das in seiner Blüte, in seiner waffenfähigen Mannschaft 1870 gegen den Erbfeind auszog«, hieß es in einem der zahlreichen und überaus populären Kriegsbücher, die nach dem Krieg erschienen. Das »ganze große Vaterland von den Alpen bis zum Meere« sei im deutschen Heer vertreten gewesen, »da standen Arm und Reich,

Hoch und Niedrig, Körperkraft und Intelligenz gleichgestellt nebeneinander. Da war der einfache Arbeiter und der Bauer, der Kaufmann und der Gelehrte, der Handelsgehilfe und der Student, der Jüngling und der Mann vertreten. Es war die Blüte der Nation, ein Heer ..., das nicht auszog für tauben Ruhm, im tollen Taumel, sondern das einmütig und andächtig sich erhob zum Schutze des bedrängten Vaterlandes, um die frevelhaften Bedränger niederzuschlagen.«[58] Das war das Bild nationaler Geschlossenheit, das gut vier Jahrzehnte später auch die Wahrnehmung und Deutung des Kriegsbeginns von 1914 beherrschte, ein Bild nationaler Einheit, das freilich 1914 insbesondere auf der politischen Rechten bereits volksgemeinschaftliche Züge trug.[59]

Es ist wenig überraschend, dass viele Deutsche das Gegenbild der siegreichen deutschen Volksarmee in den als Söldnerarmee bezeichneten französischen Streitkräften erblickten und auch daraus die Überlegenheit der eigenen Seite ableiteten. Das wurde zwar der französischen Konskriptionsarmee nicht gerecht, fügte sich aber in die Stilisierung des Antagonismus. Während überdies der Krieg für die Deutschen ein Volkskrieg gewesen sei, habe Frankreich einen Kabinettskrieg im Interesse Napoleons, nicht aber im Interesse der französischen Nation geführt. Der nationale Verteidigungskrieg, zu dem Léon Gambetta, Kriegsminister der gerade ausgerufenen französischen Republik, seine Landsleute in Anknüpfung an die *Levée en masse* der Republik von 1793 nach Sedan aufrief, sei kein echter, sondern ein »falscher Volkskrieg«, und anders als im deutschen Fall 1813 handele es sich nicht um einen Freiheitskampf. Den Krieg wiederum der französischen Partisanen, der *Franctireurs*, bezeichnete man als barbarisch und verbrecherisch; mit ihm habe Frankreich seine Kultur verleugnet und sich aus der Gemeinschaft zivilisierter Nationen entfernt. »Diese Bestien übertrafen dabei noch die wilden Indianer und Kaffern«, war in einem 1871 veröffentlichten deutschen Kriegsbuch zu lesen. Dass man deutscherseits gegen die französischen Freischärler mit brutalster Gewalt und grausamen Vergeltungsmaßnahmen habe vorgehen müssen, ergab sich aus dieser rassistisch aufgeladenen Barbarisierung, Bestialisierung und Entmenschlichung geradezu zwangsläufig.[60]

Jenseits der verherrlichten »Freiheitskriege« von 1813/14, in deren Tradition man sich stellte, fand man historisch auch in der preußisch-deutschen Geschichte Beispiele für verheerende Niederlagen, die aus Kabinettskriegen und mangelnder nationaler Mobilisierung entstanden seien. Gerade im deutsch-französischen Kontext der napoleonischen Kriege fiel der Blick dabei immer wieder auf die katastrophale preußische Niederlage von Jena und Auerstedt im Oktober 1806. »Damals«, so führte der Bonner Professor Erwin Rasse in einer Universitätsrede am 3. August 1870 aus, »beschränkte sich die Teilnahme am Kriege auf ein dem Volke allzusehr entfremdetes Heer, welches von dem Beamtenstaate schlecht unterstützt wurde. Der König habe eine Bataille verloren, hieß es, und Ruhe sei die erste Bürgerpflicht. Heute eilt zu den Waffen, was die Waffen tragen kann, alle Stände wetteifern in freier Tätigkeit für die zurückbleibenden Frauen, für die verwundeten und kranken Krieger ...«[61]

Von 1806 war es dann nicht weit bis ins Jahr 1813, zu den Befreiungskriegen, die 1870/71 wie kein anderes historisches Ereignis zum nationalen Integrationsmythos verklärt wurden. Nicht »der Geist von 1806, nicht die Demütigung und Erbärmlichkeit der Schlachten von Jena und Auerstedt, sondern der Geist von 1813 und 1814 herrscht jetzt in Deutschland«, hieß es nicht in einer preußischen Zeitung, sondern in den *Münchener Neuesten Nachrichten* Mitte Juli 1870. Und die *Augsburger Allgemeine Zeitung* ergänzte wenige Wochen später: »Wenn heute der Geist der Freiheitskriege herniederstiege, er würde mit seinem Volke zufrieden sein.«[62] Die Parallelisierung konnte kaum überraschen. Das französische Empire als Gegner, damals unter Napoleon I., jetzt unter Napoleon III., die Vorstellung des »Volkes in Waffen«, die Idee des

Nationalkrieges und der im Krieg gegen Frankreich hergestellten Nation, der Schulterschluss von Fürsten und Volk, die Überwindung politischer, sozialer und konfessioneller Gegensätze: All das ließ sich in die Befreiungskriege hineinlesen, stellte den Krieg von 1870 als Versuch, die Anstrengungen von 1813 zu vollenden, in eine nationalhistorische Perspektive und Kontinuität und trug durch diese nationale Mythenbildung zur Mobilisierung bei. Nur würde diesmal nach dem Sieg über Frankreich nicht ein neuer Wiener Kongress stehen, kein neues Zeitalter antinationaler Repression, sondern die durch den Krieg geschaffene nationale Einheit im nationalen Staat. Die »Freiheitskriege«, wie sie weithin genannt wurden, waren im kollektiven Gedächtnis der deutschen Generation von 1870 tief verankert. Die Erinnerung daran war im Laufe des 19. Jahrhunderts immer wieder aufgefrischt worden. Gerade in der Folge der Rheinkrise von 1840 und dann wieder in der nationalen Dynamik der Jahre nach 1859 war sie über Musik und Gesang, Gedichte und Literatur, auch über den Schulunterricht Teil einer nationalen Kultur geworden, einschließlich ihrer geradezu konstitutiven antifranzösischen Dimension.

Am 19. Juli 1870, dem Tag der französischen Kriegserklärung, erneuerte der preußische König den von seinem Vater, Friedrich Wilhelm III., 1813 gestifteten Orden des Eisernen Kreuzes. Der absichtsvolle monarchische Rückbezug auf 1813 aktualisierte zugleich einen weiteren Mythos aus dem reichen Reservoir preußischdeutscher und zugleich antifranzösischer Erinnerung. Denn der 10. März 1813, der Stiftungstag des Eisernen Kreuzes, war nicht irgendein Datum, sondern vielmehr der Geburtstag der preußischen Königin Luise, der Mutter Wilhelms I. Sie wurde damals posthum zur ersten Trägerin des neuen Ordens, der nach seiner Neustiftung eine Nationalisierung erfuhr und allen Deutschen verliehen werden konnte. Der Tag der Neustiftung des Ordens 1870, der 19. Juli, war zugleich der Todestag der 1810 gestorbenen Königin Luise, deren Bemühen, einen milden Frieden für ihr

Land zu erreichen, was durch Napoleon zurückgewiesen wurde, den Kern des Luisenmythos bildete. Aus der Preußenkönigin wurde »die edle deutsche Frau«, die »im Schmerz über die herrschende Franzosenwirtschaft dahingegangen« sei. Und der Besuch Wilhelms I. an der Grabstätte seiner Eltern im Mausoleum von Charlottenburg sechzig Jahre nach dem Tod der Mutter und angesichts des bevorstehenden Krieges gegen Frankreich wurde zur »großen Stunde für den König«. Dass just am selben Tag die französische Kriegserklärung in Berlin einging, war ein historischer Zufall. In der Wahrnehmung der Zeitgenossen und der späteren Erinnerung an den 19. Juli 1870 jedoch verbanden sich die Ereignisse der Gegenwart, deren Koinzidenz kein Zufall gewesen sein konnte, und wie kein anderer Tag schlug der 19. Juli 1870 den Bogen zurück in die napoleonische Zeit sowie die Zeit der »Freiheitskriege« und stärkte so den Mythos nationaler Integration im Zeichen deutsch-französischer Feindschaft.[63]

Im Kriegssommer 1870 enthielt die Idee der Nation kein Demokratieversprechen. In Deutschland meinte Nation 1870 Einheit und Geschlossenheit, Stärke und Macht. Die nationale Begeisterung nach den militärischen Siegen über Frankreich, insbesondere nach der Kapitulation Napoleons III. bei Sedan, und angesichts der Begründung des Nationalstaats durch die Kaiserproklamation von Versailles brannte sich tief in die Erinnerung der Deutschen ein, gerade der bürgerlichen Mittelschichten, und wurde für diese Reichsgründungsgeneration zum Kern einer politischen Mentalität, die Politik, Gesellschaft und Kultur des Kaiserreichs trotz wachsender Gegenkräfte bis zu seinem Ende prägten. Die mit der Nation verbundene Vorstellung von Einheit war von Anfang an verknüpft mit Bedrohungsvorstellungen und Feindbildern, und zwar nach außen wie nach innen. Frankreich blieb der Feind und eine Politik der Verständigung, des Ausgleichs, gar der Versöhnung ausgeschlossen. Das galt nicht erst für Wilhelm II. und seine Außenpolitik im Zeichen von Konfrontation und Weltgeltung. Es galt auch schon in der Ära Bismarck, dessen Außenpolitik von der irreversiblen Gegnerschaft Frankreichs ausging und dessen bis in die Gegenwart verklärtes Bündnissystem in erster Linie den Zweck hatte, Frankreich, mit dem er echten Frieden für unmöglich hielt, zu isolieren.

Bedroht war die Einheit der Nation von außen wie von innen. Bedrohungsvorstellungen und Feindbilder waren von Anfang an konstitutiv für eine nationale Integration, die sich aus Ausgrenzung speiste, und für eine nationale Identität, die auf Abgrenzung beruhte. Feinde der Nation gab es im Innern wie jenseits der Grenzen. In Politik und politischer Kultur des Kaiserreichs war diese doppelte Frontstellung im Rückbezug auf den Krieg und den Sieg von 1870/71 von Anfang an ein entscheidendes Element. Sie artikulierte sich beispielsweise im Sedantag, dem 2. September, der seit Beginn der 1870er Jahre einen wichtigen Platz im politischen Festkalender des Kaiserreichs hatte, ohne freilich je zum offiziellen nationalen Feiertag zu werden. Ursprünglich eine Initiative aus kirchlichen, protestantischen Kreisen, stand der Sedantag schon bald für die Politik nationaler Integration und Exklusion.[64] Ausgerichtet nicht zuletzt von den lokalen Kriegervereinen, deren Mitglieder und ihre militärischen Verdienste um die Einheit der Nation und die Entstehung des Kaiserreichs durch die Sedanfeiern immer wieder neue Bestätigung und Anerkennung fanden, hatten die am Sedantag in der Regel von lokalen Honoratioren gehaltenen Ansprachen stets die gleichen Versatzstücke: In den Erinnerungsreden an die »große Zeit« ging es um die deutsche Einheit, erstritten gegen den Erbfeind, der – »durch Gottes Fügung« und »durch den ruhmreichen Kaiser Wilhelm den Großen und seinen Kanzler« besiegt – sich in Sedan hatte unterwerfen müssen. Dieses Werk müsse man gegen innere und äußere Feinde bewahren.[65] Am und mit dem Sedantag ging es um die fortgesetzte politische Instrumentalisierung, aber auch die Kontrolle der Kriegserinnerung. Zwar gab es zwischen 1871 und 1914/18 Akzentverschiebungen. So trat im Laufe der Jahrzehnte der äußere »Erbfeind« hinter den inneren »Reichsfeind« zurück, aber die doppelte Abwehrstellung gegen die Feinde des Reiches war von Anfang an und bis zum Ende des Kaiserreichs die zentrale Botschaft von Sedan.[66]

Das schloss große Minderheiten von vornherein aus, allen voran Katholiken und Sozialdemokraten, aber auch die Polen in Preußen oder die Welfen in Hannover. Im wilhelminischen Deutschland nach 1890 spotteten Katholiken über den »St. Sedanstag« oder den »Satanstag«, und Sozialdemokraten begingen am kalendarisch benachbarten 31. August, dem Todestag Ferdinand Lassalles, mit dem »Lassalle-Tag« Gegenveranstaltungen.[67] Das bestätigte ihre Ausgrenzung. Aber durch genau diese Ausgrenzung wurde die erwünschte nationale Identität definiert und dadurch letztlich geschaffen: kleindeutsch, protestantisch, dominant preußisch, monarchisch, militärisch, machtstaatlich.[68] Es war daher auch alles andere als ein Zufall, dass am letzten noch offiziell gefeierten Sedantag des Kaiserreichs, am 2. September 1917, in Königsberg radikalnationalistische Kräfte die Deutsche Vaterlandspartei gründeten, die sich für einen deutschen Siegfrieden im Weltkrieg ebenso einsetzte und alle Friedensbemühungen ablehnte, wie sie innenpolitisch Front machte gegen Demokratie und Parlamentarisierung.[69] Krieg und Sieg als Voraussetzungen nationaler Einheit, nationale Einheit als Voraussetzung siegreichen Kriegs – das war die doppelte Botschaft des Sedantags. Im Mittelpunkt stand nicht die Vergangenheit, sie bildete nur den Anlass, der Sedantag zielte auf die Gegenwart.

Reichsgründung

Während der Krieg sich trotz der Vorentscheidung von Sedan in den Winter hineinzog und am 19. September die monatelange Belagerung von Paris begann, stand auf deutscher Seite politisch die Errichtung des Nationalstaats im Zentrum. Schon früh war klar, dass der nationale Staat nicht – nach dem Muster der Paulskirche – durch eine verfassunggebende Nationalversammlung gewählter Abgeordneter geschaffen werden sollte, sondern durch den Beitritt der süddeutschen Staaten zum Norddeutschen Bund. Über diesen Beitritt verhandelten keine Parlamentarier, sondern Fürsten und Regierungen, und alle Fäden liefen bei Bismarck zusammen, der darauf achtete, dass von seinen Vorstellungen nicht abgewichen wurde. Die Präponderanz Preußens durfte ebenso wenig angetastet werden wie, damit zusammenhängend, die staatenbündische Struktur des Reiches, das wie der Norddeutsche Bund ein Bund der Fürsten und Städte (Hamburg, Bremen und Lübeck) blieb. Ein unitarischer Nationalstaat entstand gerade nicht, trotz der Kompetenzen des Reichs im Militärwesen und der Außenpolitik und obwohl sich die Gewichte im Laufe der Jahrzehnte verschoben und Berlin gerade in wilhelminischer Zeit das Zentrum einer »Reichsmonarchie« wurde. An der preußischen Hegemonie änderte das wenig. Der Reichstag mit seiner legislativen Funktion war im Norddeutschen Reichstag präformiert, zu einer echten Parlamentarisierung kam es jedoch nicht.

Der Reichstag blieb abhängig vom Kaiser, der über das Einberufungs- und Auflösungsrecht verfügte, und das Parlament war nicht in der Lage, mit seiner Mehrheit einen Regierungschef, den Reichskanzler, zu stellen oder ihn durch ein Misstrauensvotum zum Rücktritt zu zwingen. Die Nationalliberalen, die Bismarcks Politik unterstützten und der Errichtung eines nationalen Staates die Priorität einräumten, akzeptierten diese – aus liberaler Sicht gravierenden – Defizite und trösteten sich mit der Perspektive konstitutioneller Korrekturen, einer Liberalisierung und Parlamentarisierung des politischen Systems nach Schaffung der Einheit. Dazu kommen sollte es erst in der Agonie des Kaiserreichs, wenige Tage vor seinem Zusammenbruch im Herbst 1918, als durch die Oktoberreformen die Verfassung parlamentarisiert wurde in der Hoffnung, dadurch die Chancen auf Waffenstillstandsgespräche und einen milden Frieden zu erhöhen.

Die Beitrittsgespräche dauerten nur wenige Wochen. Schon am 15. November 1870 erklärten Baden und Hessen ihren Beitritt zum Norddeutschen Bund. Bayern, das sich zunächst noch für die Doppellösung eines engeren und eines weiteren Bundes stark gemacht hatte, folgte wenige Tage später. Eine Reihe von Sonderrechten, darunter ein eigenes Post- und Eisenbahnwesen sowie der Oberbefehl des Königs über seine Truppen in Friedenszeiten, erleichterten König Ludwig II. die Zustimmung, vor allem aber eine Geldzahlung – manche Historiker sprechen von Bestechung – in Höhe von 5 Millionen Goldmark, Geld, das dem sogenannten Welfenfonds entnommen wurde, dem 1866 von Preußen beschlagnahmten Hausvermögen des entthronten hannoverschen Königs Georg V. Am 25. November war auch Württemberg zum Beitritt bereit, und nachdem der Norddeutsche Bund Anfang Dezember seine Zustimmung erklärt hatte, stand der Ausweitung der Bundesverfassung auf die süddeutschen Staaten zum 1. Januar 1871 nichts mehr im Weg. Nur in Bayern dauerte es noch weitere drei Wochen, bis der Landtag dem Beitritt zustimmte. In einer leidenschaftlichen Rede warnte Joseph Edmund Jörg von der Bayerischen Patriotenpartei die Abgeordneten kurz vor der entscheidenden Abstimmung davor, künftig nur noch »das dienende Glied eines großen Militärnationalstaates zu sein«.[70]

Dabei hatte ausgerechnet der bayerische König bereits am 30. November 1870, vermutlich als Teil der Gegenleistungen für die Zahlungen aus dem »Welfenfonds«, einen Brief an Wilhelm I. gerichtet, in dem er nach der »Wiederherstellung eines deutschen Reiches und der deutschen Kaiserwürde« nicht nur der Bündelung der präsidialen Bundesrechte beim König von Preußen zustimmte, sondern auch den Vorschlag unterbreitete, dass die Ausübung dieser Präsidialrechte »mit Führung des Titels eines deutschen Kaisers verbunden werde«.[71] Den »Kaiserbrief«, wie er genannt wird, hatte wenige Tage zuvor Bismarck entworfen, Anfang Dezember wurde er Wilhelm I. überbracht. Aus dem Bund wurde das Reich, aus dem Bundespräsidium der Kaiser. Über die exakte Formulierung des Titels kam es jedoch noch zu heftigen Auseinandersetzungen. »Kaiser von Deutschland« implizierte einen gesamtdeutschen, territorialen Souveränitätsanspruch, was dem staaten- beziehungsweise fürstenbündischen Charakter des Reiches und den fortgeltenden Herrschaftsrechten der Fürsten widersprach. »Kaiser der Deutschen« wiederum verströmte für Wilhelm I., aber auch für Bismarck zu sehr den Geruch eines geradezu revolutionären Volkskaisertums. Waren nicht Napoleon I. und Napoleon III. »Kaiser der Franzosen« gewesen? Verdankten sie nicht ihr Kaisertum der Revolution? Als Ausweg bot sich schließlich der im »Kaiserbrief« genannte Titel »Deutscher Kaiser«, den Wilhelm I. als den eines bloßen »Charaktermajors« abtat, den Bismarck aber am Ende und nach heftigen Auseinandersetzungen mit seinem König doch durchsetzte. In Versailles brachte am 18. Januar 1871 der Großherzog von Baden gleichsam als Höhepunkt der Proklamation einen Hochruf aus, der das Titelproblem geschickt umging: »Seine Kaiserliche und Königliche Majestät, Kaiser Wilhelm, lebe hoch! Hoch! Hoch!«

Abgeordnete des Reichstags als Vertreter des Volkes spielten bei der Veranstaltung im Spiegelsaal keine Rolle. Dabei hatte der Norddeutsche Reichstag nicht nur den Beitrittsverträgen, sondern auch dem Titel »Deutscher Kaiser« zustimmen müssen. Eine klare Mehrheit dafür stand zu keinem Zeitpunkt infrage, aber es gab doch Gegenstimmen, nicht zuletzt von den Vertretern der polnischen und der dänischen Minderheit in Preußen. Auch die Abgeordneten der Deutsch-Hannoverschen Partei, der Welfenpartei, stimmten dagegen. Wilhelm Liebknecht, der genau wie August Bebel den Reichsgründungstag im Gefängnis verbrachte – beide hatten sich mehrfach gegen den Krieg ausgesprochen –, erinnerte daran, wen man nun zum Deutschen Kaiser mache: den »Kartätschenprinzen« der Revolution von 1848/49.[72] Dennoch, wenngleich gegen die Stimmen der sozialistischen Abgeordneten, verabschiedete der Reichstag am 10. Dezember 1870 eine Adresse an Wilhelm I.: »Dank den Siegen, zu denen Ew. Majestät die Heere Deutschlands in treuer Waffengenossenschaft geführt hat, sieht die Nation der dauernden Einigung entgegen. Vereint mit den Fürsten Deutschlands naht der Norddeutsche Reichstag mit der Bitte, dass es Ew. Majestät gefallen möge, durch Annahme der deutschen Kaiserkrone das Einigungswerk zu weihen.« Sehr selbstbewusst klang das nicht. Trotzdem machte sich kurz darauf eine Abgeordnetendeputation auf den Weg nach Versailles, um dort im Großen Hauptquartier dem preußischen König die Adresse zu übergeben und ihm dadurch die Kaiserkrone anzutragen. Als Volkskaiser freilich wollte sich auch Wilhelm I. nicht verstehen und schon gar nicht die Übergabe der Reichstagsadresse als Gründungsakt des neuen deutschen Kaiserreichs inszeniert sehen. So empfing er gegen seinen Willen und nur angesichts des massiven Drucks von Bismarck, der die Parlamentarier in die Schaffung des Reiches eingebunden wissen wollte, die Parlamentsabordnung glanzlos und ohne großes Zeremoniell am 18. Dezember 1870 in der Präfektur von Versailles.

Genau diesem Kalkül entsprach die Begegnung der Reichstagsabgeordneten mit dem künftigen Kaiser. Der dankte den Abgeordneten für den »Ausdruck des Vertrauens«, um dann sogleich zu betonen, dass er »nur in der einmütigen Stimme der Fürsten und freien Städte … den Ruf der Vorsehung« erkenne, dem »Wunsch« der deutschen Nation und ihrer Vertreter nachzukommen. Als Farben des Reiches kamen für den Kaiser nur Schwarz-Weiß-Rot in Betracht, diese Fahne sei nicht »wie die schwarz-rot-goldene aus dem Straßenschmutz erstiegen«.[73] Der Historiker Andreas Biefang spricht zu Recht von einem »symbolpolitischen Desaster«. Dieses ließ freilich nur noch einmal in aller Deutlichkeit zutage treten, dass die Reichsgründung eine Reichsgründung von oben war, getragen zwar von breiter, nicht zuletzt durch den Krieg gegen Frankreich erzeugter öffentlicher Zustimmung, die auch legitimierend wirken sollte, wobei die Stimme des Volkes und seiner parlamentarischen Repräsentanten jedoch nicht konstitutiv war.[74]

So verbanden sich mit dem in Versailles proklamierten Kaisertum ganz unterschiedliche Vorstellungen, die sich zum großen Teil widersprachen, die aber, nicht zuletzt weil sie von Bismarck kühl und geschickt ausgespielt und dadurch instrumentalisiert wurden, dazu beitrugen, die Zustimmung der unterschiedlichen Akteure zur Errichtung des deutschen Nationalstaats als Kaiserreich zu erlangen. Anders als »Bundespräsidium« und »Bund«, die dem politischen Vokabular der zu Ende gegangenen Ära des Deutschen Bundes entstammten und denen die Assoziation deutscher Zerrissenheit, partikularstaatlicher Zersplitterung und nationaler Schwäche anhaftete, waren die Bezeichnungen »Kaiser« und »Reich« in ihrer öffentlichen Wahrnehmung emotional viel positiver aufgeladene Begriffe. Mit ihnen verband sich – rückwärts gerichtet – die Vorstellung eines mächtigen deutschen Kaisertums insbesondere im Mittelalter, an das es anzuknüpfen galt. Das war zwar völlig ahistorisch und über weite Strecken falsch, entfaltete aber dennoch enorme Wirkung, weil in der Vorstellung des Reiches stets ein übernational-europäischer Ordnungsanspruch mitschwang oder weil sich die mittelalterliche Auseinandersetzung zwischen Kaiser und Papst, gipfelnd im Investiturstreit des 11. Jahrhunderts, als germanisch-römischer Konflikt in die Gegenwart des 19. Jahrhunderts projizieren ließ: außenpolitisch gegen Frankreich als romanische, »welsche« Macht gerichtet, innenpolitisch gegen den ultramontanen römischen Katholizismus. Daher kamen die Stimmen, die schon in der preußisch-französischen Auseinandersetzung über die spanische Thronfolge vor einem neuen »Canossa« warnten, und deswegen konnte Bismarck kurz nach der Reichsgründung und mitten im »Kulturkampf« im Mai 1872 im Reichstag unter lautem Jubel ausrufen: »Nach Canossa gehen wir nicht.«

Aber auch für diejenigen, denen kein starkes mittelalterliches Kaiserreich vor Augen stand, sondern das frühneuzeitliche Alte Reich mit dem Kaisertum der Habsburger, boten sich Möglichkeiten, das Bild der Vergangenheit mit Gegenwartswahrnehmungen und Zukunftshoffnungen zu verbinden. Im Norddeutschen Reichstag erklärte Johann Miquel im Dezember 1870, das »Kaisertum von heute« sei nicht »das schwache, klägliche Wahlkaisertum des Mittelalters, nicht das Kaisertum der Habsburger, welches keinen anderen Zweck hatte, als die Kräfte und Interessen der deutschen Nation zu dynastischen Habsburgischen Interessen auszubeuten; das Kaisertum von heute ist das Hohenzollerntum, ... ist Preußen«.[75] So wurde das preußisch-deutsche – und protestantische – Nationalkaisertum auf die Vergangenheit bezogen und doch zugleich von dieser abgegrenzt.

Doch die Begriffe »Kaiser« und »Reich« wiesen nicht nur in die Vergangenheit, sondern eröffneten auch Zukunftsperspektiven. »Kaiser« und »Reich« waren Scharnierbegriffe, mit denen sich Geschichte und Zukunft verbinden ließen und mit denen sich die Deutschen selbst ihren Ort im Strom der Geschichte zuweisen konnten. Vergegenwärtigte man sich die universalistische Tradition von Kaiser- und Reichsbegriff, dann ließen sich daraus auch Vorstellungen ableiten, die in der Nationalstaatsgründung von 1870/71 nicht den Abschluss eines historischen Prozesses sahen, sondern mindestens ebenso sehr, wenn nicht stärker, den Beginn von etwas Neuem. Die Errichtung des Nationalstaats war in dieser Perspektive nur die Voraussetzung für eine nationale Machtentfaltung, die ins Imperiale und damit auch weit über Europa hinaus zielte. Max Webers berühmte Freiburger Antrittsvorlesung aus dem Jahr 1895 steht für all jene Stimmen, für die die Reichsgründung Anfang war, nicht Ende: »Wir müssen begreifen, dass die Einigung Deutschlands ein Jugendstreich war, den die Nation auf ihre alten Tage besser unterlassen hätte, wenn sie der Abschluss und nicht der Ausgangspunkt einer deutschen Weltmachtpolitik sein sollte.«[76] Weltmachtvorstellungen waren in der deutschen Nationalbewegung freilich schon vor 1870 angelegt. So mancher Debattenbeitrag in der Paulskirche 1848/49 legt davon Zeugnis ab, sah in der Bildung eines nationalen Staates keinen Selbstzweck, sondern die Voraussetzung für übernationale Machtentfaltung, ob nun unter den Auspizien eines ökonomisch motivierten liberalen Imperialismus, einer kulturellen Zivilisierungsmission oder einer militarisierten Weltmachtpolitik. Es waren der Machtgedanke und die Idee des nationalen Machtstaats, die den Übergang von »Preußens Aufgabe in Deutschland zu Deutschlands Aufgabe in der Welt« ermöglichten und als zwingend erscheinen ließen.[77]

Nicht nur in Preußen, sondern auch in Süd- und vor allem Südwestdeutschland erhob schon seit dem Sommer immer lauter eine national aufgepeitschte, antifranzösische deutsche Öffentlichkeit die Forderung nach Abtretung Elsass-Lothringens, nicht nur in Preußen, sondern auch in Süd- und vor allem Südwestdeutschland. Historische Argumente, der Verweis beispielsweise auf den »Raub« der Gebiete durch Ludwig XIV., wurden ebenso ins Feld geführt wie kulturelle, sprachliche oder ethnische. Diesem Druck konnte sich eine Politik, die den Krieg gegen Frankreich als Nationalkrieg führte, kaum entziehen. Andere Begründungen traten hinzu. Von militärischer Seite wurde die strategische Bedeutung Elsass-Lothringens betont. Deutschland müsse die Vogesen kontrollieren, um durch dieses »Glacis«, wie Bismarck es im Reichstag nannte, Sicherheit vor einem erneuten französischen Angriff zu gewinnen.

Dass Frankreich eine Gefahr für Deutschland bleiben würde, ja dass der Sieg von 1870 die deutsch-französische Feindschaft eher noch verschärfen würde, stand für Bismarck außer Frage. Daran hätte, so seine Überzeugung, auch ein Verzicht auf die Gebiete nichts geändert. »Wir dürfen uns nicht darüber täuschen«, schrieb er bereits im September 1870, »dass wir uns nun infolge dieses Krieges auf einen baldigen neuen Angriff von Frankreich und nicht auf einen dauerhaften Frieden gefasst machen müssen, und das ganz unabhängig von den Bedingungen, welche wir etwa Frankreich stellen möchten. Es ist die Niederlage an sich, es ist unsere siegreiche Abwehr ihres frevelhaften Angriffs, welche die französische Nation uns nie verzeihen wird.«[78] War man nicht vor diesem Hintergrund gut beraten, durch die Annexionen die deutsche Sicherheit zu erhöhen und zugleich die nationalen Forderungen zu erfüllen? Schon im Herbst 1870 war daher ein Friedensvertrag ohne die Annexionen undenkbar.

So gewann der als Verteidigungskrieg dargestellte und auch so begonnene deutsche Krieg Züge eines Eroberungskriegs, wurde die deutsch-französische Feindschaft geradezu perpetuiert, und das französische Revanchedenken erfuhr durch die »geraubten Gebiete«, wie es nun wiederum in Frankreich hieß, eine Konkretion, die eine Überwindung der Feindschaft oder eine Politik der Verständigung, des Ausgleichs ausschlossen. Das wurde fast fünf Jahrzehnte später noch einmal deutlich, als Ministerpräsident Georges Clemenceau am 11. November 1918 in der französischen Abgeordnetenkammer den Waffenstillstand mit Deutschland verkündete und seine Rede immer wieder von jubelnden Zwischenrufen »Vive l'Alsace-Lorraine française« unterbrochen wurde. Und auch der Regierungschef selbst, schon bald »Père de la victoire« – »Vater des Sieges« – genannt, feierte die Rückkehr Elsass-Lothringens zu Frankreich, die stets eines der wichtigsten französischen Kriegsziele gewesen sei.

Die deutsche Belagerung von Paris endete erst am 28. Januar 1871 mit der Kapitulation der französischen Hauptstadt und einem vorläufigen Waffenstillstand. Vor allem Bismarck drängte jetzt auf einen schnellen Frieden, dessen Zustandekommen auch dadurch beschleunigt wurde, dass die französischen Parlamentswahlen Anfang Februar in der Nationalversammlung den moderaten Parteien, die gegen eine Fortführung des Krieges standen, eine Mehrheit gebracht hatten. So konnte bereits am 26. Februar in

Versailles ein Vorfriedensvertrag unterzeichnet werden, dessen Kernbestimmungen der Frankfurter Frieden vom 10. Mai 1871 bestätigte. Die Verhandlungen wurden auf deutscher Seite von Bismarck, auf französischer von Außenminister Jules Favre und Adolphe Thiers als »Chef der Exekutive« geführt. Der liberale Historiker Thiers war einer der entschiedensten Gegner Napoleons III., zugleich aber aller radikalen Kräfte in der französischen Politik. Als Freund der Deutschen galt er gleichwohl nicht. Schon 1840, in den Monaten der Rheinkrise, hatte er das Amt des Ministerpräsidenten inne. Die Abtretung des Elsass und des nordöstlichen Lothringens einschließlich der Festungsstadt Metz konnten Thiers und Favre nicht verhindern. Aus diesen Gebieten wurde nun das Reichsland Elsass-Lothringen gebildet. Nur ein kleiner Teil der etwa 1,6 Millionen Einwohner befürwortete die Annexion, die große Mehrheit war für einen Verbleib bei Frankreich. Zu den territorialen Verlusten traten Kriegsentschädigungen in Milliardenhöhe. Bis zu deren Zahlung sollten deutsche Besatzungstruppen – 50 000 Mann – im östlichen Frankreich bleiben. Ihr Abzug erfolgte bereits Ende 1873, als Frankreich, früher als vereinbart, die letzte Zahlung geleistet hatte. Den deutschen Forderungen hatte die französische Seite wenig entgegenzusetzen, an einer Wiederaufnahme der Kampfhandlungen hatte sie kein Interesse, zumal die – auch militärische – Aufmerksamkeit der Regierung in den Wochen nach dem Vorfrieden der blutigen Niederschlagung der Pariser Commune galt.

Die Frankreich auferlegten Friedensbestimmungen waren hart. Für eine Politik der Versöhnung bildeten sie keine Grundlage. Zu den territorialen, militärischen und finanziellen Bestimmungen und der Demütigung durch die Kaiserproklamation in Versailles kam noch die symbolische Erniedrigung – und auch dies war Teil der Friedensbestimmungen – einer deutschen Siegesparade in Paris, die der Kaiser selbst abnahm. Das war zwar nicht der triumphale Einmarsch, den sich die militärische Führung zusammen mit einer kompletten Besetzung der Hauptstadt gewünscht hatte, aber die Empörung der Pariser Bevölkerung war dennoch groß. Jubel hingegen umtoste die Truppen auf der deutschen Siegesparade, die am 16. Juni 1871 in Berlin stattfand und mit der zugleich der Aufstieg Berlins zur Hauptstadt des Deutschen Reiches gefeiert wurde. Nach einer Parade auf dem Tempelhofer Feld zogen die Truppen mit dem Kaiser sowie Bismarck, Roon und Moltke an der Spitze durch das Brandenburger Tor zum Pariser Platz, der seinen Namen 1814 nach der Eroberung der französischen Kapitale durch preußische Truppen erhalten hatte. Soldaten der Kriege von 1864, 1866 und 1870/71, aber auch Veteranen von 1848 und der Befreiungskriege überreichten dem Kaiser Lorbeerkränze. Wieder einmal wurden der deutsche Sieg und die Reichsgründung damit in die Kontinuität preußischer und nationaler Geschichte gestellt, die nun gleichsam ineinander aufgegangen waren. Erbeutete Fahnen und Feldzeichen der französischen Armee wurden präsentiert, bevor die Siegesparade sich über den Boulevard Unter den Linden, über den 1806 auch Napoleon mit seinen Truppen marschiert war, in Richtung Lustgarten bewegte, wo – und auch das fügte sich in die symbolpolitische Inszenierung des Sieges – ein Gipsdenkmal der »Germania« zwischen ihren Töchtern Elsass und Lothringen errichtet worden war und ein Reiterstandbild Friedrich Wilhelms III., des Königs von 1813, offiziell enthüllt wurde.[79]

»Wodurch hat man die Gnade Gottes verdient, so große und mächtige Dinge erleben zu dürfen. Und wie wird man nachher leben?« Die nationale Gefühlsaufwallung Heinrich von Sybels nach der Versailler Kaiserproklamation, dem »die Tränen ... über die Backen« liefen, als er seinem liberalen Freund und Kollegen Hermann Baumgarten davon schrieb, ist immer wieder zitiert worden. »Was zwanzig Jahre der Inhalt alles Wünschens und Strebens gewesen, das ist nun in so unendlich herrlicher Weise erfüllt worden! Woher soll man in meinen Lebensjahren noch einen neuen Inhalt für das weitere Leben nehmen?«[80] Lebensinhalt Sybels, der seit 1875 auch Leiter der preußischen Staatsarchive war, wurde neben seinem politischen Engagement – und in gewisser Weise als Teil desselben – seine national und nationalstaatlich ausgerichtete, kleindeutsch-borussische Geschichtsschreibung, eine Geschichtsschreibung *cum ira et studio*, parteilich und legitimatorisch, die den Bonner Professor zum *public historian* und zu einem der prominentesten Zeithistoriker der Reichsgründungszeit machte. In nicht weniger als sieben Bänden erschien zwischen 1889 und 1894 sein Alterswerk *Die Begründung des Deutschen Reiches durch Wilhelm I.*, eine quasi amtliche, detailreiche Geschichtsdarstellung, gearbeitet aus den – preußischen – Quellen. Deren Auswahl wurde allerdings durch Bismarck beeinflusst, der noch in die Druckfahnen massiv seine Sicht der Dinge hineinkorrigierte und auf diese Weise früh an der Ausformung seines eigenen Bildes in der Geschichte mitwirkte.[81]

Sybel gehörte zu jenen »viri eruditi auf deutschen Geschichtskathedern«, zu jenen Gelehrten, über die Jacob Burckhardt spöttelte, als er Ende 1872 davor warnte, jetzt Bücher zur deutschen Geschichte zu kaufen. Deren Darstellung sei ja, so der Baseler Historiker, »in einer großen allgemeinen Mauserung begriffen. Man wird einige Jahre warten müssen mit Anschaffungen, bis die ganze Welt von Adam an siegesdeutsch angestrichen und auf 1870/71 orientiert sein wird.« Seltener zitiert wird der nächste Satz Burckhardts: »Den nächsten Krieg gewinnt man ohnehin gewiss auch noch, nur die nationalliberale Grundlage der Anschauung möchte inzwischen etliche bedenkliche Risse bekommen haben.«[82]

Alternativlos?

Im Jahr 1946, nach dem Ende des Zweiten Weltkriegs, hat ein kleiner bayerischer Verlag mit Genehmigung der amerikanischen Militärregierung jene *Denkschrift zum Frieden* neu veröffentlicht, die der liberale Historiker Georg Gottfried Gervinus im Herbst 1870, gleichsam als sein politisches Testament, als »Testament seiner Gesinnungen«, wie er es selbst nannte, an den preußischen König gerichtet hatte. Gervinus' Denkschrift, so ihr Herausgeber von 1946, führe zurück zu der »Wurzel des Unheils«, zu den Anfängen jener nationalistischen Entwicklung, die sich in Deutschland bis zur äußersten Konsequenz gesteigert und schließlich zum Zusammenbruch geführt habe. Gervinus, einer der Göttinger Sieben, 1848 Abgeordneter der Paulskirche, erinnerte Wilhelm I. an sein als Prinzregent 1858 gegebenes Versprechen, Preußen müsse in Deutschland »moralische Eroberungen« machen. Auf diesen Weg »einer friedlichen zivilisatorischen Politik« müsse Deutschland sich wieder begeben, ein föderal organisiertes Deutschland, kein unitarisch-zentralistischer Machtstaat. Das aber sei nur zu erreichen durch eine Abkehr von der Politik Bismarcks, die, umkleidet »mit dem Nimbus genialer Staatsmannschaft«, allein dem »Grundsatz Macht vor Recht« folge.[83]

Unter dem Eindruck des Sieges von Sedan und angesichts einer überschäumenden nationalen Begeisterung warnte der Liberale, der auch nach 1866 ein entschiedener Kritiker Bismarcks geblieben war, vor der Verwandlung Deutschlands – begonnen bereits mit dem Norddeutschen Bund, jenem »Scheinbund für Halb-Deutschland« – in einen preußisch beherrschten Einheitsstaat, eine »Gewalthegemonie«, einen »zentralisierten Soldatenstaat«, ja eine »Militärdiktatur«. Nicht aus konservativer, sondern aus liberaler Sicht kritisierte Gervinus die preußischen Annexionen von 1866 und verglich sie mit den Polnischen Teilungen des 18. Jahrhunderts. Dem liberalen Lager, dem er sich selbst noch immer zurechnete, hielt er vor, vor lauter Nationalismus und Patriotismus blind geworden zu sein für eine Politik des Rechtsbruchs und der Gewalt. Ahnungslos seien diejenigen, die nicht erkennen würden, was diese »Entfesselung der Revolution von oben« politisch bedeute und welche Gefahr sie für Liberale und Demokraten darstelle. In außenpolitischer Perspektive sei schon mit dem Norddeutschen Bund unter preußischer Führung ein

»allzeit angriffsfähiger Kriegsstaat« entstanden, der in Europa – und weit über Frankreich hinaus – nur Misstrauen und Feindschaft erzeuge, der nicht für den Frieden bürge, sondern als »stete Bedrohung« Europas zu neuen Kriegen führen werde. Wenige Monate später, im März 1871, starb Gervinus, und die Stimme des großen Liberalen verhallte damals ungehört in Siegeseuphorie und nationalem Taumel.

Schon die meisten Zeitgenossen, das meinte Jacob Burckhardt mit seiner ironischen Wendung von der siegesdeutsch angestrichenen Geschichte, hielten die preußisch-kleindeutsche Reichsgründung, so wie sie 1870/71 zustande kam, für alternativlos. Und rasch nach 1871, wenn nicht schon im Prozess der Nationalstaatsbildung selber, hat die borussische Geschichtsschreibung diese vermeintliche Alternativlosigkeit in teleologische Narrative gebracht und der Nationalstaatsbildung eine historische, in der geschichtlichen Entwicklung selbst angelegte Zwangsläufigkeit zugeschrieben. Vom preußischen Sieg 1866 als »notwendiges Postulat der Geschichte« schrieb der Historiker Adolf Schmidt, der Nachfolger Droysens in Jena. Für Ludwig August von Rochau, der nach 1848 den Begriff »Realpolitik« geprägt hatte, war die Neugestaltung Deutschlands durch Preußen ein »Naturgesetz«. Und Heinrich von Treitschke sah – in allgemeinerer Wendung – die nationalpolitische Geschichtspublizistik von der Überzeugung geleitet, dass »über dem bunten Wirrsal ... die Notwendigkeit einer allgemeinen Vernunft« walte.[84] So wurde dem historischen Prozess zugleich ein Fortschrittsdenken und eine Fortschrittsgewissheit unterlegt, die nicht nur zur Erklärung und Sinngebung der Gegenwart beitrug, sondern die die »Vergegenwärtigung der Vergangenheit zum Zweck der Orientierung für Gegenwart und Zukunft« betrieb.[85]

Das freilich blendete andere Möglichkeiten des Geschichtsverlaufs aus, machte die borussisch kanonisierte Geschichte zur einzig möglichen Geschichte und delegitimierte alternative Entwicklungsmöglichkeiten, zu denen es zwar nicht gekommen ist, die aber im Handlungs- und Möglichkeitsbewusstsein der Zeit vorhanden waren und eine Rolle gespielt haben. In dem Maße, in dem die kleindeutsch-preußische Nationalstaatsbildung zu einer »providentiellen Einbahnstraße« (Hagen Schulze) wurde, verdrängte sie alternative Geschichtsbilder und leugnete historisch zweifellos vorhandene Entwicklungs- und Handlungsalternativen im Prozess der Nationalstaatsbildung geradezu.[86] Geschichte wurde zur Geschichte der Gewinner, und deswegen ist die Frage nach historischen Alternativen auch keine kontrafaktische Geschichtsschreibung, sondern eine Möglichkeit, denjenigen Akteuren wieder eine Stimme zu geben, die, wenn man so will, spätestens von 1871 an – und mit Auswirkungen tief ins 20. Jahrhundert hinein – historiographisch zum Schweigen gebracht wurden.

Jedes Nachdenken über Alternativen, das nicht ins Beliebige und Spekulative abdriften möchte, muss die mächtige Dynamik jener Fundamentalnationalisierung anerkennen, die im 19. Jahrhundert nicht nur Deutschland, sondern ganz Europa erfasste. Dieser Basisprozess ist aus der historischen Entwicklung nicht wegzudenken. Nur musste er eben nicht zwingend auf den preußisch-kleindeutschen Nationalstaat von 1871 hinauslaufen. Andere Möglichkeiten nationaler politischer Ordnung waren nicht nur denkbar, sondern sie waren zu unterschiedlichen Zeitpunkten im 19. Jahrhundert – 1814/15, 1848/49, 1866 – auch prinzipiell realisierbar, ja zum Teil wurde mit ihrer Verwirklichung sogar begonnen. Verbunden waren alle diese Ordnungsentwürfe durch ihre nationale Perspektive, durch die Vorstellung insbesondere ihres wichtigsten und an Einfluss gewinnenden Trägers, der nationalen Bewegung, dass der Nationalisierung und damit einer wie auch immer gearteten staatlich-politischen Nationsbildung die Zukunft gehöre. Dass daraus dann die Vorstellung wurde, die Nationsbildung sei gleichsam das Endziel des historischen Prozesses, eine *finalité d'histoire*, und der Nationalstaat die Normalform politisch-staatlicher Existenz, steht auf einem anderen Blatt.

Der Deutsche Bund, von der borussischen Geschichtsschreibung mit Verachtung gestraft und als Mittel zur Verhinderung einer Nationalstaatsbildung und zur Perpetuierung deutscher Ohnmacht diskreditiert, hat sich nach 1945 angesichts der ebenso katastrophalen wie verbrecherischen Dynamiken eines entgrenzten Nationalismus wieder größerer Sympathien erfreut: mit seinen föderalen Potentialen, mit seiner Absage an einen machtstaatlichen Zentralismus, mit seiner ausgleichenden und dadurch friedenssichernden Funktion im europäischen Staatensystem. Es musste nicht zwingend gegen den Deutschen Bund als nationale Ordnungsstruktur sprechen, dass er funktional und in seiner Gestalt an die Tradition des Alten Reiches anschloss. Das hätte sogar der Nationalbewegung Anknüpfungsmöglichkeiten bieten können, wären nicht die Stärken der Reichs- und – nach 1815 – der Bundesstruktur als Schwächen wahrgenommen worden, weil sie in ihrer Komplexität und mit ihren fein austarierten politischen und vor allem rechtlichen Mechanismen nicht der Idee homogener, geschlossen handlungsfähiger und machtvoller Nationalstaatlichkeit entsprachen. Zudem schien der im Alten Reich des 18. Jahrhunderts bereits angelegte und dann im Deutschen Bund festgeschriebene österreichisch-preußische Dualismus jede Nationalisierung und jede Weiterentwicklung des Bundes zu verhindern. Die nationale Politik, das war die Folgerung, musste zuerst die Konkurrenz der beiden Vormächte beenden. Und schließlich verkörperte der Deutsche Bund ein nicht nur antinationales, sondern auch antiliberales System politischer Repression. Das ließ ihn gerade in den Augen der Nationalbewegung, für die der Deutsche Bund stets das »System Metternich« blieb, unattraktiv, ja ungeeignet als Organisation nationaler Staatlichkeit erscheinen.

Eine großdeutsche Lösung blieb bis 1866 eine politische Option. Das musste nicht zwingend auf einen Erhalt des Deutschen

Bundes hinauslaufen, sondern meinte im Kern eine – wie auch immer ausgeformte – deutsche Staatlichkeit unter Beteiligung Österreichs. Eine solche Lösung der nationalen Frage hatte bis 1866 und zum Teil auch noch darüber hinaus nicht wenige Anhänger: südlich der Mainlinie, wo die Politik in der Tradition des Alten Reiches historisch stets deutlich auf Wien orientiert war; im Katholizismus, wo es Vorbehalte gab gegen einen preußisch und damit protestantisch dominierten Nationalstaat; aber auch in jenen kleineren Staaten der Mitte und des Südens, die den dominierenden preußischen Machtanspruch ebenso fürchteten wie – damit verbunden – eine Politik der Militarisierung, ja eine Verpreußung der politischen Kultur.

Aber hätte eine großdeutsche Lösung die Konkurrenz zwischen Berlin und Wien auflösen oder in fruchtbare nationale Bahnen lenken können? Nicht wenige bezweifelten das. Und was bedeutete es für eine großdeutsche Lösung, dass seit 1815 Preußen immer stärker nach Deutschland hineingewachsen war, während Österreich sich in Richtung Südosteuropa orientierte, aus Deutschland also gleichsam herauswuchs? Das hatte auch wirtschaftliche Folgen. War eine ökonomische Einheit, eine großdeutsche wirtschaftliche Integration denkbar mit einem agrarisch geprägten, industriell rückständigen Österreich und dem sich dynamisch industrialisierenden Zollverein unter preußischer Führung? Und was bedeutete das sozial? Wie schließlich, das war das kardinale Problem, vertrug sich die Idee einer nationalen politischen Organisation mit der Realität des multinationalen Großreiches der Habsburger? Waren das nationale und das übernationale, das multinationale Prinzip in Einklang zu bringen? Die Zweifel daran waren groß, und sie waren berechtigt. Die großdeutsche Lösung im Sinne eines preußisch-österreichischen Ausgleichs, eines gemeinsam beschrittenen Weges war nach 1866 passé. Erhalten blieb die großdeutsche Idee als nationalistische Vorstellung eines österreichischen Anschlusses an den deutschen National- und

Machtstaat. In dieser Perspektive machte der »Anschluss« von 1938 nicht Königgrätz rückgängig, sondern stand in radikalem Widerspruch zur großdeutschen Idee des 19. Jahrhunderts. Spätestens mit dem Deutsch-Französischen Krieg und der sich aus ihm entwickelnden kleindeutschen Reichsgründung hatten auch alle Trias-Ideen, die in unterschiedlichen Formen um eine politische Verbindung und Organisation der deutschen, manchmal nur der süddeutschen Klein- und Mittelstaaten kreisten, keine Zukunft mehr. Solche Überlegungen hatte es schon in den Jahren nach dem Wiener Kongress gegeben. Sie nahmen den nationalen Gedanken durchaus auf, betrachteten eine Verbindung der Staatenwelt zwischen Preußen und Österreich als nationalen Fortschritt, basierten aber auf der Überzeugung, dass Nationalisierung nicht unbedingt Zentralisierung oder Unitarisierung bedeuten musste und auch nicht zwingend von den Vorstellungen Preußens oder Österreichs und deren politischer Dominanz, einzeln oder gemeinsam, bestimmt sein musste. Seit Ende der 1850er Jahre gewannen verschiedene Trias-Pläne neue Bedeutung, nicht zuletzt in den aufkommenden Diskussionen über eine Reform des Deutschen Bundes, gerieten aber bald wie diese Reformdiskussionen selbst in den Strudel des preußisch-österreichischen Konflikts. Die Handlungsmöglichkeiten und Bewegungsräume der Trias-Welt schränkten sich dadurch zunehmend ein. Wirtschaftlich entfaltete Preußen mit dem Zollverein immer größere Anziehungskraft; politisch schien ein Optieren für Preußen oder Österreich immer unausweichlicher. Zurückhaltung oder gar Neutralität waren in der sich zuspitzenden Konfliktsituation kaum denkbar, was der Krieg von 1866 in aller Klarheit zeigte.

Wäre nicht schließlich auch ein anderer kleindeutscher Nationalstaat, eine andere kleindeutsche Nationalstaatsbildung denkbar gewesen als die preußisch-deutsche Bismarcks, die trotz der Koalition Bismarcks mit der Nationalbewegung eine Nationalstaatsgründung von oben blieb? Wäre ein nationaler Staat, eine

Nationalstaatsbildung von unten möglich gewesen: demokratisch und liberal? Das war das Modell von 1848, das so ambitioniert wie idealistisch und in der Situation des Frühjahrs 1848 keineswegs unrealistisch in der Paulskirche Gestalt anzunehmen begonnen hatte. Das Scheitern dieses Modells, das sich nach wenigen Monaten – nicht erst 1849 – abzuzeichnen begann, hatte verschiedene Ursachen. Es scheiterte an den unterschiedlichen politischen und gesellschaftlichen Ordnungsvorstellungen, deren Träger unter massivem Erwartungsdruck und letztlich ohne jede Erfahrung mit einer gewaltigen Aufgabe konfrontiert waren, die sie im Grunde nur überfordern konnte. Dass es den Abgeordneten unter diesen Bedingungen gelang, die Grundrechte des deutschen Volkes zu verabschieden, kann gar nicht hoch genug bewertet werden, auch wenn diese Grundrechte und die Verfassung, deren integraler Teil sie am Ende waren, keinen nationalen Staat etablierten. Geschheitert ist der freiheitlich-menschenrechtlich begründete Nationalstaat an der unterschätzten Stärke der alten Ordnung und ihrer Vertreter, ob nun in Wien oder Berlin. Gescheitert ist er aber auch an der Versuchung der Macht, den Vorstellungen deutscher Großmacht, die mit den Strukturen des europäischen Mächtesystems und den Interessen der europäischen Mächte nicht in Einklang zu bringen waren und denen von Anfang an auch ein aggressiv-expansives Potential innewohnte. In den Diskussionen über die deutschen Grenzen kam das überdeutlich zum Vorschein. Ohne die Erfahrung von 1848 – auf allen Seiten – ist der Weg zur »Reichseinigung« der 1860er Jahre nicht zu verstehen. Und die Frage war, ob es unter den preußisch-kleindeutschen Auspizien von 1870/71 gelingen konnte, jene Defizite an Freiheit und Demokratie, die das in Versailles proklamierte Reich charakterisierten, ja die seine Entstehung unter preußischer Führung erst ermöglicht hatten, auszugleichen. Für unseren Blick auf das Kaiserreich ist diese Frage bis heute von Belang.

II Der autoritäre Nationalstaat

Die Zukunft des deutschen Kaiserreichs war 1871 nicht vorherbestimmt. Es hatte, wie es der Historiker Thomas Nipperdey einmal formuliert hat, Geschichte vor sich.[1] Aber in den Entwicklungen, die zur Bildung des Nationalstaats geführt hatten, und in seiner Gründung selbst lagen doch Vorbedingungen und Vorentscheidungen, die auf seinen weiteren Werdegang einwirkten, die Möglichkeitsräume schufen und zugleich begrenzten, die Wandel erlaubten und zugleich verhinderten. Insofern war das Kaiserreich, sosehr man seine Geschichte bis 1918 als Epoche großer sozialer und politischer Dynamik betrachten muss, auch das Produkt seiner Gründung.[2] Das gehört zu seiner Ambivalenz. Mit seiner Proklamation war das Kaiserreich begründet, die Verfassung des Deutschen Reiches war sogar schon zu Jahresbeginn in Kraft getreten. Aber der verfassungsrechtliche und politische Rahmen, er musste präziser bestimmt und ausgefüllt werden. Nationale politische Institutionen wie der Reichstag existierten, aber welche Rolle würden sie politisch spielen? Wie preußisch würde das Reich sein? Wie würde sich der Nationalismus entwickeln, dessen Dynamik zur Entstehung eines nationalen Staates entscheidend beigetragen hatte? Was bedeutete der Nationalismus der Jahrzehnte vor 1870/71 für den Nationalismus der Jahrzehnte danach? Diese Fragen unterstreichen, dass die Reichsgründung in die Geschichte des 1871 geschaffenen Staates weiter hineinwirkte – politisch, gesellschaftlich und kulturell. Als Ereignis und Erfahrung entfaltete sie eine Wirkung, die über die Gründungsphase, ja über die Ära Bismarck weit hinausreichte. Ihr Schatten lag über dem Reich.

Grenzen der Demokratisierung: Das Reich und seine Verfassung

Das Reich von 1871 war ein »unvollendeter Nationalstaat« (Theodor Schieder). Mit der Kaiserproklamation von Versailles endete die Nationsbildung nicht, sondern sie setzte sich fort. Was 1861 der italienische Abgeordnete und frühere piemontesische Ministerpräsident Massimo d'Azeglio in der ersten Sitzung des italienischen Parlaments formulierte – »Wir haben Italien geschaffen, jetzt müssen wir die Italiener erschaffen« –, das galt auch für Deutschland.[3] Nationale Institutionen entstanden und formierten den nationalen Staat politisch. Das waren nicht nur die Verfassungsinstitutionen, sondern auch Parteien, Verbände und Medien. Sie verstärkten die nationale politische Öffentlichkeit. Gerade in Wahlen, besonders den Reichstagswahlen, bildete sich die politische Nation. Aber ein nationales Bewusstsein entstand auch in Schulen – die Lehrpläne spiegeln das wider –, an Universitäten, im Militär. In nationaler Symbolik repräsentierten sich Nation und nationaler Staat. Der Kaiser selbst war ein solches Symbol, aber ebenso waren es die nationalen Farben Schwarz-Weiß-Rot, nationale Lieder, nationale Feste und Feiern, nationale Denkmäler, ein nationaler Gefallenenkult und nationale Helden, allen voran die großen Männer der Einigungskriege: Moltke, Roon und – natürlich – Bismarck.

Wenn die Nationsbildung auch noch unvollkommen war, so war sie durch die Reichsgründung, durch die Entwicklungen und Entscheidungen der Jahre 1866 bis 1871 doch in eine bestimmte Richtung gelenkt worden. Zentrale Machtfragen waren beantwortet, Machthierarchien etabliert. Das wirkte auf die weitere Entwicklung von Staat und Gesellschaft ein, denn es verhinderte zwar nicht jede Veränderung, begrenzte aber die Möglichkeiten und die Reichweite des Wandels. So war der Weg zur Parlamentarisierung zwar nicht völlig versperrt, doch seit 1866 zumindest blockiert. Der preußische Verfassungskonflikt wurde nicht weiter ausgetragen, aber gelöst war er nicht. Vielmehr setzte er sich auf nationaler Ebene fort und betraf nun vor allem das politische Gewicht und die verfassungsmäßigen Rechte des Reichstags. Die Auseinandersetzung darüber wurde bis 1918 geführt. Der Nationalstaat von 1871 war zwar auch ein Verfassungsstaat, aber in erster Linie war er Nationalstaat. Die »nationale Frage überwog die konstitutionelle bei weitem«, stellte Jacob Burckhardt schon mit Blick auf die – wie er es nannte – »große deutsche Revolution« von 1866 fest, und mit dem Krieg gegen Frankreich war er sich sicher, dass »die innenpolitischen Crisen auf lange Zeit in Deutschland abgeschnitten« seien. »Die Macht nach innen und außen kann nun ganz systematisch von oben her organisiert werden.«4 Daraus resultierte, gleichsam als Preis der Einheit, ein strukturelles Demokratiedefizit, das in der Reichsgründungsphase institutionell befestigt wurde und bis zum Ende des Kaiserreichs wirksam blieb. Diese institutionellen Sicherungen des Primats der Exekutive, des monarchischen Prinzips und damit des Autoritarismus, hinter denen die Machtinteressen der alten Eliten standen, setzten der Entfaltung demokratischer Potentiale aus der Gesellschaft heraus Schranken.

Was bedeutet diese bis zum Ende des Ersten Weltkriegs anhaltende Blockade des politischen Systems für unser Urteil über das Kaiserreich insgesamt? Welches Gewicht haben überhaupt politische Faktoren und Entwicklungen in unserem Bild des Kaiserreichs? Ist Politik tatsächlich die angemessene analytische Zentralperspektive? Gerade die jüngere Forschung zum Kaiserreich hat dafür plädiert, die politische beziehungsweise politikgeschichtliche Perspektive zu entprivilegieren und anderen Entwicklungen, ökonomischen, sozialen oder kulturellen, in der Urteilsbildung über das Kaiserreich mehr Aufmerksamkeit zu schenken und größeres Gewicht einzuräumen.5 In der Tat ist unser Bild des Kaiserreichs differenzierter geworden. Es zeigt – und das ist das Verdienst der jüngeren deutschen und internationalen Forschung – eine heterogene, geradezu pluralistische Gesellschaft, eine vielgestaltige soziale und kulturelle Welt.[6] Und doch bleiben die politisch-konstitutionellen Grundstrukturen und Rahmenbedingungen, bleibt ein politischer Autoritarismus. Dessen Persistenz – bei allem Wandel – lässt sich nicht trennen von gesellschaftlichen und kulturellen Veränderungen. Vielmehr gilt es zu fragen, was ein autoritäres politisches System, was der Obrigkeitsstaat, wie ihn die kritischen Zeitgenossen nannten, für die Entwicklung von Gesellschaft und Sozialkultur bedeutete und welche Grenzen der Demokratisierung und Liberalisierung durch den politischen Autoritarismus gesetzt waren. Man kann den Obrigkeitsstaat nicht einfach beiseiteschieben und im Kaiserreich allein eine reformbegeisterte, Demokratie praktizierende Zivilgesellschaft sehen. Das Kaiserreich blieb bis 1918 ein »Machtstaat vor der Demokratie« (Thomas Nipperdey). Es war gerade auf der nationalen Ebene und politisch-konstitutionell nicht reformfähig. Dass es im kaiserlichen Deutschland Demokratisierungsbemühungen und, wenn auch begrenzt, Demokratisierungserfolge gegeben hat, widerspricht dem nicht. Doch in einem undemokratischen Staat hatten Demokratie und Demokratisierung Grenzen.[7] Es sind diese Grenzen, die auch in demokratiegeschichtlicher Perspektive das Bild des Kaiserreichs bestimmen.

Souveränität der Fürsten

In einer pompösen Zeremonie eröffnete der Kaiser den am 3. März 1871 aus allgemeinen, freien, gleichen und geheimen Wahlen der Männer hervorgegangenen Deutschen Reichstag. Nicht der Monarch kam zu den Volksvertretern, die in den ersten Jahren des Kaiserreichs im Preußischen Abgeordnetenhaus tagten, sondern die Parlamentarier erwiesen dem Monarchen im Berliner Schloss die Ehre. Wie schon beim Empfang der Abgeordnetendelegation in Versailles ging es in einem Akt symbolischer Politik auch jetzt darum, jeden Eindruck einer politisch-konstitutionellen Höherrangigkeit der Volksvertretung zu vermeiden. Überhaupt standen nicht der Reichstag und seine gewählten Mitglieder im Zentrum des farbenprächtigen Spektakels zur Eröffnung, sondern der Kaiser und König mit seiner Familie, die Hofchargen, eine ganze Reihe von Landesfürsten, Vertreter der preußischen Regierung und Bürokratie sowie hohe Offiziere. Die Spitzenrepräsentanten der preußischen Armee trugen die Reichsinsignien – Reichsschwert, Reichsapfel, Zepter, Krone und Reichspanier –, als der Kaiser in ihrem Geleit den Weißen Saal betrat, wo ihn die Abgeordneten und Gäste mit einem dreifachen »Hoch« begrüßten. Die Rolle des Reichstags und seiner Angehörigen, förmlich eingerahmt von den Vertretern des Machtestablishments, war rein passiv. Lediglich den Hochruf auf Seine Majestät brachte der Alterspräsident aus.[8]

Zu den ersten Aufgaben des Reichstags gehörte, wie der Kaiser es in seiner Thronrede nannte, eine »neue Redaktion der Reichsverfassung«. In einer Reihe bilateraler Verträge waren die süddeutschen Staaten bereits im Herbst 1870 dem Norddeutschen Bund und seiner Verfassung beigetreten. Diese blieb in Kraft und wurde zur Verfassung des Deutschen Reiches. Zu substantiellen Veränderungen kam es nicht, und erst recht nicht zu einer verfassunggebenden Nationalversammlung oder einem verfassunggebenden Reichstag mit dem Ziel, eine neue Konstitution auszuarbeiten. So ging auch die Verfassung des Kaiserreichs auf Bismarcks Entwurf von 1866 zurück. Als konstitutionelle Monarchie ist der deutsche Nationalstaat von 1871 freilich nur oberflächlich und unzureichend beschrieben. Diese Bezeichnung spiegelt nicht einmal den Verfassungstext angemessen wider, geschweige denn die Verfassungswirklichkeit. Von »pseudokonstitutionellem Absolutismus« hat Theodor Mommsen 1901 gesprochen. Das war auf Wilhelm II. gemünzt, aber in der Bemerkung scheint doch in allgemeinerer Perspektive auf, dass die Verfassung zwar durch die

Schaffung nationaler politischer Institutionen zur Nationsbildung beitrug, dass diese Institutionen jedoch autoritär überformt blieben und in ihrem Gesamtgefüge eine Demokratisierung verhinderten. Das schloss einzelne demokratische Elemente, insbesondere das allgemeine männliche Wahlrecht oder auch die – allerdings in der Verfassung nicht abgesicherte, ja mit keinem Wort erwähnte – Existenz politischer Parteien nicht aus. Diese Elemente blieben aber in ihren Wirkungspotentialen begrenzt durch die Gesamtorientierung der Verfassung.

Der Staatsrechtler Carl Schmitt hat die Verfassung des Kaiserreichs in den 1930er Jahren als ein »System umgangener Entscheidungen« charakterisiert. Ihr habe kein leitendes Prinzip zugrunde gelegen, weder das monarchische noch das demokratische, sondern sie sei vielmehr ein dilatorischer Kompromiss gewesen. Der Historiker Wolfgang J. Mommsen hat Schmitts Begriff später aufgenommen, dabei aber ausgeweitet. Es sei die Entscheidung zwischen einem militaristischen Obrigkeitsstaat preußischer Prägung und einem bürgerlichen Parteienstaat unterblieben, vielmehr habe die Verfassung in ihren unterschiedlichen Institutionen unterschiedlichen sozialen Gruppen, insbesondere Adel und Bürgertum, Handlungsräume gegeben, aber eine eindeutige Verteilung der Machtgewichte verhindert. Von dieser Unentschiedenheit und der institutionalisierten Machtkonkurrenz profitierte Bismarck, der zusammen mit der Staatsbürokratie die »Rolle des Equilibriums« spielen und dadurch die eigene Macht stärken konnte.[9]

Auf die Idee der Volkssouveränität oder die Anerkennung von Menschen- und Bürgerrechten war die Verfassung des Kaiserreichs gerade nicht gegründet. Das unterschied sie von der Paulskirchenverfassung mit ihrem Grundrechtskatalog. Alle Versuche, insbesondere der Zentrumspartei, die Verfassung des Norddeutschen Bundes in ihrer Transformation zur Reichsverfassung um einige wenige Grundrechte zu ergänzen, scheiterten. So blieb die Reichsverfassung mit Blick auf die Verankerung von Grundrechten sogar noch hinter der preußischen Verfassung von 1850 zurück, deren zweiter Teil, gleich nach den Bestimmungen über das Staatsgebiet, unter der Überschrift »Von den Rechten der Preußen« eine Liste von individuellen Grundrechten enthielt. Auch andere Landesverfassungen enthielten Grundrechte, sodass man sagen könnte, das Defizit der Reichsverfassung sei gleichsam föderal kompensiert worden. Aber erstens galt das nicht für alle Verfassungen und nicht für alle Einzelstaaten; im Großherzogtum Mecklenburg-Schwerin beispielsweise gab es überhaupt keine Verfassung im modernen Sinne, sondern den Landesgrundgesetzlichen Erbvergleich von 1755, der die feudal-ständische Ordnung konservierte. Zweitens unterstrich das Fehlen der Grundrechte in der Reichsverfassung die Dominanz einer Vorstellung von Nation, die anders als ein Jahrhundert zuvor in Amerika oder Frankreich nicht als Zusammenschluss von Bürgern mit individuellen Bürgerrechten, mit Grundrechten und Grundfreiheiten gedacht und konstituiert wurde, sondern von oben, vom Staat her.

Nicht die deutsche Nation konstituierte das Deutsche Reich, sondern, wie es schon in der Präambel der Verfassung hieß, die Fürsten. Aus ihrer monarchischen Souveränität heraus schlossen die Fürsten einen »ewigen Bund«, der den Namen Deutsches Reich erhielt. Bismarck kam es entscheidend auf den Charakter des Reiches als Fürstenbund an. In der Verfassung war immer wieder von »Bund« und »Bundesgebiet« die Rede, vor allem die Institution des Bundesrates, das verfassungspolitische Zentrum des nationalen Staates, in dem exekutive und legislative Befugnisse verschmolzen, unterstrich den Primat des Fürstenbundes und der für das Reich konstitutiven fürstlichen Souveränität. In den Bundesrat, der sehr bewusst nicht Reichsrat genannt wurde, entsandten die Mitglieder des Bundes, also die Regierungen der Einzelstaaten, ihre Vertreter. Zwar lag beim Kaiser – als König von Preußen – das Präsidium des Bundesrats, er verfügte über wichtige Kompetenzen, doch die Existenz des Kaisers gab dem Bund der Fürsten beziehungsweise der Einzelstaaten keine unitarische Struktur. Im Gegenteil: Der Bundesrat sollte einen Damm bilden gegen unitarische Tendenzen, die sich zwangsläufig aus der Nationalstaatsbildung ergaben. Uneingedämmt hätten diese indes insbesondere den Reichstag, der durch das allgemeine Wahlrecht die Nation jenseits der Einzelstaaten und ihrer Fürsten repräsentierte, als nationales Parlament gestärkt.

Preußen-Deutschland

Der Bundesrat vertrat als föderatives Organ die Regierungen der insgesamt 22 Staaten und der drei Freien Städte. Zusammen mit dem Reichstag – und in der Verfassung vor diesem genannt – übte er die Reichsgesetzgebung aus. Er war durch den Reichstag nicht zu überstimmen. Das galt insbesondere für Verfassungsänderungen, die im Bundesrat durch eine Sperrminorität von 14 Stimmen verhindert werden konnten. Und da Preußen im Bundesrat über 17 Stimmen verfügte, war auf diese Weise die konstitutionelle Hegemonie Preußens verfassungsrechtlich verankert. Aber auch andere Gesetzesvorhaben aus dem Reichstag konnte Preußen leicht blockieren, indem es, was immer wieder geschah, die Stimmen kleinerer nord- und mitteldeutscher Staaten, die von Preußen abhängig waren, auf seine Seite brachte. Politische Willensbildung und Legislative in Preußen aber blieben bis 1918 bestimmt vom Dreiklassenwahlrecht für die Wahlen zum Abgeordnetenhaus sowie von der Existenz des adlig dominierten Herrenhauses. Nicht der Bundesrat, sondern das Herrenhaus und das Abgeordnetenhaus in Preußen waren faktisch die erste Kammer des Reiches.[10]

Das 1849 eingeführte preußische Dreiklassenwahlrecht war zwar ein allgemeines Wahlrecht der Männer, doch bestimmte das Steueraufkommen die Zugehörigkeit zu den drei Wählerklassen. Was 1849 noch als fortschrittlich gelten konnte, weil es bürgerlich-liberalen Interessen Rechnung trug und das Wahlrecht trotz des unterschiedlichen Gewichts der einzelnen Wählerstimmen verallgemeinerte, stand schon wenige Jahrzehnte später in diametralem Gegensatz zum allgemeinen und gleichen Wahlrecht auf der nationalen Ebene. Zusammen mit dem fehlenden Parlamentarismus war das preußische Wahlrecht ein schweres demokratisches Defizit des Kaiserreichs, gerade weil Wahlentscheidungen und die politische Willensbildung in Preußen von entscheidender Bedeutung auch auf Reichsebene waren. Nicht nur für den Soziologen Max Weber war das Kaiserreich keine Demokratie und konnte keine Demokratie werden, solange in seinem Hegemonialstaat Preußen ein undemokratisches Wahlrecht existierte.[11] 1908 gehörten dort 82 Prozent der Wahlberechtigten der dritten Wählerklasse an und verfügten damit über das gleiche Stimmengewicht wie die vier Prozent der Wahlberechtigten, die aufgrund ihres Steueraufkommens der ersten Wählerklasse zugeordnet waren.

Es ist angesichts solcher Bedingungen fast ein Wunder, dass in den späten Jahren des Kaiserreichs überhaupt sozialdemokratische Kandidaten in das Abgeordnetenhaus gewählt wurden. Bis zum Ende des Kaiserreichs bevorzugte das Dreiklassenwahlrecht den Konservatismus und mit ihm zusammen vor allem durch die Wahlkreiseinteilung das ländlich-ostelbische, agrarisch und gutsherrschaftlich geprägte Preußen, das deutlich überproportional repräsentiert war. Bei den letzten Wahlen zum Abgeordnetenhaus vor dem Ersten Weltkrieg 1913 erhielt die Deutschkonservative Partei, die Partei des adlig-ostelbischen Großgrundbesitzes, mit einem Stimmanteil von 14,8 Prozent der Urwählerstimmen 33,6 Prozent der Sitze in der Kammer. Die SPD hingegen, die es auf 28,4 Prozent der Urwählerstimmen gebracht hatte, gewann lediglich 2,6 Prozent der Parlamentssitze, nicht mehr als zehn von insgesamt 443. In den Jahren vor dem Krieg nahm der Druck in Richtung einer Wahlrechtsänderung erheblich zu, doch es änderte sich nichts.[12]

In seiner berühmten Osterbotschaft von 1917 kündigte der Kaiser noch einmal eine Reform an. Dahinter stand freilich allein das Bemühen um gesellschaftliche Mobilisierung im Zeichen immer verzweifelterer Kriegsanstrengungen. Ganz abgesehen davon, sollte erst gesiegt und dann das Wahlrecht geändert werden, und es ist sehr zu bezweifeln, dass ein deutscher Sieg im Ersten Weltkrieg die demokratischen Kräfte in Deutschland gestärkt hätte. Das liberale Bürgertum von Besitz und Bildung mag im Kaiserreich zunehmend eine selbstbewusste und potente Gesellschaftsschicht gewesen sein, aber Selbstbewusstsein und Potenz brachen sich politisch an der Beharrungskraft der konservativen Eliten, und auch für nicht wenige Liberale war das Dreiklassenwahlrecht ein Schutzwall gegen die Sozialdemokratie.[13] Es führt in die Irre, das Kaiserreich an Ankündigungen Wilhelms II. oder engagierten Resolutionen liberaler Intellektueller zu messen und ihm auf dieser Grundlage politische Fortschrittlichkeit zuzuschreiben. Die Verfassungswirklichkeit sah anders aus.

Das gilt auch für die zweite, neben dem Dreiklassenwahlrecht national wirksame preußische Institution: das Preußische Herrenhaus. Die Erste Kammer des Parlaments, wie sie zunächst hieß, war seit 1854 – und bis zum Ende der Monarchie – keine Vertretung gewählter Abgeordneter, denn ihre Mitglieder gehörten ihr entweder aufgrund ihrer Herkunft sowie bestimmter Ämter an oder sie wurden vom König auf Lebenszeit ernannt. Nicht zuletzt wurden fast hundert Mitglieder von den Organisationen des »alten und befestigten Grundbesitzes« vorgeschlagen, in der Regel landbesitzende, vor allem aus Ostelbien stammende Adlige. Einen »Familientag der ostelbischen Junker« hat der 1919 ermordete bayerische Ministerpräsident Kurt Eisner das Herrenhaus einmal genannt. Zwar war für die Kammer insgesamt das britische *House of Lords* durchaus ein Modell, nur stand dem Herrenhaus mit dem Preußischen Abgeordnetenhaus kein *House of Commons* mit entsprechenden parlamentarischen Rechten, nicht zuletzt mit einem von der Parlamentsmehrheit gestellten Premierminister gegenüber. Innerhalb Preußens konnte das Herrenhaus Gesetzesinitiativen oder -vorlagen aus dem Abgeordnetenhaus modifizieren, denn im Gesetzgebungsprozess, so wie ihn die preußische Verfassung vorsah, bedurfte es der Übereinstimmung beider Kammern sowie der Zustimmung des Königs. Das Herrenhaus und seine Angehörigen waren ohne jeden Zweifel eines der wichtigsten und wirksamsten Hindernisse für politische und konstitutionelle Reformen in Preußen, und angesichts der Verzahnung von preußischer Verfassung und Reichsverfassung war und blieb es bis 1918 eine politische Institution von nationaler Bedeutung. Den schwerer zu kontrollierenden politischen und sozialen Dynamiken auf der nationalen Ebene stand eine politisch-konstitutionelle Ordnung Preußens gegenüber, die den monarchischen Staat stabilisierte und die darüber hinaus die Macht traditioneller Eliten, insbesondere des grundbesitzenden Adels, aufrecht erhielt und sie durch die preußische Dominanz im Reich auch national sowie liberalisierungs- und parlamentarisierungsfeindlich zur Geltung brachte.[14]

Der preußische Einfluss ergab sich überdies aus der schieren Größe des Landes, das etwa drei Fünftel des Reichsgebiets umfasste, aus seiner Bevölkerungszahl, die 1871 mit rund 26,7 Millionen Einwohnern rund sechzig Prozent der Bevölkerung des Reichs ausmachte. 1910 waren es etwa 40 Millionen von knapp 65 Millionen Einwohnern im Reich insgesamt. Hinzu traten seine enorme Wirtschaftskraft sowie seine militärische Stärke. Von 36 deutschen Heeresdivisionen 1871 waren 25 preußisch. Zwar sorgte das allgemeine Wahlrecht auch im Reichstag für eine preußische Mehrheit, diese war allerdings politisch höchst heterogen und konnte daher kaum preußisch instrumentalisiert werden. So wurde die preußische Dominanz vor allem durch die Institution des Bundesrats festgeschrieben. Dort waren nicht Parteien oder politische Richtungen repräsentiert, vielmehr wurden die Bevollmächtigten im Bundesrat von der preußischen Regierung ernannt und waren deren weisungsgebundene Vertreter. Angeführt von Bismarck, der im Auftrag des Kaisers den Vorsitz in dem Gremium innehatte und es souverän steuerte, fungierten vor allem die preußischen Staatsminister sowie andere ranghohe Angehörige der preußischen Ministerialbürokratie als Bundesratsbevollmächtigte.

Da es für die allermeisten Politikfelder keine Reichsverwaltung gab, war der Einfluss der preußischen Regierung und der preußischen Verwaltung enorm. Gesetzesvorlagen, die im Bundesrat eingebracht wurden, waren in der Regel in preußischen Ministerien ausgearbeitet worden. Aber auch die Umsetzung von Reichsgesetzen lag bei der Verwaltung der Einzelstaaten und damit in erster Linie bei Preußen. Diese »Verreichlichung« Preußens beziehungsweise der preußischen Regierungsbürokratie trug zwar einerseits zur Hegemonie Preußens im Reich bei, war aber andererseits alles andere als konfliktfrei. Denn die Interessen Preußens und des Reiches waren keineswegs stets identisch. Die Reichspolitik, die Bismarck über den Bundesrat und mithilfe der preußischen Regierung und ihres Verwaltungsapparats betrieb, war eine nationale, nationalstaatliche Politik, und die Dynamik der Nationalisierung, wie sie beispielsweise im Bedeutungsgewinn des Reichskanzleramtes und der Entstehung einzelner Reichsämter ihren Ausdruck fand, überlagerte durchaus die Eigenstaatlichkeit Preußens, dessen Ministerien eine Doppelfunktion wahrzunehmen hatten. Nicht zuletzt preußische Konservative mit ihrem nach wie vor beträchtlichen Einfluss in Politik und Verwaltung kritisierten diese Entwicklung. Der preußische Staat sei vollends im Reich aufgegangen.

Dieses Spannungsverhältnis blieb strukturell bis zum Ende des Kaiserreichs erhalten und änderte nichts an der preußischen Hegemonie im Kaiserreich, die zugleich die Dominanz der Exekutive über die Legislative befestigte. Der Bundesrat war zwar

Legislativorgan, sein Handeln wurde aber exekutiv bestimmt; er war der Ort, an dem exekutive Interessen, allen voran diejenigen des Reichskanzlers und preußischen Ministerpräsidenten, legislativ umgeformt wurden und die gesetzgeberische Macht des Reichstags immer wieder ihre exekutiv bestimmten Grenzen fand. Doch die exekutive Macht, insbesondere diejenige der preußischen Regierung und Verwaltung, die über den Bundesrat ausgeübt wurde, blieb jeder parlamentarischen Kontrolle entzogen. Preußische Minister und Spitzenbeamte waren dem Reichstag keine Rechenschaft schuldig. Eine »kontrollfreie Beamtenherrschaft« hat Max Weber das genannt.[15] Die Staatssekretäre wiederum, die die wenigen Reichsämter leiteten, waren Beamte, die keine politische Verantwortung trugen. Ihr politisches Gewicht minderte das nicht. Im Gegenteil: Es speiste sich geradezu aus dem Nimbus bürokratischen Sachverstands jenseits parteipolitischer Interessen oder Präferenzen, aus jenem »Schwindelevangelium der exekutiven Objektivität und Neutralität«, wie es der sozialdemokratische Politiker und Publizist Kurt Heinig nach dem Zweiten Weltkrieg genannt hat, und aus jener Idee des Unpolitischen, hinter der sich bis zu Thomas Manns berühmter Schrift aus dem Ersten Weltkrieg eine dezidiert politische Haltung verbarg. In deren Zentrum standen insbesondere in der Beamtenschaft eine affirmative Staatsorientierung und die Vorstellung eines klar bestimmbaren, konservativ, später zunehmend national geprägten Staatsinteresses. Ein Eid, mit dem die preußischen Beamten dem König, die wenigen Reichsbeamten dem Kaiser Treue versprachen, stabilisierte, ja verstärkte diese Orientierung. Für Gustav Radbruch, den bedeutenden sozialdemokratischen Staatsrechtler und Rechtsphilosophen, einige Jahre auch Justizminister der Weimarer Republik, waren die Vorstellung und das Selbstverständnis einer Überparteilichkeit der Regierung die »Lebenslüge des Obrigkeitsstaates«.[16]

Primat der Exekutive: Bismarcks langer Schatten

Zwar durften preußische Minister und die Staatssekretäre des Reiches im Reichstag sprechen und mussten, wenn der Reichskanzler – und nicht etwa eine Reichstagsmehrheit – dies für geboten hielt, dem Parlament Rede und Antwort stehen. Aber sie waren keine Reichsregierung. In der Verfassung von 1871 taucht dieser Begriff nicht auf. Erst später, in der wilhelminischen Zeit, bürgerte sich die Bezeichnung »Reichsleitung« ein, ein verfassungsrechtlich allerdings höchst problematischer Begriff, der vor allem kaschierte, dass es eine Reichsregierung nicht gab und jenseits beziehungsweise zusammen mit dem Kaiser allein der Reichskanzler die Exekutive auf nationaler Ebene bildete. In seinem Amt, aber auch in seiner Person – und das gilt ganz besonders für Bismarck – waren Bundesrat, preußische Regierung und Reichstag miteinander verbunden. Der Kanzler stand, so wie die von Bismarck entworfene Verfassung seine Rolle bestimmte, für die Hegemonie Preußens im Reich ebenso wie für den Primat der Exekutive und die Schwäche des Parlaments, die im Kern in der fehlenden Verantwortlichkeit des Kanzlers dem Reichstag gegenüber begründet lag. Daran konnte weder das allgemeine Wahlrecht noch die zunehmende Bedeutung des Reichstags als Zentrum einer nationalen politischen Öffentlichkeit etwas ändern. Die Präponderanz der Exekutive, der »gouvernementale Status quo« (Carl Schmitt) von 1871, blieb verfassungsrechtlich und institutionell bis 1918 erhalten.[17]

Auch das Reichskanzleramt war keine mächtige Reichsbehörde. Seine Bedeutung nahm zwar im Laufe der Zeit zu, aber sein bürokratischer Unterbau bestand in erster Linie aus preußischen Beamten. Neben dem Reichskanzleramt existierte seit Mai 1871 das Auswärtige Amt des Deutschen Reiches. Einen deutschen Außenminister gab es allerdings nicht, Verantwortung für die Außenpolitik trug der Reichskanzler allein.[18] Dieser bildete den Mittelpunkt des Verfassungsgefüges, das auf ihn zugeschnitten war, und verfügte damit fraglos über eine enorme politische

Macht. Dies ergab sich allein schon aus den Bestimmungen der Verfassung, doch sie konnte durch die persönlich-individuelle Amtsführung noch wachsen. Schon deshalb ist insbesondere mit Blick auf Bismarck bereits von Zeitgenossen von einer »Kanzlerdiktatur« gesprochen worden. Zwar war der Kanzler vom Kaiser und von dessen Vertrauen abhängig, seine Macht war also nicht unbegrenzt, aber gerade Amtsführung und Politik Bismarcks zeigen, wie der Reichskanzler seine Ziele und Interessen dem Monarchen gegenüber geltend machen und immer wieder durchsetzen konnte. Je mehr sie sich von Bismarck abwandten, desto stärker kritisierten vor allem liberale Politiker die »Gewaltherrschaft« des Kanzlers, seine »autokratische« Regierung und den »Scheinkonstitutionalismus«. Der Historiker Hans-Ulrich Wehler hat versucht, Bismarcks politische Rolle im Kaiserreich mit Max Webers Konzept der charismatischen Herrschaft präziser zu bestimmen und dabei nicht zuletzt die Entwicklungen der Reichsgründungszeit, also der Jahre nach 1870/71, in den Mittelpunkt gestellt. Als »Reichsgründer« habe Bismarck eine charismatische Aura erworben, die seine persönliche Machtstellung unerschütterlich erscheinen ließ, auch wenn sie in den 1880er Jahren zu erodieren begann. Eine »Autorität, die an Charisma grenzte«, hat es der Historiker Michael Stürmer genannt.[19] Der Bankier Ludwig Bamberger, als Liberaler in den Jahren der Reichsgründung einer der wichtigsten Unterstützer des Kanzlers, später dann einer seiner schärfsten politischen Gegner, sprach noch in der kritisch-distanzierten Retrospektive von Bismarcks »Herrschaft ... über die gesamte Mitwelt«. Er habe »die Bahnen bestimmt, in denen sich die Institutionen, die Gesetze und, was noch wichtiger ist, die Geister bewegen«.[20] So bedingten sich das Charismatische und das Diktatorische in Bismarcks Herrschaft und beeinflussten sich wechselseitig.

Auch deshalb wirkte Bismarck weit über seine – lange – Zeit im Kanzleramt hinaus. Das meint nicht nur die Verehrung, die ihm nach seiner demütigenden Entlassung aus dem Amt 1890 weithin zuteil wurde und die sich in Bismarck-Denkmälern und Bismarck-Türmen ebenso spiegelte wie in den Ehrenbürgerwürden deutscher Städte und den nicht endenden Besuchen von Verehrergruppen in Friedrichsruh vor den Toren Hamburgs, wohin sich der ehemalige Reichskanzler nach 1890 zurückgezogen hatte. 1895, anlässlich seines 80. Geburtstags, erreichte diese Verehrung ihren Höhepunkt. Der Bismarck-Mythos nahm schon vor dem Tod des »Eisernen Kanzlers«, wie es nun immer häufiger hieß, Gestalt an. Der Alldeutsche Verband, 1890 gegen Bismarck und seine Englandpolitik gegründet, machte Bismarck noch vor seinem Tod zum Ehrenmitglied. Die radikalen Nationalisten der Vorkriegsjahrzehnte schmückten sich mit ihm und stellten sich und ihre Ideen populistisch in die Tradition des »Reichsgründers«.[21] In Berlin freilich verhinderte 1895 eine Mehrheit aus Linksliberalen, Zentrum und Sozialdemokraten eine Glückwunschadresse des Reichstags. Die schweren Konflikte, in denen Bismarck sie zu Gegnern gemacht, ja zu Feinden erklärt hatte – die Katholiken im Kulturkampf, die Arbeiterbewegung durch die Sozialistengesetze –, waren dort nicht vergessen. Das waren genau jene politischen Kräfte, die sich schon vor dem Ersten Weltkrieg, erst recht aber in den Kriegsjahren für eine Verfassungsreform einsetzten und die nach dem Untergang des Kaiserreichs die Weimarer Demokratie begründeten. Bismarcks Schatten lag auch über dem wilhelminischen Kaiserreich. Bereits vor der Reichsgründung und besonders in den formativen Jahren um 1870 hatte der erste Kanzler politische Richtungsentscheidungen und konstitutionelle Weichenstellungen vorgenommen, die Verfassungswirklichkeit und politische Kultur in Deutschland auf Dauer prägten und zur Entwicklung und Verfestigung politischer Ordnungsvorstellungen beitrugen, in deren Zentrum nicht die Idee einer Gesellschaft freier Bürger stand, sondern ein starker Staat.

Als Bismarck die politische Bühne verließ, entstand ein gewaltiges Machtvakuum. Keiner seiner Nachfolger im Kanzleramt war auch nur in Ansätzen in der Lage, eine Bismarck vergleichbare Machtstellung einzunehmen. Dazu trugen nicht nur die persönlichen Ambitionen Wilhelms II. bei, der keinen zweiten Bismarck neben sich akzeptiert hätte. Mindestens ebenso sehr war die Schwäche aller Kanzler nach Bismarck auf die Tatsache zurückzuführen, dass bei ihnen das Kanzleramt am Ende einer bürokratischen Laufbahn stand – bei Bismarcks Nachfolger Leo von Caprivi in der Militärverwaltung – und nicht am Ende einer politischen Karriere. Sie waren »schlichte Beamte«.[22] An politischen Talenten mangelte es zwar nicht, aber diese waren vor allem im Reichstag und seinen Fraktionen zu finden, und einen Wechsel aus der Legislative in die Exekutive sah die Verfassung nicht vor. Es gab auf Reichsebene keine Ministerämter, in denen sich ambitionierte Politiker hätten erproben können; die Staatssekretäre der Reichsämter waren Spitzenbeamte, keine Parlamentarier, und das galt in der Regel auch für die einflussreichen preußischen Ministerposten. Von der Besetzung exekutiver Spitzenposten mit Vertretern der parlamentarischen Mehrheit, fundamental für den Parlamentarismus, war man noch viel weiter entfernt. Wieder und wieder haben Beobachter die Bürokratenherrschaft, wie Max Weber es nannte, verurteilt und die Unterscheidung zwischen Politik und Verwaltung, insbesondere auf der höchsten Ebene und verbunden mit der Vorstellung einer unpolitischen Ministerialbürokratie, scharf kritisiert.

Vor diesem Hintergrund wird klar, warum sich Bismarck dagegen wehrte, dass die Reichstagsabgeordneten Diäten erhielten. Für ihn waren die Parlamentarier Honoratioren, deren politische Tätigkeit nur einen Teil ihrer Arbeitszeit erforderte. Ein Arbeitsparlament, dessen Abgeordnete sich individuell und in Ausschüssen tief in die Materie einarbeiteten, um die Exekutive und insbesondere die Bürokratie mit ihrem Sachwissen effizient kontrollieren zu können, schwebte ihm gerade nicht vor. Die Verweigerung von Diäten bis zum Jahr 1906 – immerhin durften

Reichstagsabgeordnete seit 1902 die Eisenbahn unentgeltlich nutzen – war in dieser Perspektive ein Mittel, die Folgen des allgemeinen Wahlrechts zu begrenzen und eine echte Parlamentarisierung zu verhindern. Bis in die Architektur des 1894 eröffneten Reichstagsgebäudes spiegelte sich die Vorstellung eines Honoratiorenparlaments. Es verfügte nicht über Abgeordnetenbüros, die der Idee eines Arbeitsparlaments entsprochen hätten. Neben dem Plenarsaal gab es vor allem Räume für mittlere und kleinere Fraktionen. Auch für eine Parlamentsbürokratie, die ein Gegengewicht zur Regierungsverwaltung hätte bilden können, war kein Platz.[23]

Es ist fraglos richtig, dass das Verwaltungshandeln im Laufe der Jahrzehnte und insbesondere nach 1890 in zunehmendem Maße einer politischen und öffentlichen Kontrolle unterlag. Diese ging vor allem von den Medien aus. Nicht zuletzt durch Skandalisierung setzten sie dem Obrigkeitsstaat Grenzen und limitierten autoritäres und unkontrolliertes Regierungshandeln.[24] Doch auch der Reichstag mit seinen Parteien und Fraktionen, die zum Teil mit der Presse interagierten, war daran beteiligt. Nicht einmal der Kaiser selbst blieb davon ausgenommen, der nach seiner berühmtberüchtigten »Hunnen-Rede« von 1900 – »Pardon wird nicht gegeben! Gefangene werden nicht gemacht!« – zum Gegenstand einer Reichstagsdebatte wurde. Zwar war die Abwahl von Ministern nicht möglich – wie auch sollte der Reichstag preußische Minister oder, auf Reichsebene, beamtete Staatssekretäre abwählen? –, aber es kam angesichts von öffentlichem, medialem und parlamentarischem Druck zu Ministerrücktritten. Doch noch die Tatsache des Rücktritts unterstrich den Primat der Exekutive, da die Demissionen eben nicht auf einem formalen, verfassungsmäßigen Recht des Parlaments beruhten. Ob man in ihnen einen Demokratisierungsfortschritt erkennen kann, lässt sich ebenfalls kontrovers diskutieren. So mögen öffentliche Skandale in der Tat einerseits auf den Bedeutungsgewinn einer kritischen Öffentlichkeit verweisen und auf ein wachsendes Bewusstsein für demokratische Normen und deren Verletzung. Andererseits darf man Skandale und Skandalisierung nicht vorschnell und ausschließlich als Indikator einer Demokratisierung betrachten. Wie die Geschichte der Weimarer Republik zeigt, kann Skandalisierung auch in demokratieschädigender oder gar demokratiezerstörender Absicht erfolgen. Und auch die Geschichte des Kaiserreichs liefert Beispiele für Skandale, die zwar auf die Existenz einer medialen Massenöffentlichkeit hinweisen, aber nicht zwingend demokratisierend oder gar liberalisierend wirken mussten. Das gilt für die Thematisierung von Homosexualität ebenso wie für Skandale oder mediale Kampagnen mit antisemitischer Stoßrichtung.[25]

Was die Institutionen des Reiches auszeichnete, war, dass keine von ihnen nach 1890 bestimmenden Einfluss gewann. Die unterschiedlichen, vielfach gegeneinander gerichteten politischen und konstitutionellen Rollen erschwerten eine konstruktive politische Willensbildung. Dabei ging es nicht um *Checks and Balances* wie in der amerikanischen Verfassung, um wechselseitige demokratische Kontrolle der Verfassungsorgane, sondern um institutionelle Rivalität als Herrschaftsprinzip. Hans-Ulrich Wehler hat von einer »Polykratie miteinander rivalisierender Machtzentren« gesprochen, einer »permanenten Staatskrise« als Erbe Bismarcks.[26]

Der Kaiser

»Sechs Monate will ich den Alten verschnaufen lassen, dann regiere ich selbst«, soll Kaiser Wilhelm II. kurz nach seiner Thronbesteigung 1888 intern geäußert haben.[27] Historiker haben später in dieser und ähnlichen Äußerungen erste Hinweise auf die Absicht des gerade 29 Jahren alten Monarchen erkannt, ein »persönliches Regiment« zu errichten, also selbst den politischen Kurs des Reiches zu bestimmen. Ob es ein »persönliches Regiment« wirklich gegeben hat – der Begriff stammt aus der Zeit –, ist umstritten, doch die persönlichen politischen Ambitionen des jungen Kaisers sind nicht zu bezweifeln. Und genauso wenig Zweifel besteht daran, dass die verfassungspolitische Konstellation, in der sich das Reich nach 1890 befand, die Polykratie verschiedener Machtakteure nach dem Wegfall eines dominierenden Reichskanzlers, kein Zentrum hatte, sodass ein politisches und konstitutionelles Vakuum entstanden war. Vor diesem Hintergrund lassen sich die Ambitionen Wilhelms II. sowie sein Bestreben, aus dem Schatten des Reichskanzlers herauszutreten und eine andere politische Rolle zu spielen als sein Großvater, als eine Möglichkeit verstehen, die sich aus der institutionellen Krise der Zeit nach und ohne Bismarck ergab und als Versuch, eine Verfassungsrealität jenseits von Bismarck zu schaffen.

Wilhelm I. hatte 1870 nicht unrecht mit der Charakterisierung, der »Kaiser« sei ein »Charaktermajor«, der Titel also nichts als eine leere Ehrung. Als »Präsidium des Bundes« repräsentierte der Kaiser den Staaten- und Fürstenbund. Dennoch waren die verfassungsmäßigen Rechte des Kaisers nicht rein dekorativ, um mit dem englischen Publizisten Walter Bagehot zu sprechen. Zwar verfügte er jenseits der Ausfertigung und Verkündigung der Reichsgesetze über keine Rechte im Prozess der Gesetzgebung. Aber er berief – und entließ – den Reichskanzler und war in dieser Befugnis verfassungsrechtlich in keiner Weise eingeschränkt. Auch die Ernennung und Entlassung der Reichsbeamten, deren Zahl im Laufe der Jahre stieg, oblag dem Kaiser, eine personelle Macht, die parlamentarisch nicht rückgebunden war. Traf Wilhelm I. diese Entscheidungen in der Regel im Einvernehmen mit Bismarck, wenn nicht auf dessen Vorschlag, so übte Wilhelm II. seine personellen Rechte unabhängiger aus. Vor diesem Hintergrund gewannen informelle, in der Verfassung jedenfalls nicht vorgesehene Berater an Bedeutung, im Hinblick auf die Beamten in erster Linie die Angehörigen des kaiserlichen Zivilkabinetts.

Ernennungs- und Entlassungsrechte standen auch im Zentrum der militärischen Kommandogewalt des Kaisers, die anders als seine zivile Rolle zwar nicht präzise bestimmt, aber in der Reichsverfassung fixiert war. In ihr spiegelte sich noch einmal die preußische Hegemonie im Kaiserreich. Die preußische Militärverfassung mit dem König als Oberstem Befehlshaber und mit ihr die Tradition des Heerkönigtums wurden auf das Reich übertragen. Zwar erstreckte sich das Budgetrecht des Reichstags auch auf den Militärhaushalt, der mit 70 bis 75 Prozent den Löwenanteil des Reichshaushalts ausmachte, erwies sich durch langjährige Bewilligungen aber faktisch als stark eingeschränkt. Insgesamt war das Militär parlamentarischem Einfluss weitestgehend entzogen, blieb der Kern des preußischen Verfassungskonflikts der 1860er Jahre ungelöst, sodass das nunmehr nationale Parlament nach wie vor nur über sehr begrenzte Rechte verfügte. Aus der militärischen Kommandogewalt des Kaisers, der »letzten Bastion des vormaligen Königtums von Gottes Gnaden«,[28] ergab sich die im Vergleich zum Zivilkabinett noch größere Bedeutung des »Militärkabinetts Seiner Majestät des Kaisers und Königs«, wie es offiziell hieß. Schon unter Wilhelm I. war das Militärkabinett das militärische und militärpolitische Entscheidungszentrum auf preußischer und auf Reichsebene. Über die Laufbahn von Offizieren – nicht nur in Spitzenpositionen – wurde hier entschieden. Der Kaiser war ein bestimmendes Element des politischen Militarismus im Kaiserreich, jener Autonomie des Militärischen, die durch die Siege in den »Reichseinigungskriegen« und den Nimbus des – preußischen – Militärs stabilisiert und auf die nationale Ebene gehoben wurde.

Unter Wilhelm II. wuchs die Bedeutung des Militärkabinetts noch weiter; an seine Seite trat von 1889 an noch das Marinekabinett. Zugleich gewannen in den zunehmend konfrontativen Dynamiken der internationalen Politik militärische Themen von der Flotten- und Heeresrüstung über strategische Planungen und

Allianzen bis hin zur militärischen Dimension der deutschen Kolonialpolitik massiv an politischer Bedeutung. Zwar wurden all diese Fragen öffentlich thematisiert, von der Presse, vom Reichstag und nicht zuletzt von den radikalnationalistischen Organisationen, aber demokratisch-parlamentarischen Entscheidungen blieben sie entzogen. Die Kabinette, zivil und militärisch, ragten als monarchisch-absolutistische Relikte in die konstitutionelle Realität des Kaiserreichs. Das verband sie mit dem insbesondere unter Wilhelm II. revitalisierten und enorm wichtigen und einflussreichen Hof, der höfischen Gesellschaft im Umfeld des Kaisers. Das höfische Leben und seine Inszenierung machten aus Wilhelm II. zwar keinen deutschen Ludwig XIV., etablierten aber ein weiteres informelles und extrakonstitutionelles Machtzentrum, dessen antidemokratische und antiparlamentarische Bedeutung man nicht unterschätzen sollte.

Als Oberbefehlshaber des Heeres und der Marine war der Kaiser mehr als die Verfassungsinstitution »Präsidium des Bundes«, und insofern lag in seiner militärischen Kommandogewalt, verbunden mit der permanenten militärischen Inszenierung und Selbstinszenierung, eine wesentliche Voraussetzung für die Entwicklung zum Reichsmonarchen, den die Verfassung so nicht vorsah. Daneben war diese Entwicklung, die schon in der Zeit Wilhelms I. einsetzte, unter Wilhelm II. jedoch zu noch stärkerer Entfaltung gelangte, auch Teil und Ergebnis gesellschaftlicher und kultureller Nationalisierungsprozesse, durch die der Kaiser über seine konstitutionelle Rolle hinaus zum – monarchischen – Repräsentanten der Nation und des Nationalstaats wurde. Das wiederum erhöhte sein politisches Gewicht und verlieh dem Versuch Wilhelms II., einen starken Kaiser an die Stelle eines starken Kanzlers zu setzen, Rückenwind – und zwar sowohl mit Blick auf seine eigene Person als auch institutionell.

Die Bismarck-Verfassung freilich, so vage und unbestimmt sie über weite Strecken war, sah die Verschmelzung der Institutionen von Kaiser und Kanzler und die Errichtung eines »populären Absolutismus«, wie Bismarck selbst die Ideen Wilhelms II. charakterisierte, nicht vor. Die Herabstufung des Reichskanzlers zum »ausführenden Werkzeug«, wie Bernhard von Bülow es nannte, zum Exekutivgehilfen eines starken nationalen Monarchen, gab sie nicht her; das wäre nur durch einen Verfassungsbruch, einen Staatsstreich durchzusetzen gewesen.[29] So blieb der Kaiser in der Polykratie der nach ihm benannten Ära ein Machtakteur unter mehreren; eine politisch ähnlich dominierende Stellung wie Bismarck erreichte er nicht. Das allerdings lag nicht nur an der politischen und verfassungsrechtlichen Unmöglichkeit, sondern auch an der Persönlichkeit Wilhelms II., dessen Geltungsbedürfnis und politischer Ehrgeiz sich paarten mit begrenzter politischer Intelligenz und einer völligen Überforderung angesichts der komplexen Entwicklungen und Probleme einer modernen Industriegesellschaft in einem dynamischen und höchst labilen internationalen Ambiente.

Demokratisierung ohne Parlamentarisierung: Der Reichstag

Als »Reichsaffenhaus« schmähte Wilhelm II. den Reichstag, und er meinte damit nicht nur Paul Wallots Gebäude mit seiner großen gläsernen Kuppel, die mit einer Höhe von 75 Metern die Kuppel des allerdings doppelt so großen Berliner Stadtschlosses deutlich überragte, sondern auch die Abgeordneten, für deren Debatten, den politischen Streit und die Kritik an der Regierung der Kaiser nur Verachtung übrig hatte. Dass der Reichstag seit 1894 sein Domizil ganz am Rande des politischen Berlins hatte und keineswegs dessen Zentrum bildete, spiegelt in gewisser Weise seine Bedeutung in der Verfassungsordnung des Kaiserreichs. Nur einen Steinwurf entfernt erinnerte die Siegessäule die Abgeordneten an die Kriegsgeburt des Reiches und die Realitäten der Militärmonarchie. Geschaffen als nationale Repräsentation und durch die Verfassung von 1871 mit der »Pflege der Wohlfahrt des Deutschen Volkes« betraut, war der Reichstag keineswegs die Institution, um die herum die politische Ordnung des Reiches errichtet wurde, sondern er blieb bis in den Herbst 1918, als die Oktoberreformen das Kaiserreich in seiner Agonie zur parlamentarischen Monarchie machten, eine Institution, die den Primat der Exekutive nicht ernsthaft gefährdete. Das entsprach genau der politischen Absicht Bismarcks und der Verfassungskonstruktion von 1867 beziehungsweise 1871, wonach der Reichstag als nationales Parlament errichtet und mit dem allgemeinen Männerwahlrecht zum demokratischsten Verfassungsorgan des Kaiserreichs gemacht, seine politische Macht aber zugleich massiv begrenzt wurde.

Die konstitutionelle Schwäche des Reichstags resultierte aus seinem im militärischen Bereich eingeschränkten Haushaltsrecht. Seine parlamentarische Autonomie war dadurch eingeschränkt, dass er jederzeit durch den Kaiser aufgelöst werden konnte. Eine weitere Problematik hat bereits Max Weber identifiziert: Dass Parlamentariern der Übergang in die Regierung verwehrt sei beziehungsweise, allgemeiner, das Hin- und Herwechseln von Politikern zwischen Exekutive und Legislative unmöglich sei, trage zu dem Eindruck bei, Parlamente seien »Orte, wo nur ›geredet‹ wird«, wohingegen in der Regierung gehandelt werde.[30] Diese Parlamentskritik verdichtete sich in der schon früh von Wilhelm II. gebrauchten Bezeichnung »Schwatzbude«, eine Herabsetzung, die insbesondere die rechten Gegner von Demokratie und Parlamentarismus im späten Kaiserreich und in der Weimarer Republik immer wieder aufnahmen.

Das entscheidende Defizit, das deutet sich hier schon an, war indes die schlichte, aber zentrale Tatsache, dass die Regierungsmitglieder und insbesondere der Reichskanzler nicht vom Parlament nominiert und gewählt wurden. Zwar waren Mehrheiten notwendig für eine bestimmte Politik und bestimmte Gesetzesvorhaben, aber der Reichskanzler – und erst recht die Staatssekretäre der Reichsämter sowie die preußischen Minister mit ihren faktisch nationalen Machtbefugnissen – waren dem Parlament nicht verantwortlich und vom Vertrauen des Parlaments nicht abhängig. Bis zum Oktober 1918 hat der Reichstag diese entscheidende Schwelle der Parlamentarisierung nicht überschritten.

Fraglos haben im Laufe der Jahrzehnte Aufgaben und Bedeutung des Parlaments zugenommen, und der Reichstag hat dadurch eine Aufwertung erfahren. Phasenweise sind auch stärkere und kontinuierliche Abhängigkeiten eines Reichskanzlers von einer parlamentarischen Mehrheit und der Zusammenarbeit mit bestimmten Parteien oder Koalitionen zu erkennen. Doch Kooperation zwischen Kanzler und Parlament oder Parlamentsfraktionen bedeutete eben nicht Regierungsbildung aus dem Parlament heraus. Die seit dem Jahr 1912 existierende Möglichkeit eines Misstrauensvotums war in der Praxis ohne Belang. Es war eher ein Missbilligungsvotum, weil sich aus ihm nicht die Ablösung des Reichskanzlers ergab, der letztlich so lange im Amt blieb, wie er das Vertrauen des Kaisers besaß und es ihm gelang, im Reichstag Mehrheiten, durchaus auch wechselnde Mehrheiten, zu organisieren.

Der Bedeutungsgewinn des Reichstags vor allem in den Jahren nach 1890 ist allenfalls zu einem kleinen Teil den in ihm vertretenen Parteien und Fraktionen zu verdanken. Mit Ausnahme der Sozialdemokraten, die bis zum Ende des Kaiserreichs als Reichsfeinde gebrandmarkt wurden und zur Opposition verdammt blieben, gab es aus den im Reichstag vertretenen Parteien heraus keine nennenswerten Bemühungen, durch eine Parlamentarisierung der Verfassung aus dem Vorhof ins Zentrum der Macht zu gelangen. Das hatte nicht zuletzt mit der Befürchtung zu tun, aus einer solchen Parlamentarisierung würde über kurz oder lang eine sozialdemokratische Regierung hervorgehen, und eine solche fürchteten, von wenigen Ausnahmen abgesehen, die übrigen Parteien von den Konservativen über das Zentrum bis hin zu den Liberalen wie der Teufel das Weihwasser.

Erst der Weltkrieg mit dem vollkommen extrakonstitutionellen Erstarken der Obersten Heeresleitung und dem erkennbaren Bestreben des nationalistischen Lagers, den Einfluss des Parlaments zurückzudrängen und eine autoritäre Militärmonarchie zu errichten, führten zu lauteren Rufen nach echter Parlamentarisierung und zur Zusammenarbeit derjenigen politischen Kräfte, die eine parlamentarische Reform des Kaiserreichs anstrebten. Im interfraktionellen Ausschuss, in dem SPD, Zentrum und Liberale seit 1917 kooperierten, ging es nicht nur – Anathema für das Militär und das nationalistische Lager – um einen Verständigungsfrieden, sondern stets auch um innen- und verfassungspolitische Reformen. Hier bildete sich die Weimarer Koalition heraus, die von Herbst 1918 an die politische Verantwortung für den Systemwechsel und nach der Novemberrevolution für die Errichtung der parlamentarischen Republik übernahm.

Zweifellos veränderte sich die Bedeutung des Reichstags im politischen System des Kaiserreichs in den knapp viereinhalb Jahrzehnten vor 1914, aber eine »stille Parlamentarisierung« war das gerade nicht.[31] Die entscheidende Schwelle zur Parlamentarisierung, die Regierungsbildung aus dem Parlament heraus, sie wurde gerade nicht überschritten, und man kann bezweifeln, ob sie ohne den Krieg in absehbarer Zeit überschritten worden wäre. Nach einem siegreichen Krieg ganz sicher nicht. Es war die – absehbare – Kriegsniederlage, die zur Parlamentarisierung des Reiches führte. Die Initiative dazu kam nicht aus dem Reichstag und seinen Fraktionen, sondern von der Reichsleitung unter dem Druck der militärischen Führung. Dieser – Hindenburg und Ludendorff – ging es zum einen darum, durch die Schaffung einer parlamentarischen Monarchie einen Waffenstillstand zu ermöglichen, den der amerikanische Präsident Woodrow Wilson an einen Systemwechsel – *regime change* würde man heute sagen –

gekoppelt hatte. Zum anderen wollten sie die Verantwortung für diesen Waffenstillstand dem Parlament und seinen demokratischen Mehrheitsfraktionen zuschanzen.

Dennoch ist es auch ohne Parlamentarisierung zu einer Aufwertung des Reichstags gekommen. Dazu trug am stärksten das allgemeine Wahlrecht bei. Die Reichstagswahlen, die zunächst im Abstand von drei, später von fünf Jahren stattfanden, sofern die Legislaturperioden nicht wegen vorzeitiger Auflösung des Parlaments kürzer waren, beförderten die politische Mobilisierung auf nationaler Ebene. Politisch konstituierte sich die Nation durch nichts stärker als durch die allgemeinen Wahlen. Über das Wahlrecht fand trotz seiner Beschränkung auf die Männer ein nationaldemokratisches und staatsbürgerliches Element seinen Weg in den Obrigkeitsstaat von 1871. Auch das Wählen auf Reichsebene machte aus Bayern, Sachsen und Preußen Deutsche. Das gehörte zur Nationsbildung dazu, die mit der Reichsgründung 1871 nicht abgeschlossen war, auch wenn das alte Argument nicht verstummen wollte, das Wahlrecht sei aus dem Kriegsdienst und den Kriegsopfern der – männlichen – Deutschen erwachsen, also ein abgeleitetes Recht und nicht eines, das sich zwingend aus der Idee bürgerlicher, staatsbürgerlicher Gleichheit ergab. Für Bismarck wiederum war das allgemeine Wahlrecht die »stärkste der freiheitlichen Künste«, ein revolutionäres politisches Mittel, das er, wie er in seinen Memoiren betonte, »in die Pfanne« warf, um bestimmte Ziele zu erreichen.[32] Dahinter stand keine demokratische Überzeugung, sondern das klare politische Kalkül, die Mehrheit der einfachen und vor allem der ländlichen Bevölkerung werde aus Veränderungsangst und aus emotionaler Bindung an die Monarchie stets eher status-quo-orientiert und sozialkonservativ wählen. Nicht Bürger sollten wählen, sondern Untertanen.[33] Das schien Bismarck sicherer, berechenbarer und vor allem weit mehr stabilitätsfördernd als ein Zensus- oder Klassenwahlrecht beispielsweise nach preußischem Muster, das mit seiner Privilegierung der bürgerlichen Mittelschicht, so die Erfahrung aus den Jahren um 1860, eher zu Wahlerfolgen und parlamentarischen Mehrheiten der Liberalen mit ihren tendenziell systemverändernden Vorstellungen führen würde.

Das allgemeine Wahlrecht wirkte zweifelsohne demokratisierend, wenn man Demokratisierung mit dem Staatsrechtler und Rechtshistoriker Christoph Schönberger als einen Prozess versteht, »durch den die Egalisierung und Partizipation breiter Bevölkerungsschichten im politischen Bereich und über ihn hinaus in modernen Gesellschaften ... zunimmt«. Die wachsende politische Partizipation ist der Kern dieses Verständnisses von Demokratisierung.[34] Für das Kaiserreich ist es freilich entscheidend, das Verhältnis von Demokratisierung und Parlamentarisierung präziser zu bestimmen. Parlamentarisierung und Demokratisierung sind nicht identisch, und Parlamentarisierung ist auch keine Teildimension von Demokratisierung. Das Verhältnis ist deutlich komplexer. Für die Geschichte des Kaiserreichs kann man sogar von einer Spannung zwischen Demokratisierung und Parlamentarisierung sprechen und argumentieren, dass die fortschreitende gesellschaftliche Demokratisierung den Übergang zu einem parlamentarischen System massiv erschwert hat. Die Parlamentarisierung wurde, so hat es Schönberger formuliert, von der Demokratisierung überholt. Die zunehmende Demokratisierung der Gesellschaft verhinderte die Parlamentarisierung des politischen Systems und trug so, auch wenn das auf den ersten Blick paradox erscheint, zur Erhaltung der autoritären politischen Strukturen und Institutionen bei.[35] Das Wahlrecht war demokratisch, aber es beförderte die Parlamentarisierung nicht. Von »Demokratie im undemokratischen Staat« hat mit ähnlicher Stoßrichtung der kanadische Historiker Brett Fairbairn, der die Wahlgeschichte des Kaiserreichs untersucht hat, gesprochen.[36] Und in der Gegenwart lehrt ein Blick auf Russland, wie ein demokratisches Wahlrecht autoritäre Herrschaft stützen kann.

Es geht nicht darum, den Wahlen im Kaiserreich, allen voran den Reichstagswahlen, ihren demokratischen Charakter abzusprechen und die Manipulation des Wählerwillens hervorzuheben, wie es die ältere Forschung getan hat. Auch anderswo in Europa oder in den USA hat es im späten 19. und frühen 20. Jahrhundert Wahlbeeinflussungen und unfaire Wahlpraktiken gegeben. Die entscheidende Frage ist, auf welche Weise ein demokratisches Wahlrecht – sieht man einmal von der Tatsache ab, dass Frauen nicht wählen durften – zur Stabilisierung, ja zur Verfestigung eines autoritären Staates beitrug. Diese Frage wird nicht dadurch beantwortet oder gar obsolet, dass man auf wahldemokratische Defizite in anderen Gesellschaften verweist und dadurch das Kaiserreich in ein weicheres Licht rückt.[37]

Zur Wahlgeschichte des Kaiserreichs gehören die schon von Zeitgenossen kritisierten und karikierten Wahlbeeinflussungen im Vorfeld der Wahlen und an der Urne selbst, die im ländlich-agrarischen Ostelbien, der Bastion der Gutsherrschaft, ebenso verbreitet waren wie in den rheinisch-westfälischen Domänen eines patriarchalischen Unternehmertums. Von geheimen Wahlen konnte dort über weite Strecken keine Rede sein. Dazu trug auch die Einteilung der Wahlkreise bei, die schon zu Beginn des Kaiserreichs der Bevölkerungsverteilung und Bevölkerungsdichte allenfalls in Ansätzen entsprach und durch die in späteren Jahren der Wählerwille immer stärker verzerrt wurde. Dabei war der agrarische Osten deutlich bevorzugt, während urban und industriell geprägte Wahlkreise, die als Hochburgen der Sozialdemokratie, aber auch – im Westen und Süden des Reiches – des katholischen Zentrums gelten konnten, klar benachteiligt wurden. Moniert wurden diese himmelschreienden Zustände immer wieder, verändert wurden sie nicht. Das Problem wird in seiner ganzen Tragweite unterschätzt, wenn man das Demokratische der Wahlen auf die Existenz des allgemeinen Wahlrechts reduziert. Selbst wenn solche Praktiken auch außerhalb Deutschlands weit verbreitet und »normal« waren, ändert das nichts an dem Befund, dass sie sich in Deutschland unter ganz bestimmten politischen und gesellschaftlichen Bedingungen ausformen konnten und eine spezifische preußisch-deutsche politische Kultur entstehen ließen. Natürlich gab es regionale Unterschiede und beispielsweise im deutschen Südwesten eine größere politische Liberalität. Aber auf nationaler Ebene schlug das nicht durch.

Zweifellos trugen das allgemeine Wahlrecht, die regelmäßigen Wahlkämpfe und der Reichstag als zentraler Ort politischer Debatten sowie von Auseinandersetzungen auf nationaler Ebene zur politischen Mobilisierung, ja zu einer fundamentalen Politisierung der deutschen Gesellschaft bei. Politisierung war in dieser Perspektive auch Nationalisierung, aber sie erschöpfte sich nicht im Wählen, sondern öffnete die deutsche Gesellschaft für eine sich rasch ausweitende und diversifizierende Medienwelt, von der die Parteien mit ihren Programmen und ihrer Wahlwerbung profitierten, aber auch Interessenverbände und Massenorganisationen. Letztere freilich trugen nicht zum Fortschritt der Parlamentarisierung bei, sondern marginalisierten vielmehr jeden Ansatz eines Parlamentarismus und versuchten sogar, ihn zu überspielen.

Gerade weil die politisch-konstitutionelle Macht des Reichstags trotz des allgemeinen Wahlrechts und trotz seines Bedeutungsgewinns als Bühne nationaler politischer Auseinandersetzung klar begrenzt war, eröffneten sich Räume für eine gesellschaftliche Politisierung, für politisches Engagement und politische Partizipation jenseits der Parteien und Parlamente. Interessenverbände und mitgliederstarke Massenorganisationen wirkten mit ihren breiten politischen Partizipationsmöglichkeiten durchaus demokratisierend, wenn man die politische Mobilisierung einer Gesellschaft für unterschiedliche politische Ziele und ideologische Richtungen als Demokratisierung bezeichnen möchte. Doch diese gesellschaftliche Demokratisierung wurde nicht parlamentarisch übersetzt und moderiert, ihre politischen Ziele und Inhalte wurden nicht auf dem Weg über das Parlament regierungstauglich gemacht, weil es keine Regierungsparteien gab – und auch Oppositionsparteien sind in einem parlamentarischen System potentielle Regierungsparteien –, denen sich die Möglichkeit zu verantwortlicher Regierungspolitik bot.

Das Parlament, seine Fraktionen und Parlamentarier waren nur ein Adressat für all jene politischen Interessen, die der viel zitierte »politische Massenmarkt« (Hans Rosenberg) hervorbrachte. Versprach es angesichts der begrenzten Möglichkeiten des Reichstags nicht mehr Erfolg, wenn man politische Interessen und Forderungen über die Bürokratie, bei der im Kern die Regierungsmacht lag, in den politischen Prozess einspeiste? Doch solches Vorgehen hatte einerseits die allmähliche Entwertung der Parteien und insbesondere ihrer Parlamentsfraktionen zur Folge und führte andererseits zu einer Aufwertung außerparlamentarischer Akteure und ihres Einflusses sowie zum Aufstieg einer populistischen Politik, einer »Politik der Demagogie«, wie es der Historiker David Blackbourn genannt hat. Diese hat insbesondere seit der Jahrhundertwende zur Radikalisierung der Politik entscheidend beigetragen.[38] Den Parteien, die nach Wegen suchten, mehr Bedeutung zu erlangen, bot eine Verbindung mit den Verbänden und Massenorganisationen verlockende Möglichkeiten, ihren mangelnden parlamentarischen Einfluss zu kompensieren und überdies – und das galt gerade für die Konservativen – ihre Volksnähe zu demonstrieren.

Problematisch war also nicht die mit der Fundamentalpolitisierung verbundene gesellschaftliche Demokratisierung, sondern vielmehr die Tatsache, dass diese gesellschaftliche Demokratisierung angesichts der fehlenden Parlamentarisierung gleichsam ins Leere lief und im Endeffekt nicht nur den autoritären Staat stärkte, sondern auch einen nationalistischen Populismus nährte, dessen Mobilisierungserfolge sich nicht zuletzt der Identifizierung von »Reichsfeinden« verdankten und der immer lauter und radikaler werdenden Forderung nach der Bekämpfung sowohl der »roten Gefahr« als auch der »jüdischen Bedrohung«.

Ob die Deutschen beziehungsweise die deutschen Männer angesichts dieser Entwicklungen durch die Wahrnehmung ihres Wahlrechts demokratische Erfahrungen sammelten, von denen die Weimarer Demokratie profitieren konnte, steht sehr infrage.[39] Eher sollte das Augenmerk darauf gerichtet sein, dass Antisemitismus und Antisozialismus, die zusammen mit dem Antiliberalismus die politische Kultur der Weimarer Republik vergifteten und zum Aufstieg des Nationalsozialismus entscheidend beitrugen, in der wilhelminischen Ära populistisch etabliert wurden und in den politischen Mainstream gelangten. So übte man im Kaiserreich nicht nur das Wählen ein, sondern in den Wahlkämpfen auch die Ausgrenzung derjenigen, denen man aus politischen, kulturellen und immer stärker aus rassistischen Gründen die Zugehörigkeit zur Nation, zur nationalen Gemeinschaft absprach. Diese Entwicklungen gehören zwingend zu den Ambivalenzen der Demokratisierung vor 1914 – und ebenso zu den Problemen der Demokratie nach 1918.

Nationalismus im Nationalstaat

Die schlimmste Hinterlassenschaft des Kaiserreichs an die nächste Generation sei nicht seine politische Kultur gewesen, sondern der Krieg, hat die amerikanische Historikerin Margaret Lavinia Anderson festgestellt.[40] Aber hätte es den Krieg gegeben, wenn der Kaiser 1914 nicht bestimmenden Einfluss in der Außenpolitik ausgeübt hätte und in den entscheidenden Tagen der Julikrise nicht Inhaber einer auch politisch wirksamen obersten militärischen Kommandogewalt gewesen wäre? Hätte der Krieg vermieden werden können, wenn die politische und vor allem die militärische Führung des Reiches von parlamentarischen Mehrheiten abhängig gewesen und kontrolliert worden wäre? Hätte Berlin den Kriegskurs eingeschlagen, wenn die nationalistischen Kampfverbände seit den 1890er Jahren ihren radikalen Nationalismus in Verbindung mit einer aggressiven Kriegsbereitschaft nicht zu einem bestimmenden Element der deutschen politischen Kultur gemacht hätten? Und war die Idee eines nationalen Krieges nicht auch deshalb so attraktiv, weil ein solcher Krieg angeblich nationale Gemeinschaft stiften und Gegensätze überwinden würde dank seiner Integrationskraft, die das politische System des Kaiserreichs angesichts einer sich verschärfenden politischen und ideologischen Polarisierung unter Friedensbedingungen nicht zu schaffen imstande war? Man kann die politische Kultur des Kaiserreichs nicht von der Bereitschaft seiner Führung zum Krieg und ihrer Entscheidung für den Krieg 1914 trennen.

Zwischen Partizipation und Aggression

Für den Weg in den Krieg, der für die Beschäftigung mit der Geschichte des Kaiserreichs ein entscheidender Analysehorizont bleibt, spielten die Dynamiken des Nationalismus eine zentrale Rolle. Die Radikalisierung des Nationalismus in den Jahren vor 1914 schuf ein politisches und gesellschaftliches Klima, in dem Krieg als Mittel nationaler Machtsteigerung in der Auseinandersetzung mit anderen Nationen und zugleich als Integrationsstifter an Attraktivität gewann und zur politischen Option wurde. Doch auch wenn sich der Nationalismus erst in der wilhelminischen Ära radikalisierte, darf man nicht übersehen, dass er bereits in den Reichsgründungsjahren bellizistisch aufgeladen war. Krieg und Nation gehörten für die Deutschen zusammen, und Krieg war angesichts der preußisch-deutschen Siege zwischen 1864 und 1871 und der Verknüpfung mit der Entstehung des Nationalstaats eine positive kollektive Erinnerung, die sich mit zunehmendem Abstand zu den Ereignissen immer weiter verklärte.

Verglichen mit den Nationalstaaten Westeuropas, Frankreich und Großbritannien vor allen, war Deutschland, politisch betrachtet, in der Tat eine »verspätete Nation«, wie es der Philosoph Helmuth Plessner genannt hat. Als politische Ordnung hatte der deutsche Nationalstaat keine Geschichte, die politische Nation, die Staatsnation, war jung. Um die späte nationalstaatliche Einheit zu legitimieren, wurde sie kulturell, aber auch früh schon ethnisch begründet. Nationale Einheit und Zusammengehörigkeit seien gleichsam immer schon vorhanden gewesen, hätten aber erst 1870/71 zu staatlich-politischer Form gefunden. Das ließ wenig Raum für ein politisches und vor allem demokratisches Verständnis der Nation und insbesondere des Nationalstaats, das diesen nicht als Ausformung schon lange existierender kultureller und ethnischer Zusammengehörigkeit ansah, sondern als das Ergebnis eines vom Einzelnen, von individuellen Staatsbürgern ausgehenden politischen Willensaktes.

Von der Nation als Willensgemeinschaft sprach der französische Gelehrte Ernest Renan, die durch das, wie er 1882 formulierte, tägliche Plebiszit ihrer Bürger – »un plébiscite de tous les jours« – immer wieder neu bestätigt werde, ja bestätigt werden müsse. Mit diesem Argument bezog der Historiker und Religionswissenschaftler damals auch Stellung gegen die deutsche Annexion des Elsass, dessen kulturelle und ethnische Zugehörigkeit zu Deutschland er nicht bestritt: »Das Elsass ist von der Sprache und der Rasse her deutsch; aber es will nicht Teil des deutschen Staates sein; das entscheidet die Frage ... Unsere Politik ist die Politik des Rechts der Nationen; Ihre ist die Politik der Rassen ... Sie haben in der Welt die Fahne der ethnographischen und archäologischen Politik anstelle der liberalen Politik erhoben ...«[41] Und genau das meinte auch der große liberale Historiker Theodor Mommsen, als er am Ende seines Lebens resigniert festhielt, er habe stets gewünscht, »ein Bürger zu sein. Das ist nicht möglich in unserer Nation, bei der der Einzelne ... über den

Dienst im Gliede und den politischen Fetischismus nicht hinauskommt.«[42]

Vor dem Hintergrund der Entwicklung der deutschen Nationalbewegung im 19. Jahrhundert, die meinte, das Recht der Deutschen auf einen nationalen Staat rechtfertigen zu müssen, erscheint die Rede von der Nation als Sprach- oder Abstammungsgemeinschaft nachvollziehbar, zumal sie sich zumindest partiell durchaus mit liberalen und demokratischen Begründungen verband. Aber mit der Geburt des Nationalstaats und angesichts seiner Entstehung durch Krieg und eine Revolution von oben verlor dieses demokratische Nationsverständnis an Bedeutung. Das nationale Wahlrecht wurde nicht von den Bürgern erstritten, sondern von oben gewährt, es war ein Instrument in politischer Absicht, zumal das nationale Parlament, das dieses Wahlrecht konstituierte, wie wir gesehen haben, in seiner politischen Macht beschränkt blieb. Das »demokratische Zukunftsversprechen« (Dieter Langewiesche), das der Nationalstaat in Deutschland vor 1870 bedeutete, blieb im Prozess der Reichsgründung und in den Verfassungsinstitutionen des Kaiserreichs uneingelöst. Das bedeutet nicht, dass es nicht unterhalb der Ebene der Verfassung und der nationalen politischen Institutionen Dynamiken liberaler Nationsbildung gab. Dazu gehörte nicht zuletzt der Ausbau einer modernen Rechtsstaatlichkeit: Gerichte, welche die gesetzlichen Rechte der Bürger pflegten und schützten, und das auch, zumindest meistens, vor staatlicher Willkür. Der Staat selbst war in seinem Handeln an Recht und Gesetz gebunden, doch zum freiheitlichen Staat machte ihn das nicht.

Das Nationsverständnis der Deutschen spiegelte sich in ihren Nationaldenkmälern, in dem 1875 nach jahrzehntelanger Bauzeit fertiggestellten Hermannsdenkmal im Teutoburger Wald ebenso wie in dem 1883 eingeweihten Niederwalddenkmal am Rhein, die nicht der Freiheit huldigten, sondern den deutsch-französischen Gegensatz monumentalisierten, an die Reichseinigung im Krieg erinnerten und zugleich den Geist der Bedrohung der Nation durch die Feinde des Reiches, die äußeren wie die inneren, wachhielten. Auch die Berliner Siegessäule wurde rasch zu einem Denkmal der kriegsgeborenen Nation. Nach 1890 schossen dann überall als neue Nationaldenkmäler Bismarck-Türme wie Pilze aus dem Boden. In Bismarck, an dessen Wirken über 700 Denkmäler erinnerten, aber auch in Wilhelm I., dem nach seinem Tod über 400 Denkmäler errichtet wurden, verkörperte sich nun die Nation. In großen Männern, ihrer Macht und ihren militärischen Erfolgen wurde sie repräsentiert. Und nicht nur das Leipziger Völkerschlachtdenkmal, 1913 errichtet, schrieb diese Geschichte fort, sondern auch eine Vielzahl von Straßen und Plätzen, die nach Bismarck, Moltke oder Roon benannt wurden oder an die gewonnenen Schlachten von 1870 erinnerten.

Der deutsche Nationalismus vor 1871 war nicht nur friedliebend, er zielte nicht nur auf Völkerverständigung und das friedliche Miteinander demokratisch verfasster Staaten. Seine aggressiven Züge traten schon früh hervor, ob nun in den Hambacher Reden von 1832 oder 1848/49 in der Paulskirche, als er mit den Interessen der europäischen Großmächte kollidierte und es nicht abstrakt, sondern ganz konkret darum ging, der Nation, dem entstehenden Nationalstaat eine territoriale Gestalt zu geben und seine Grenzen zu ziehen. Dass der Nationalstaat auch Machtstaat sein konnte, wurde schon damals offenbar. Aber 1848 blieb der deutsche Nationalismus noch partizipativ, er blieb eine progressive, tendenziell »linke« Bewegung. Auf der Grundlage der Volkssouveränität und eines Verständnisses der Nation als Willensgemeinschaft sollte der Nationalstaat seinen Bürgern die eigenverantwortliche Gestaltung ihrer Lebensverhältnisse und politische Selbstverantwortung ermöglichen.[43]

In den 1860er Jahren begann sich das zu ändern. Das Ziel der nationalen Einheit überlagerte das Ziel der Freiheit und rechtfertigte die Politik Bismarcks, die nicht von der nationalen Idee getrieben war, sondern von den Machtinteressen Preußens. Durch die Vision nationaler Einheit verführt und machtpolitisch instrumentalisiert, begann sich der Nationalismus von seiner liberalen und demokratischen Orientierung zu lösen. In diesen Prozessen entstand ein Reichsnationalismus, der machtstaatlich aufgeladen, nach außen konfrontativ und nach innen immer weniger liberal war.[44] Im Zuge dieser Entwicklung verselbstständigte sich das Ziel nationaler Einheit, wurden Geschlossenheit und Stärke zu einem politischen Wert an sich, der gegen jene verteidigt werden musste, die die Nation bekämpften. Auch das galt nach außen wie nach innen.

Den äußeren Feinden der Nation, allen voran dem »Erbfeind« Frankreich, entsprachen als »Reichsfeinde« im Innern alle Kräfte, die sich im autoritären kleindeutsch-preußischen und protestantischen Nationalstaat nicht wiederfanden, die ihn ablehnten, weil er im Gegensatz zu ihren politischen und gesellschaftlichen Vorstellungen stand. Das galt für Katholiken, es galt für die Arbeiterbewegung und für nationale Minderheiten wie Polen, Dänen oder frankophone Elsässer, für die Anhänger der Welfen im 1866 von Preußen annektierten Hannover und sehr bald auch schon für die deutschen Juden. Sie alle verband die Stigmatisierung als Reichsfeinde, als »undeutsch«, der Vorwurf, durch nationale Unzuverlässigkeit die Einheit der Nation zu unterminieren und sie dadurch zu schwächen. Insofern waren der Kulturkampf der 1870er Jahre und die Bekämpfung der Sozialdemokraten im Jahrzehnt darauf in der Tat so etwas wie die »innerstaatlichen Einigungskriege« (Dieter Langewiesche) und wirkten ähnlich wie die äußeren Einigungskriege, allen voran der Deutsch-Französische Krieg, denn sie verfolgten das gleiche Ziel: nationale Kohäsion durch Abgrenzung und Ausgrenzung, die Stiftung nationaler Identität durch nationale Feindbilder, ganz gleich ob es sich nun um Franzosen jenseits der Reichsgrenzen oder um Katholiken, Sozialisten und Juden im Reichsinnern handelte.

Diese Entliberalisierung, die Verkopplung mit dem Machtstaat und einem autoritären politischen System, machte den Nationalismus attraktiv für das konservative Lager, das ihn als revolutionäre Ideologie und die Idee des Nationalstaats als Zerstörung traditionaler Staatlichkeit lange bekämpft, diesen Kampf aber spätestens 1871 verloren hatte. Ein illiberaler Nationalismus freilich bot die Chance einer konservativen Revitalisierung auf Reichsebene, er war eine Brücke, über die der politische Konservatismus insbesondere in Preußen den Weg in den Nationalstaat beschreiten konnte, und zugleich eine Möglichkeit, konservative politische Vorstellungen – antiliberal, antisozialistisch, antiparlamentarisch, bald auch antisemitisch – in der nationalen Politik zu verfolgen. So wurde der Konservatismus national, der Nationalismus konservativ, nicht mehr tendenziell links, sondern rechts. Diese Entwicklung vollzog sich in der zweiten Hälfte der 1870er Jahre, jener Zeit, die in der Geschichtsschreibung lange mit dem Etikett der »inneren Reichsgründung« versehen worden ist. Dahinter stand zunächst die von dem Historiker Helmut Böhme entwickelte These, die von Bismarck mit Unterstützung der Liberalen und gegen die Konservativen betriebene Politik der Nationalstaatsbildung in den Jahren um 1870/71 sei 1878/79 durch einen vom Reichskanzler langfristig geplanten und bewusst herbeigeführten Politikwechsel beendet worden. An die Stelle der Politik mit den Liberalen sei eine Bündnis mit den Konservativen getreten und das Ende der liberalen Ära eingeläutet worden. Diese konservative Wende habe vor allem das Ziel gehabt, die Dominanz Preußens im Reich und mit ihr einen politischen Autoritarismus festzuschreiben.[45]

Wir wissen heute, dass hinter den Entwicklungen der späten 1870er Jahre keine planvolle Politik des Reichskanzlers stand. Bismarck ist zumindest in diesen Zusammenhängen auf ein normales Maß geschrumpft. Er gilt nicht mehr als der überlegene und allmächtige, geradezu übermenschliche Politiker, der planvoll und zielsicher seine Politik entwarf und sie dann konsequent und gegen alle Widerstände erfolgreich umsetzte. Hinter der »inneren Reichsgründung« stand keineswegs eine langfristig gehegte Strategie, die liberale Dominanz im Reich durch eine konservative zu ersetzen, und ebensowenig Bismarcks Absicht, eine Allianz konservativer und rechtsliberaler Kräfte zu schmieden, nach dem Ende des Kulturkampfs womöglich um das Zentrum erweitert, um eine Demokratisierung und Parlamentarisierung des Kaiserreichs auf Dauer zu verhindern und um die Macht der traditionellen Eliten, vor allem seiner adligen Standesgenossen, zu befestigen.

Dennoch erwies sich die konservative Wende, die sich auch im Übergang vom Freihandel zur Schutzzollpolitik manifestierte, als folgenreich. Sie spaltete den Nationalliberalismus und schwächte damit – nach den Ereignissen von 1866 – den politischen Liberalismus insgesamt erneut. Von dieser Schwächung haben sich der Liberalismus und die politische Kultur in Deutschland insgesamt bis 1918 nicht mehr erholt. Das wirkte über das Ende des Kaiserreichs hinaus in die Weimarer Republik hinein. Die unterhalb der Ebene der Verfassung liberal geprägte Reichsgründungspolitik gelangte nicht nur zoll- und handelspolitisch an ihr Ende. Von diesem Ende profitierte der monarchische Obrigkeitsstaat, dessen konservative Befürworter – nicht zuletzt im preußisch-ostelbischen Adel – durch den Politikwechsel der späten 1870er Jahre gestärkt wurden. Der politische Liberalismus, auch der Linksliberalismus, wurde nicht bedeutungslos. In manchen Einzelstaaten, vor allem im deutschen Südwesten, und in vielen großen Städten regierten Liberale. Aber der regionale und kommunale Liberalismus blieb abgekoppelt von der nationalen Ebene. Dort machte Bismarck nach mehr als einem Jahrzehnt jetzt wieder Politik mit den Konservativen, von denen er sich 1866 entfernt hatte. Deutschkonservative nannten sie sich seit 1876, standen damit auf dem Boden des Nationalstaats und signalisierten ihren Anspruch, den Nationalismus als mobilisierende Kraft nicht den Liberalen zu überlassen.

Für die Entwicklung des Nationalismus war das nicht ohne Folgen, denn mit der Zurückdrängung und Schwächung des Liberalismus verlor der liberale Nationalismus, der durch das Bündnis mit Bismarck und die Zustimmung zur Reichsgründung von oben ohnehin schon kompromittiert war, weiter an Gewicht. An seine Stelle trat ein hegemonialer konservativer, rechtsgerichteter Nationalismus, fixiert auf den autoritären, den starken nationalen Staat, »eine kräftige obrigkeitliche Gewalt«, wie es im Gründungsaufruf der Deutschkonservativen Partei von 1876 hieß. Es war ein Staat, der seine Macht nach innen wie nach außen demonstrieren und ausüben musste. Das Bekenntnis zur Nation bot dem politischen Konservatismus die Chance, ein von höchst partikularen Interessen bestimmtes politisches Programm mit der Dynamik der Nationsbildung und der Integrationskraft des Nationalismus zu verbinden, die nach 1871 nicht nachgelassen hatten, sondern eher noch wuchsen und sich mit der konkreten politischen Ordnung des Kaiserreichs verbanden. Einheit, Stärke und Macht der deutschen Nation waren nach der Reichsgründung zu politischen Werten geworden, die unabhängig von sozialer Herkunft und politischer Orientierung von immer mehr Menschen geteilt wurden. Darin lag, das erkannten die Konservativen klar, eine enorme politische Chance. Doch unter den Bedingungen der Fundamentalpolitisierung und der Konkurrenz der politischen Richtungen und Parteien lag darin auch die Gefahr einer populistischen Radikalisierung des Nationalismus, zu der die Überhöhung der Nation als politischer Letztwert ebenso gehörte wie die Identifikation nationaler Feinde und der Aufruf zu ihrer Bekämpfung.

Nationalismus und Antisemitismus

Der Aufstieg des modernen Antisemitismus war eine unmittelbare Folge dieser Dynamiken des Nationalismus der Reichsgründungszeit. Ohne Zweifel anschließend an ältere und kulturell zum Teil tief verwurzelte Traditionen der Judenfeindschaft und auf diesen aufbauend, war der moderne Antisemitismus, wie er nun entstand, nicht mehr primär religiös begründet, sondern Teil jener antiliberalen Wendung des deutschen Nationalismus, die sich seit den 1870er Jahren vollzog. Mit dem »Gründerkrach« von 1873 brach in Deutschland eine durch die Nationalstaatsbildung, den Krieg von 1870/71 und die französischen Reparationen überhitzte Konjunktur schlagartig ein. Zahllose Banken und Unternehmen gingen pleite, die Börsenkurse fielen steil ab, und rasch wurden in der öffentlichen Meinung der Liberalismus, eine angeblich ungehinderte wirtschaftliche Liberalisierung sowie ein ungehemmter Börsenkapitalismus dafür verantwortlich gemacht, dass die Folgen der Rezession nicht nur größere Unternehmen trafen, sondern auch kleinere Betriebe, und zwar gerade im traditionellen Handel und Gewerbe.

Ein »verjudeter Liberalismus« sei für diese Entwicklungen verantwortlich, hieß es bald. Juden, unter ihnen prominente liberale Politiker wie Ludwig Bamberger oder Eduard Lasker, bestimmten die deutsche Wirtschafts- und Finanzpolitik, konnte man lesen, und deren Politik diene nicht dem deutschen Volk und der deutschen Wirtschaft mit ihrem Kleingewerbe und ihren Familienbetrieben, sondern allein den Interessen des jüdisch beherrschten internationalen Finanzkapitals, dessen angebliche Aktivitäten als »undeutsch« gebrandmarkt wurden. Zur »schwarzen Internationale« des ultramontanen, Rom hörigen Katholizismus und zur »roten Internationale« der Arbeiterbewegung gesellte sich in der Reihe der nationalen Feindbilder nun noch die »goldene Internationale« des Finanzjudentums. Gerade in ihrer antiliberalen wie antisozialistischen Ausrichtung wurde deutlich, wie sehr die neue Welle der Judenfeindschaft sich aus einer Ablehnung jener gesellschaftlichen und sozioökonomischen Modernisierung speiste, die Deutschland im 19. Jahrhundert erfasst hatte und die sich in den Jahren der Reichsgründung noch einmal beschleunigt zu haben schien.

Schon in den 1870er Jahren entstanden die ersten antisemitischen Organisationen, darunter 1879 die »Antisemitenliga« Wilhelm Marrs, der das Judentum nicht als Religion bekämpfte, sondern säkularisiert als »Rasse«, und der als Teil dieser rassistischen Wende auch das Begriffspaar »Semiten« und »Antisemiten« salonfähig machte. Im selben Jahr prägte Heinrich von Treitschke, der seiner Wandlung zum konservativen Nationalisten auch durch den Austritt aus der Nationalliberalen Partei demonstrierte, die Formulierung »Die Juden sind unser Unglück«, die, einmal auf den Weg gebracht, in die Hetzpropaganda und zu den Gewaltaufrufen der Nationalsozialisten führte.[46] Treitschkes Formulierung und der Aufsatz, in dem er Antisemiten wie Wilhelm Marr oder dem Berliner Hofprediger Adolf Stoecker recht gab, lösten den »Berliner Antisemitismusstreit« aus. Von Bedeutung ist dieser weniger wegen der Stimmen, darunter derjenigen des Historikers Theodor Mommsen, die Treitschke widersprachen, sondern wegen seiner zahlreichen Unterstützer bis weit ins deutsche Bildungsbürgertum hinein. Mit dem Antisemitismusstreit erhielt auch der Antisemitismus selbst eine große öffentliche Bühne, wurde zum Thema in der nationalen politischen Öffentlichkeit und selbst im Preußischen Abgeordnetenhaus Gegenstand einer erregten Debatte. 1881 wandten sich etwa 250 000 Menschen mit ihrer Unterschrift unter eine »Antisemitenpetition« an den Reichskanzler, er möge die jüdische Einwanderung nach Deutschland begrenzen, Juden den Zugang zu öffentlichen Ämtern verwehren, ihre Zahl im Gerichtswesen sowie im Schuldienst verringern und den Anteil der Juden an der Bevölkerung durch konfessionelle Statistiken feststellen. Mit den Sagbarkeitsregeln veränderte sich auch die Sprache selbst. Für Paul de Lagarde, Orientalist an der Universität Göttingen, waren Juden »wucherndes Ungeziefer«. »Mit Trichinen und Bazillen wird nicht verhandelt. Trichinen und Bazillen werden auch nicht erzogen, sie werden so rasch und so gründlich wie möglich vernichtet.«[47]

Der Antisemitismus war auf dem Weg in die Mitte der Gesellschaft. Es war kein Wunder, sondern nur eine Frage der Zeit, bis er Eingang in politische Programme, in Parteien und Parlamente finden und sich immer enger mit jenem Nationalismus verbinden würde, der nationale Identität vor allem auf Feindbilder und Überlegenheitsansprüche zu gründen versuchte und der seine Integrationskraft aus der permanenten Beschwörung nationaler Bedrohungen bezog. Vor diesem Hintergrund entstand in den Jahren um 1880 eine ganze Reihe antisemitischer Parteien. Zu diesen gehörte neben der Deutschsozialen Partei oder der Christlichsozialen Partei Adolf Stoeckers auch die Deutsche Reformpartei, für die 1887 der Bibliothekar Otto Böckel als erster Antisemit in den Reichstag einzog. In seinem Wahlkreis Marburg-Kirchhain wurde der »hessische Bauernkönig«, wie er sich nannte, mit der Parole »Deutschland den Deutschen« bereits im ersten Wahlgang gewählt. Drei Jahre später bildete sich im Reichstag eine aus immerhin fünf Abgeordneten bestehende »Fraktion der Antisemiten«, und nach drei weiteren Jahren saßen bereits 16 antisemitische Abgeordnete im Berliner Parlament. Der parlamentarische Aufstieg der Antisemitenparteien war allerdings bald vorüber, auch wenn sie bis 1918 regelmäßig mit einigen Abgeordneten im Reichstag vertreten waren und nicht nur dort ihr Gift verbreiteten. So erklärte die aus der Böckel-Partei hervorgegangene Deutschsoziale Reformpartei 1899 in ihrem Programm, »die Judenfrage« werde »im Laufe des 20. Jahrhunderts zur Weltfrage« werden und müsse »endgültig durch völlige Absonderung« und »schließlich Vernichtung des Judenvolkes« gelöst werden.[48]

Wer sich der Geschichte des Kaiserreichs mit dem Fluchtpunkt des Nationalsozialismus und der Ermordung der europäischen Juden zuwendet, wer nach der Bedeutung des Kaiserreichs für den Aufstieg des Nationalismus fragt und nach Dispositionen, die diesen Aufstieg begünstigten, der wird von den Programmen und Publikationen der Antisemitenparteien und den Reden ihrer

Vertreter mit guten Gründen eine Linie aus den letzten beiden Jahrzehnten des 19. ins 20. Jahrhundert ziehen. Aber der aggressive Antisemitismus dieser Splitterparteien allein reichte nicht aus, um den Judenhass in der deutschen Gesellschaft zu verankern und ihm eine Massenbasis zu geben. Über etwa drei Prozent der Wählerstimmen kamen die Antisemitenparteien zu keinem Zeitpunkt hinaus. Viel wichtiger für die Verbreitung und die Massenwirkung des Antisemitismus ist die Tatsache, dass er seit den 1890er Jahren Eingang in die Programme und das Selbstverständnis der Deutschkonservativen Partei und der entstehenden nationalistischen Massenorganisationen fand. Dort verband er sich noch enger mit einem sich immer weiter radikalisierenden Nationalismus völkisch-rassistischer Prägung. Der moderne, rassistische Antisemitismus war geradezu ein wesentliches, wenn nicht das entscheidende Merkmal jener radikalnationalistischen Rechten, deren Aufstieg in den 1890er Jahren begann. Nicht zuletzt aus dem Wunsch, den Aufstieg der Antisemitenparteien gerade in den ländlichen Regionen zu begegnen, verabschiedete die aus den preußischen Konservativen hervorgegangene Deutschkonservative Partei 1892 ihr »Tivoli-Programm«, benannt nach der Berliner Tivoli-Brauerei, in deren Festsaal das Programm verabschiedet wurde. Unzweideutig erklärte schon der erste Paragraph: »Wir bekämpfen den vielfach sich vordrängenden und zersetzenden jüdischen Einfluss auf unser Volksleben.« Damit war auch klar, was die Konservativen meinten, wenn sie im selben Paragraphen ein christliches Deutschland forderten sowie die »Erhaltung und Kräftigung der christlichen Lebensanschauung in Volk und Staat«.

Die Beschwörung eines christlichen Deutschlands war vor allem eines: antisemitisch. Sie lässt sich weit über das Kaiserreich hinaus verfolgen. Im Rechtspopulismus und Rechtsradikalismus der Gegenwart begegnet sie uns wieder, nunmehr auch antimuslimisch aufgeladen und gegen den angeblichen islamischen Einfluss auf das »Volksleben« gerichtet. Den antisemitischen Geist des Tivoli-Programms atmete auch der 1893 gegründete Bund der Landwirte (BdL), der von Anfang an als Massenorganisation der ländlich-agrarischen Bevölkerung konzipiert war, hinter dem aber vor allem der ostelbische gutsbesitzende Adel und mit ihm die Deutschkonservative Partei standen.

Der radikale Nationalismus und seine Feinde
Schon bei seiner Gründung hatte der Bund der Landwirte 200 000 Mitglieder, zwanzig Jahre später, kurz vor dem Krieg, waren es weit über 300 000. Es handelte sich bei dem Bund nicht nur um einen Interessenverband der Landwirtschaft, sondern um eine Massenorganisation, die weit über agrarische Interessen hinaus einen radikalen, völkisch-antisemitischen Nationalismus vertrat und diesen in der ländlichen Gesellschaft weit über den Kreis ihrer Mitglieder hinaus propagierte. Der Bund der Landwirte war keine Lobbyorganisation, die leise, aber wirkungsvoll auf Parlamentarier, vor allem aber auf Regierung und Verwaltung einwirken wollte, sondern ein lautstarker Agitationsverband, der sich als Massenbewegung verstand, der die Öffentlichkeit im Visier hatte und diese mobilisieren wollte. Antisozialistisch bis ins Mark, wollte man doch – im übertragenen Sinne – »unter die Sozialdemokraten gehen und ernstlich gegen die Regierung Front machen ... Wir müssen schreien, dass es das ganze Land hört, dass es bis in die Parlamentssäle und die Ministerien dringt, wir müssen schreien, dass es bis an die Stufen des Thrones vernommen wird.«[49] Konservativ staatstragend war das nicht. Im Gegenteil: Wenn der Staat nicht die Interessen der Agrarier und ihren Nationalismus vertrat, dann war er nicht mehr ihr Staat, dann musste er bekämpft und überwunden werden, um den wahren nationalen Interessen zur Durchsetzung zu verhelfen. Es zeichnete den radikalen Nationalismus, wie er sich seit den 1880er Jahren zu organisieren begann, aus, dass er alle Institutionen angriff, die

sich ihm und seinen Vorstellungen in den Weg stellten, und dabei machte er vor Regierungen und der Staatsverwaltung nicht halt, ja nicht einmal vor dem Kaiser.

Der Bund der Landwirte war nicht der einzige nationalistische Agitationsverband, der sich vordergründig ein bestimmtes Interesse auf die Fahne geschrieben hatte – den Schutz der Landwirtschaft, den Flottenbau, die Heeresrüstung oder den deutschen Kolonialismus –, darüber hinaus und ganz allgemein aber einen radikalen Nationalismus vertrat. Der antipolnische Ostmarkenverein, der eine radikale Germanisierung insbesondere in den ethnisch gemischt besiedelten preußisch-deutschen Ostgebieten forderte, die kolonialen Verbände, die immer aggressiver eine deutsche Weltpolitik verlangten und dem Deutschen Reich eine Weltmachtrolle zuwiesen, oder der 1898 gegründete Flottenverein, der eine der britischen mindestens ebenbürtige deutsche Schlachtflotte als Instrument dieser Weltmachtpolitik forderte, trugen über ihre Mitglieder – im Falle des Flottenvereins weit über eine Million – und durch ihre Propaganda den extremen Nationalismus in die deutsche Gesellschaft.

Nicht die Unterschicht war Träger dieses radikalen Nationalismus, sondern die bürgerliche und kleinbürgerliche Mittelschicht, darunter zahllose Akademiker, für die der deutsche Weltmachtanspruch nur die logische Konsequenz der Reichsgründung war, die deutsche Weltpolitik die zwingende Fortsetzung der Nationalstaatsbildung. Für Max Weber war klar, wie er in seiner Freiburger Antrittsvorlesung von 1895 feststellte, »dass die Einigung Deutschlands ein Jugendstreich war, den die Nation auf ihre alten Tage beging und seiner Kostspieligkeit halber besser unterlassen hätte, wenn sie der Abschluss und nicht der Ausgangspunkt einer deutschen Weltmachtpolitik sein sollte«. Seltener wird der folgende Passus aus Webers Vorlesung zitiert: »Nicht Frieden und Menschenglück haben wir unseren Nachfahren mit auf den Weg zu geben, sondern den ewigen Kampf um die Erhaltung und Emporzüchtung unserer nationalen Art.« Von den Nachfahren werde man verantwortlich gemacht werden »für das Maß des Ellenbogenraums, den wir ihnen in der Welt erringen und hinterlassen«.[50] Nicht nur bei Max Weber wurde die Reichsgründung derart in eine sozialdarwinistische Weltsicht integriert, die in der Politik der Nationalstaaten und ihren Beziehungen untereinander nur noch die Ausformung des »Kampfs ums Dasein« zu erkennen vermochte und jede Politik allein daran maß, ob sie die Stärke und Durchsetzungskraft der Nation in diesem *struggle for life* steigerte.

War Webers Konkurrenzdenken geprägt von der Rivalität – militärisch, ökonomisch, kulturell – nationaler Staaten, so war der »Kampf ums Dasein« für den völkischen Nationalismus ein Kampf der »Rassen«, der sich leicht mit dem modernen Rassenantisemitismus und der Vorstellung von der »jüdischen Rasse« als innerem und äußerem Feind verbinden ließ. Mehr »Ellenbogenraum« für Deutschland in Ost- und Südosteuropa hatten schon vor Max Weber die radikalnationalistischen *Alldeutschen Blätter* gefordert in dem Bestreben, »der germanischen Rasse diejenigen Lebensbedingungen zu sichern, deren sie zur vollen Entfaltung ihrer Kräfte bedarf, selbst wenn darüber solch minderwertige Völklein wie Tschechen, Slowenen und Slowaken ... ihr für die Zivilisation nutzloses Dasein einbüßen sollten«.[51] Die Radikalisierung eines immer stärker sozialdarwinistischen und in Verbindung damit auch rassistischen Nationalismus speiste sich aus innenpolitischen und gesellschaftlichen Entwicklungen, dem Kampf gegen die Arbeiterbewegung und dem aufsteigenden Antisemitismus und ist ohne die internationalen und globalen Entwicklungen des späten 19. Jahrhunderts nicht zu verstehen.

Mit dem Beginn einer deutschen Kolonialpolitik noch in der Ära Bismarck durch die Errichtung deutscher »Schutzgebiete« in Afrika sowie im Pazifik begab sich das Deutsche Reich nicht nur unter die imperialistischen Mächte, sondern auch in deren

Konkurrenz. Der koloniale Wettbewerb, der nie nur ein ökonomischer war, sondern stets auch eine Konkurrenz nationaler Kulturen und ihrer jeweiligen Zivilisierungsmissionen sowie ein Ringen um Prestige, stärkte das Denken in Kategorien nationaler Rivalität und internationaler Machthierarchien. Für einen sozialdarwinistisch geprägten Nationalismus war das doppelt anschlussfähig: im Hinblick auf die Demonstration der Überlegenheit der weißen »Rasse« über nichtweiße »Rassen«, aber auch im Hinblick auf den Konkurrenzkampf zwischen den weißen Nationen, der durch den Imperialismus eine neue Dimension erhielt. Die imperiale Konkurrenz der Mächte verstärkte auf diese Weise den Nationalismus in den europäischen Gesellschaften. Zugleich wirkte der koloniale Rassismus auf die einzelnen Gesellschaften zurück. Vor dem Hintergrund des sich intensivierenden Kolonialismus wurde »Rasse« immer stärker zum sozialen Differenzierungs- und Hierarchisierungskriterium, und dies nicht nur in imperialen Kontexten, sondern auch in Europa, wo rassistisch-biologistische Vorstellungen, nicht zuletzt der moderne rassistische Antisemitismus, an Plausibilität und Akzeptanz gewannen.

Es gehört zu den Widersprüchen des späten 19. Jahrhunderts, dass sich die Vorstellung des geschlossenen Nationalstaats mit einem klar definierten und durch Grenzen gesicherten Territorium insbesondere in Europa genau in der Zeit durchsetzte, als eine erste Phase der Globalisierung Ausmaß und Intensität transnationaler Beziehungen, die die harte Schale des Nationalstaats durchlöcherten, erhöhte und die Nationen öffnete für internationale und globale Einflüsse. Territorialisierung, Entterritorialisierung und Reterritorialisierung wirkten aufeinander ein; Entnationalisierung und verstärkte Nationalisierung bis hin zu einem sich nicht nur in Deutschland radikalisierenden Nationalismus waren vor diesem Hintergrund nur auf den ersten Blick gegenläufige Dynamiken. Tatsächlich verstärkte die wachsende Vernetzung der Welt den Nationalismus ihrer Staaten und Gesellschaften.[52]

Die Erfahrung der Globalisierung – billige Getreideimporte, zunehmende Migrationsbewegungen oder globale Verkehrsströme – ließen Unsicherheitswahrnehmungen und Bedrohungsgefühle aufkommen und stärkten mit dem nationalen Protektionismus den nationalen Staat in sicheren und gesicherten Grenzen als Schutz bietendes Bollwerk gegen die bedrohlichen Einflüsse der Welt.

Popularisierung und Politisierung des Sozialdarwinismus, auch in seiner rassistischen Ausformung, ist keine deutsche Besonderheit, vielmehr war die Dynamik der nationalen Machtstaaten des späten 19. Jahrhunderts und ihrer Beziehungen weithin davon geprägt. In Deutschland jedoch stieß der Sozialdarwinismus auf so fruchtbaren Boden, weil die Reichsgründung insbesondere als Ergebnis dreier siegreicher Kriege nicht nur seine Grundannahme zu bestätigen schien, den »Sieg des Stärksten«, sondern weil diese Kriege und ihr Ergebnis zugleich auch dem agonalen Prinzip, der Vorstellung des permanenten Kampfes entsprachen. Das Deutsche Reich nach 1871, geeinigt und stark, hielt man in besonderer Weise für diesen Kampf geeignet. Nicht zuletzt musste ein starkes Militär auch künftig die deutsche Überlegenheit garantieren. Ein starkes Heer, so hieß es in der Propaganda des 1912 gegründeten Deutschen Wehrvereins, dem Pendant zum Flottenverein, müsse die »deutsche Art« schützen. »Ein vorwärtsstrebendes Volk so wie wir ... braucht Neuland für seine Kräfte, und wenn der Friede das nicht bringt, so bleibt schließlich nur der Krieg.« Dieses Erkennen zu wecken, sei der Wehrverein berufen.[53] In seiner Mitgliederstärke reichte er bei Weitem nicht an den Flottenverein heran, doch immerhin gehörten ihm am Vorabend des Weltkriegs, zwei Jahre nach seiner Gründung, 360 000 Deutsche an.

Mehr noch als der Flottenverein schlug der ebenfalls bürgerlich geprägte Wehrverein die Brücke zu den Kriegervereinen, die auf lokaler Ebene und tief in den ländlichen Raum hinein zwar von bürgerlichen Honoratioren geführt wurden, deren Mitglieder aber anders als bei den großen nationalen Kampfverbänden nicht aus der bürgerlichen Mittelschicht stammten, sondern aus unterbürgerlichen Schichten bis in die städtische und ländliche Arbeiterschaft. Auf mehrere Millionen Mitglieder – Veteranen der Kriege von 1864, 1866 und 1870/71 sowie ehemalige Soldaten – brachten es die Ortsvereine des Deutschen Kriegerbundes und die im Kyffhäuser-Bund zusammengeschlossenen Verbände. Der Kyffhäuser-Bund war um die Jahrhundertwende hervorgegangen aus einer Initiative der Kriegervereine, die im Geist nationaler Einheit – nationaler Sammlung, wie es Thomas Nipperdey genannt hat – auf dem Kyffhäuser, jenem thüringischen Berg, in dem der Sage nach Kaiser Barbarossa bis zur Reichsgründung geruht hatte, ein Denkmal zur Erinnerung an Kaiser Wilhelm I. errichten wollten.

Die Kriegervereine bildeten eine Massenbasis für den gesellschaftlichen Militarismus im Kaiserreich und verbreiteten dessen bellizistische Grunddisposition flächendeckend. In ihnen verband sich die verherrlichende Erinnerung an die Kriege der Reichsgründungszeit spätestens seit der Jahrhundertwende mit einer immer stärkeren Mobilisierung für einen künftigen Krieg, für die wiederum die verklärte und verklärende Erinnerung insbesondere an 1870/71 eine entscheidende Voraussetzung war. Vor allem in Preußen wurden die Kriegervereine zu wichtigen Agenturen eines bellizistischen Militarismus, der sich im Sog der zunehmenden Radikalisierung des Nationalismus immer stärker gegen alle Feinde des Reiches – äußere wie innere – richtete. Gerade in Preußen spielten die Kriegervereine bei den behördlichen Maßnahmen gegen Arbeiterbewegung und Sozialdemokratie eine wichtige Rolle. Als »Kampfstätten gegen die Sozialdemokratie« wurden sie regelrecht instrumentalisiert. Dem Einfluss der Verwaltung entsprach eine von den Vereinsführungen ausgehende Selbstradikalisierung der Vereine beziehungsweise ihrer Dachverbände. In Preußen wurden Sozialdemokraten 1891 von der Mitgliedschaft ausgeschlossen, später gab es Forderungen, alle Mitglieder auszuschließen, die bei Wahlen einem »Reichsfeind« ihre Stimme gegeben hätten.[54]

Das Gegenteil einer Massenorganisation war mit seinen etwa 18 000 Mitgliedern und gerade einmal hundert Ortsgruppen bei Kriegsbeginn 1914 der Alldeutsche Verband. An seiner Mitgliederstärke lässt sich die Wirkung dieses Kampfverbandes allerdings nicht ablesen, der nicht nur zum Bannerträger der Idee eines deutschen Weltreichs, sondern zu einer Organisation wurde, in deren Programm und Propaganda die verschiedenen Dimensionen des radikalen Nationalismus verschmolzen.

Die Ziele der Alldeutschen reichten weit über die Stärkung des deutschen Volkstums im Ausland sowie über »praktische Ergebnisse« der deutschen Kolonialbewegung hinaus, wie es zunächst geheißen hatte. Im Sinne ihrer Verbandsstatuten von 1903 war das Streben der Alldeutschen auf die »Belebung der deutschnationalen Gesinnung, insbesondere Weckung und Pflege des Bewusstseins der rassenmäßigen und kulturellen Zusammengehörigkeit aller deutscher Volksteile« und auf einen integralen Nationalismus ausgerichtet. Mit diesem verbanden sich eine imperialistische Weltmachtpolitik, eine konfrontative, militärisch unterfütterte Außenpolitik in Europa und darüber hinaus die Bekämpfung der »Feinde« im Innern – der politischen »Reichsfeinde« genauso wie der ethnischen »Volksfeinde«, der »Polen, Dänen und Französlinge«, wie es in einem Handbuch des Verbandes von 1908 hieß.[55] Der Volksbegriff der Alldeutschen war ein rassistischer, daher stehen gerade sie wegen ihres enormen Einflusses und ihrer Einwirkung auf die anderen, zum Teil viel größeren nationalen Agitationsverbände für die völkische Radikalisierung des Nationalismus. Vom äußersten rechten Rand bewegte sich dieser völkische Nationalismus, einschließlich eines militanten Antisemitismus, in den Jahren vor dem Ersten Weltkrieg immer weiter in die Mitte der Gesellschaft. Zwar teilten längst nicht alle den extremen Nationalismus der Alldeutschen, aber deren Vorstellungen und Forderungen entfalteten eine enorme Öffentlichkeitswirkung, und die Sprache des radikalen Nationalismus etablierte sich im politischen Diskurs.

Ohne Unterbrechung jagten die Alldeutschen die Berliner Politik und ihre führenden Repräsentanten, ihr nationalistischer Druck ließ zu keinem Moment nach. Nicht einmal der Kaiser blieb davon verschont. Im Gegenteil: Immer häufiger und immer heftiger wurde er zur Zielscheibe der nationalistischen Hetze, was zur Radikalisierung auch seiner Positionen in den Jahren vor dem Krieg erheblich beitrug. Selbst die Deutschkonservative Partei, über Jahrzehnte verlässliche Stütze der Regierung, schwenkte immer mehr auf die Linie des völkischen Nationalismus ein, in dessen Zentrum die deutsche Weltpolitik und eine deutsche Weltmachtstellung standen sowie der Kampf gegen alle Kräfte, die sich diesen Zielen in den Weg stellten.

Der politische Druck der Nationalisten wurde umso stärker, ihre Forderungen wurden umso radikaler, je erfolgreicher die demokratischen Kräfte waren. Mit 34,8 Prozent der Stimmen und 110 Sitzen im Parlament hatte die SPD bei den Reichstagswahlen vom Januar 1912 ihre führende Position weiter ausgebaut. Auf immerhin 12,3 Prozent kamen auch die Linksliberalen, vier Prozentpunkte mehr als die Deutschkonservativen, die es auf lediglich 8,5 Prozent brachten. Den Nationalisten schienen die Felle davonzuschwimmen. Wenige Wochen später veröffentlichte Heinrich Claß, der Vorsitzende des Alldeutschen Verbandes, unter dem Pseudonym Daniel Frymann – eine Figur aus Gottfried Kellers Novelle *Das Fähnlein der sieben Aufrechten* – das Manifest *Wenn ich der Kaiser wär'*, eine der wichtigsten Programmschriften der radikalen Nationalisten. Die Wahlen hatten zu einem weiteren Radikalisierungsschub geführt.

In mehreren Auflagen gedruckt, wurde die Schrift rasch zum Bestseller und verbreitete sich schnell. Warnungen vor einem

»furchtbaren Zusammenbruch« verbanden sich mit scharfer Kritik an der Regierung. Die Reichskanzler seit Bismarcks Abgang hätten »nichts getaugt«. Aber auch der Kaiser verstehe weder die »echten Forderungen der Zeit« noch sei er der »Führer«, den das deutsche Volk brauche. Claß propagierte eine monarchische Führerdiktatur, gestützt auf Adel und Militär, die Abschaffung des allgemeinen Wahlrechts und die Bekämpfung der Sozialdemokratie. Die »aggressive äußere Politik«, die er forderte, zielte als Teil des Kampfes um die deutsche Zukunft auf koloniale Expansion, auf eine Überwindung des Primats der »Saturiertheit«, die von Bismarck nach 1871 viel zu lange betrieben worden sei. Für das Reich selbst, insbesondere für die gemischt besiedelten Gebiete im Osten, forderte Claß eine antipolnische Germanisierungspolitik. Wie ein roter Faden zog sich ein radikaler, völkisch-rassistischer Antisemitismus durch das Manifest. Unablässig war die Rede von der »verhängnisvollen Rolle« des Judentums, von der jüdischen »Rasse ... als Quell der Gefahren« und Ursache jener politischen Entwicklung, die bei der »Judenwahl« 1912 zum Triumph der Sozialdemokraten geführt habe. Die Kritik am Kaiser gipfelte in dem Vorwurf, der Berliner Hof sei mit dem Judentum »ein Herz und eine Seele«. So wurde der Antisemitismus zum Zentrum von Gegenwartskritik und Weltdeutung, zu einem kulturellen Code,[56] und der Kampf gegen die Juden zur Kernaufgabe einer Politik zur Rettung des deutschen Volkes, der »Menschen germanischen Blutes«. Wie ein Vorgriff auf die antisemitischen Maßnahmen der Nationalsozialisten, darunter die Nürnberger Gesetze von 1935, liest sich der Vorschlag, alle Juden unter »Fremdenrecht« zu stellen – wobei als Juden die Nachkommen all derer gelten sollten, die am 1. Januar 1871 der jüdischen Religion angehörten –, aber auch die Forderung, Juden aus allen öffentlichen Ämtern zu entfernen. Autoritäre Führerdiktatur, Germanisierung, Antisemitismus: Die Vertreter des radikalen Nationalismus der Jahre vor 1914 dachten vor, was das nationalsozialistische

Regime, das Heinrich Claß mit einem Reichstagsmandat ehrte, nach 1933 mit mörderischer Konsequenz umsetzte.[57]

1912 freilich fehlten Claß alle Voraussetzungen für eine solche Politik. Vor diesem Hintergrund lagen das Heil des deutschen Volkes und die einzige Chance zu einer Überwindung der nationalen »Zerrüttung« in einem Krieg, den die Alldeutschen und mit ihnen das ganze Spektrum des radikalen Nationalismus nicht nur nicht ausschlossen, sondern als »läuterndes Schicksal« und »Arzt unserer Seelen« geradezu herbeisehnten.[58] Das verband Claß' Pamphlet mit der fast gleichzeitig erschienenen und vom Alldeutschen Verband unterstützten Schrift des Generals a. D. Friedrich von Bernhardi *Deutschland und der nächste Krieg*.[59] Keine andere Veröffentlichung demonstriert klarer die Verknüpfung von Bellizismus und radikalem Nationalismus in den Jahren vor 1914. Es ist nicht nur Kriegsbereitschaft, sondern ein Kriegswunsch, eine Kriegssehnsucht, die hier zum Ausdruck kommen, getragen von der Vorstellung nationaler Rettung, einer nationalen Katharsis im Stahlbad des Krieges, getragen aber auch von der Idee, durch einen Krieg die nationale Zerrüttung, wie es Claß nannte, zu überwinden. Zugleich sollte durch eine autoritäre Transformation des politischen Systems die in Krieg und – selbstverständlich – Sieg wiedergewonnene nationale Einheit, die Volksgemeinschaft, stabilisiert werden.

In Bernhardis Formel »Weltmacht oder Niedergang« spiegelten sich vor diesem Hintergrund nicht nur die außen- und kolonialpolitischen Ambitionen des wilhelminischen Kaiserreichs, sondern auch die bellizistische Grunddisposition des radikalen Nationalismus. Zu dem politischen Druck, den die Alldeutschen und andere nationale Kampfverbände auf Regierung und Öffentlichkeit ausübten, gehört dieser Bellizismus zwingend dazu, und jede Auseinandersetzung mit der Frage nach der deutschen Verantwortung für den Ersten Weltkrieg ist unvollständig, wenn sie nicht diesen auf autoritäre politische Transformation zielenden

Bellizismus einbezieht. Die kriegsverherrlichende Erinnerung an den Deutsch-Französischen Krieg, aber auch an die Befreiungskriege war integraler Bestandteil dieses nationalistischen Bellizismus, weil sie ein Bild des Krieges bereithielt, in dem nationale Geschlossenheit und militärischer Sieg eng miteinander verknüpft waren und die Geschichte der Nation als Geschichte ihrer – siegreichen – Kriege erschien. So wirkte die Reichsgründungszeit als nationale und politisch hoch aufgeladene Erinnerung weiter, und es kann kaum überraschen, dass gerade die bürgerlichen Trägerschichten des deutschen Reichsnationalismus den Beginn des Ersten Weltkriegs im August 1914 so gut wie ausschließlich durch die Brille der direkten oder vermittelten Erinnerung an 1870/71 sahen – ein fürchterlicher Trugschluss, wie sich schon nach wenigen Tagen herausstellen sollte.

Die politische Bedeutung des radikalen Nationalismus, wie ihn die Alldeutschen und andere Kampfverbände vertraten, lag fraglos auch darin, dass er sich angesichts der medialen Möglichkeiten gesellschaftlich verbreitete. Dass er dadurch politisch mehrheitsfähig wurde, ist damit nicht gesagt. Dass seine Radikalität einer Mehrheitsfähigkeit eher im Weg stand, dafür sprechen nicht zuletzt die Wahlergebnisse der Reichstagswahl von 1912. Das Gift des völkisch-radikalen Nationalismus wirkte dennoch, indem er Druck auf das nationale und konservative Lager insgesamt ausübte: in Parteien wie der Deutschkonservativen Partei, zum Teil auch bei den Nationalliberalen, in Verbänden, aber auch auf die politische und militärische Führung des Kaiserreichs einschließlich des Kaisers. Deren Nationalismus wurde zunehmend von der extremen Rechten überboten, während man zugleich einen immer verzweifelteren Abwehrkampf gegen linke und liberale demokratische Kräfte führte. Das drängte das wilhelminische politische Establishment nach rechts und – je später, desto stärker – in Richtung Krieg. Der Populismus der radikalen Rechten trug zu diesem Druck entscheidend bei.

Das Kernelement dieses Populismus waren die Idee nationaler, völkischer Einheit und die Vorstellung, die Einheit der Nation, die Volksgemeinschaft, sei zu erreichen, wenn man die Kräfte, die sie schwächten und störten, ausschaltete. Der Begriff der Volksgemeinschaft gehörte zum politischen Vokabular des ausgehenden Kaiserreichs. Seine breite Verwendung deutet darauf hin, dass viele Menschen die massiven Spannungen in der deutschen Gesellschaft und ihre Fragmentierung wahrnahmen und sie zu überwinden suchten. Auch die politische Linke verwandte den Begriff. Für sie bedeutete Volksgemeinschaft freilich die Überwindung der Klassengesellschaft und ihrer Konflikte und nicht eine rassistisch und antisemitisch definierte Gemeinschaft der »Menschen germanischen Blutes«. Hinter der völkischen Nationsvorstellung lag die Ablehnung der politischen, sozialen und kulturellen Vielgestaltigkeit moderner Gesellschaften, aber auch die Überforderung mit ihrer Komplexität. Dieser Pluralität, immer wieder als Zerrüttung oder Zerrissenheit gebrandmarkt, stellte man die Vorstellung eines geschlossenen Volkes und eines ebenso einheitlichen Volkswillens gegenüber. Damals kam die Rede auf vom »echten« Volk, vom »wahren« Volk oder vom »eigentlichen« Volk. Und dessen Wille werde, so argumentierten die Alldeutschen im Kaiserreich, die Nationalsozialisten in der Weimarer Republik – und ebenso die Rechtsradikalen und Rechtspopulisten der Gegenwart – von den politischen Eliten in Regierungen und Parteien nicht repräsentiert. Komplexe Probleme moderner Gesellschaften werden durch die Gegenüberstellung des »echten« Volks und eines klar identifizierbaren Volkswillens einerseits und der zerrütteten, in sich gespaltenen Nation andererseits auf den agonalen Grundgegensatz von »Wir« und »Die Anderen« reduziert. Mit dem Ausschluss, mit der Bekämpfung dieser Anderen, so die Vorstellung, werde jene Eindeutigkeit und Geschlossenheit wiederhergestellt, die der Nation – im Falle des Kaiserreichs nach der Reichsgründung – verloren gegangen sei.[60]

Für Komplexität war in dieser Zeit- und Weltdeutung kein Platz. An ihre Stelle traten simplifizierende Erklärungen, schlichte Schuldzuweisungen und alternative Fakten. Kurz nach dem Ende des Kaiserreichs wies Adolf Hitler, der vor dem Hintergrund von Krieg und Kriegsniederlage den völkischen Nationalismus noch weiter radikalisierte, dessen Populismus aber treu blieb, die Feststellung, die moderne politische und soziale Welt sei komplex, als bösartige Propaganda von Demokraten zurück. Der, wie Hitler es nannte, »künstlichen Komplizierung« des öffentlichen Lebens stellte er so biologistisch wie sozialdarwinistisch die »natürlichen Lebensgesetze« und den »natürlichen Instinkt« des Volkes entgegen.[61] So hätte das vor 1914 auch Heinrich Claß formulieren können oder nach 1916 ein Vertreter der Deutschen Vaterlandspartei, jener rechtsradikalen Sammlungsbewegung, die von führenden Alldeutschen mit aus der Taufe gehoben wurde. Dass der Alldeutsche Verband 1939 wegen der »Erreichung all seiner Ziele« aufgelöst wurde, ist zwar nicht ohne – bittere – Ironie, verweist jedoch zugleich auf eine der wichtigsten Schattenlinien, wie es Thomas Nipperdey genannt hat, die vom Kaiserreich ins »Dritte Reich« führten.

Der imperiale Machtstaat

Wer bereits in der Reichsgründung von 1871, in der Kaiserproklamation von Versailles, die Julikrise 1914 und den Großen Krieg angelegt sieht, der begeht den gleichen Fehler wie Heinrich von Treitschke, für den bei der Gründung des Deutschen Zollvereins 1834 schon der Kanonendonner von Königgrätz zu hören war und sich das Kaisertum der Hohenzollern am Horizont abzeichnete. Der Weg in den Weltkrieg war 1871 nicht vorbestimmt. Er war ja nicht einmal in den dramatischen Julitagen 1914 zwangsläufig.

Dennoch muss man fragen: Welche Entwicklungen nahmen 1871 ihren Ausgang, die gut vier Jahrzehnte später in die Katastrophe führten? Wie hängen 1871 und 1914 zusammen? Das ist eine Frage an die europäische Geschichte, doch es ist auch eine Frage an die deutsche Geschichte, eine Frage an das Kaiserreich, eine Frage an die Reichsgründung. Mit Blick auf die Außenpolitik und die Rolle Deutschlands in der internationalen Politik begegnet uns schon seit mehr als hundert Jahren immer wieder die gleiche Antwort: Nach 1871 habe Bismarck deutsche Machtansprüche zurückgenommen, die deutsche Rolle und das deutsche Gewicht in Europa begrenzt und nicht zuletzt durch seine Bündnispolitik den Frieden gesichert. Erst mit seiner Entlassung 1890 und vorangetrieben durch die weltpolitischen Ambitionen Wilhelms II. habe das Kaiserreich außenpolitisch einen neuen Kurs eingeschlagen, habe die Zurückhaltung der Bismarck-Ära aufgegeben und durch seine zunehmende Aggressivität und Konfrontativität den Krieg von 1914 entweder verursacht oder zumindest zu seiner Entstehung beigetragen. Bismarck als Staatsmann der Mäßigung, Wilhelm II. als selbstherrlicher und unfähiger Monarch ohne jedes Maß. Sowenig diese Personalisierung der komplexen Dynamik der internationalen Politik in den Jahrzehnten vor dem Ersten Weltkrieg gerecht wird, so sehr trug sie doch dazu bei, die Ära Bismarck gerade auch in außenpolitischer Perspektive abzutrennen von der wilhelminischen Epoche, in der verspielt worden sei, was der »Eiserne Kanzler« aufgebaut habe. Doch so einfach liegen die Dinge nicht.

»Wer von Europa spricht, hat unrecht.«

Als »deutsche Revolution« beschrieb Benjamin Disraeli, Führer der konservativen Opposition, am 9. Februar 1871 im britischen Unterhaus den Deutsch-Französischen Krieg und die Reichsgründung. Ein mächtiger Nationalstaat im Herzen Europas, das war der Umsturz der europäischen Ordnung des Wiener Kongresses, die auf der ausgleichenden Rolle des Deutschen Bundes beruhte: zu offensiver Kraftentfaltung nicht in der Lage, aber stark genug, um die kontinentale Hegemonie Frankreichs oder Russlands zu verhindern. Die Französische Revolution, mit der Disraeli die deutschen Ereignisse verglich, hatte das europäische Gleichgewicht zerstört und nicht nur zur napoleonischen Herrschaft über das kontinentale Europa geführt, sondern auch zu einem Vierteljahrhundert nahezu ununterbrochenen Krieges. Das war die revolutionäre Dynamik, die der konservative Politiker meinte und die er auch deswegen fürchtete, weil Gleichgewicht und Stabilität in Europa eine entscheidende Voraussetzung für Britanniens globale Politik waren.

Aber es war nicht nur die Reichsgründung, die das europäische Staatensystem grundlegend veränderte, und der fundamentale Wandel begann nicht erst 1870. Hatte der Wiener Kongress noch versucht, eine multilaterale, vertragsrechtlich abgestützte europäische Ordnung zu errichten, gegründet auf den Konsens von Monarchen und Regierungen, so hatten die Kräfte des Nationalismus seit Mitte des Jahrhunderts diese Ordnung vollkommen zerstört. Am Ende, nicht am Anfang dieser Zerstörung stand der deutsche Nationalstaat, und der Weg zu seiner Errichtung zeigt, wie nationale Machtpolitik sich aus allen übernationalen, aus allen europäischen Bindungen löste. Vor diesem Hintergrund konnte Heinrich von Treitschke die Wiener Ordnung und den Deutschen Bund als Ausdruck deutscher Ohnmacht bezeichnen, behaftet mit dem »Fluch der Lächerlichkeit«.[62] Hinter der Vorstellung von Realpolitik verbarg sich die Idee ungebundener nationaler Macht- und Interessenpolitik. Multilaterale Strukturen oder gar ein System kollektiver Sicherheit war auf solcher Grundlage nicht denkbar. Bis in die Entwicklung des Völkerrechts hinein wirkte die sich immer mehr durchsetzende Vorstellung autonomer nationaler Machtstaatlichkeit. »Ubi vis, ibi ius« – jeder Staat hat so viel Recht, als er Macht hat – wurde nicht nur in der deutschen Völkerrechtslehre zur Leitvorstellung. Vom Recht der Macht – »le droit de la force« – war beispielsweise auch in Frankreich die Rede.[63] Ludwig August von Rochau, der Erfinder des Begriffs »Realpolitik«, formulierte 1866 nach dem preußischen Sieg über Österreich in einem »Recht und Macht« überschriebenen Artikel in vulgärhegelianischer Manier: »Denn der Erfolg ist der Urteilsspruch der Geschichte, des ›Weltgerichts‹, der höchsten Instanz, von der es keine Appellation in menschlichen Dingen gibt.«[64]

Die Abwendung von jeder Form des Multilateralismus kennzeichnete nicht nur die preußisch-deutsche Außenpolitik. Aber der »Erfolg« dieser Politik, die Nationalstaatsgründung, kräftigte im deutschen Fall den Primat der Bindungslosigkeit. Auch für Bismarck war Europa keine multilaterale Rechts- und Sicherheitsgemeinschaft, sondern lediglich ein »geographischer Begriff«. Vom »europäischen Karpfenteich« hat er einmal im Reichstag gesprochen, dabei aber keinen Zweifel daran gelassen, dass es in diesem Teich auch Hechte gab und er Deutschland zu den Hechten rechnete, nicht zu den Karpfen. Während Konstantin Frantz, Bismarcks zeitgenössischer Kritiker, beklagte, dass der staatliche Egoismus Europa als Idee und Wirklichkeit zerstöre, sprach Albrecht von Roon, der preußische Kriegsminister, 1870 von Preußens Schwert als dem »Scepter Europas«. Wer denn Europa sei – »Who is Europe?« –, fragte Bismarck, gerade preußischer Ministerpräsident geworden, den britischen Botschafter, als dieser Berlin 1863 vor einer aggressiven Polenpolitik warnte, die Europa niemals dulden werde. Das erinnert an Henry Kissinger, der mehr als hundert Jahre später die gleiche Frage gestellt haben soll, um der Europäischen Gemeinschaft die Qualität eines eigenständigen politischen Akteurs abzusprechen und den Primat der europäischen Nationalstaaten zu unterstreichen. Doch Bismarcks Frage ging noch darüber hinaus: Er habe das Wort Europa immer aus dem Munde derjenigen gehört, »die von anderen Mächten etwas verlangten, was sie im eigenen Namen nicht zu fordern wagten«, notierte der Reichskanzler 1876. Ein Schreiben des russischen Staatskanzlers Fürst Alexander Gortschakow, der in diesem Jahr einen europäischen Kongress zur Lösung der orientalischen Frage gefordert hatte, kommentierte er mit den Worten: »Wer von Europa spricht, hat unrecht« – »Qui parle Europe a tort«. Graf Ferdinand Beust, der österreichische Außenminister, hatte zweifellos recht mit seiner resignierten, von Bismarck sogleich bespöttelten Feststellung aus dem Herbst 1870, er könne von Europa nichts mehr erkennen – »Je ne vois plus d'Europe«.[65]

Nicht-Krieg als Frieden

Das Bismarck'sche Bündnissystem, das Generationen von Deutschen als virtuose Konstruktion verklärt und als die neben der Reichsgründung größte historische Leistung des Reichskanzlers angesehen haben, war kein System kollektiver Sicherheit und weder multilateral noch europäisch. Es fußte nicht auf dem Konsens der europäischen Mächte, nicht einmal auf dem der fünf Großmächte oder auf einem gemeinsamen europäischen Interesse, vielmehr speiste es sich in seinen bilateralen, maximal trilateralen Verträgen aus der temporären Konvergenz der nationalen Interessen einzelner Staaten, die in jeder Bindung eine Einschränkung ihrer national-machtstaatlichen Autonomie sahen. »Keine Großmacht kann«, so betonte Bismarck 1888, »auf die Dauer in Widerspruch mit den Interessen ihres eigenen Volkes an dem Wortlaut irgendeines Vertrages kleben ... Aber das eigene Volk ins Verderben führen an den Buchstaben eines unter anderen Umständen unterschriebenen Vertrages, das wird keine Großmacht gutheißen.«[66] Ein europäisches Sicherheitssystem, das diesen Namen verdient hätte, hat Bismarck niemals angestrebt, es hätte Selbstbindung bedeutet, hätte den deutschen machtpolitischen Handlungsspielraum eingeengt, seine außenpolitischen Optionen beschränkt.

Von wenigen Ausnahmen abgesehen haben deutsche Historiker Bismarcks Außenpolitik als staatsmännische Meisterleistung dargestellt. Der friedenssichernden Politik Bismarcks im Zeichen der von ihm selbst erklärten »Saturiertheit« wurde – und wird – dabei die wilhelminische Außenpolitik gegenübergestellt, ihr weltpolitischer Expansionismus, ihre Aggressivität und Konfrontativität. Dass der junge Kaiser Wilhelm II. 1890 den alten Kanzler entließ, den erfahrenen Lotsen von Bord schickte, verstärkte noch die Wahrnehmung eines fundamentalen Wandels. Doch so groß die Unterschiede gewesen sein mögen, sie dürfen nicht den Blick dafür trüben, dass wesentliche Ursachen für die Verschärfung der außenpolitischen Konflikte und Spannungen, die die europäischen Mächtebeziehungen nach 1890 charakterisierten, bereits in den Jahren der Reichsgründung und unter der Kanzlerschaft Bismarcks entstanden waren.

Wenn man den Blick primär auf Deutschland und die deutsche Politik richtet, dann waren auch schon die beiden Jahrzehnte nach der Reichsgründung, nach dem Ende des Deutsch-Französischen Krieges, eine Periode, in der der Frieden stets prekär blieb, denn es gelang nach 1871 nicht, die internationalen Beziehungen und das schwer erschütterte europäische Mächtesystem in eine belastbare Friedensordnung zu überführen. Das lag weder allein an der Reichsgründung noch ausschließlich an der deutschen Politik unter Bismarck. Aber Reichsgründung und deutsche Politik nach 1871 hatten Anteil an einer Entwicklung, in der es zwar immer wieder punktuell gelang, Krisen zu bewältigen und ein Minimum an Stabilität herzustellen, in der sich aber keine langfristig tragfähige europäische Ordnung konsolidieren konnte. Von einer »Stabilisierung ohne Konsolidierung« hat mit Blick auf das europäische System und die Bündnispolitik Bismarcks der Historiker Peter Krüger gesprochen.[67] Das lag an den Kräften des Nationalismus, die sich mit der Idee autonomer nationaler Machtstaatlichkeit und sozialdarwinistischen Vorstellungen verbanden, gegen die in allen europäischen Staaten immer schwerer anzuregieren war. Diese Dynamiken nährten einen machtpolitischen Unilateralismus, der jede Form nachhaltiger Bindung als Verlust an Handlungsautonomie und damit nationaler Macht verweigerte und aus dem keine friedensorientierte Konsolidierung der internationalen Beziehungen entstehen konnte.

Fünf Jahre nach seiner Entlassung hat Bismarck behauptet, die Reichsgründung sei nur unter dem »Gewehranschlag des übrigen Europa ins Trockene gebracht« worden – von ihm, Bismarck, ins Trockene gebracht worden, war die eigentliche Botschaft dieser Feststellung. Tatsächlich wurde die deutsche Einheit möglich in jenem »Wellental der großen Politik« nach dem Ende des Krimkriegs 1856, wie es der Historiker Ludwig Dehio genannt hat.[68] Sowohl Großbritannien als auch Russland konzentrierten sich in diesen Jahren auf innere Reformen, in Großbritannien war es die Wahlrechtsreform von 1867, in Russland die Aufhebung der Leibeigenschaft der Bauern 1861. Die politische Aufmerksamkeit Londons richtete sich darüber hinaus seit den späten 1850er Jahren, als der Sepoy-Aufstand die britische Herrschaft in Indien erschütterte, auf die Stabilisierung des Empire. Vor diesem Hintergrund waren das Ende des Deutschen Bundes und die Entstehung eines deutschen Nationalstaats akzeptabel, solange daraus nicht eine kontinentaleuropäische Hegemonie des Deutschen Reiches entstand. Es war diese Gefahr, die Benjamin Disraeli 1871 mit seiner Rede von der »deutschen Revolution« beschwor, als Oppositionsführer wohlgemerkt, der damit die Politik der liberalen Regierung unter Premierminister William Gladstone kritisierte. Österreich wiederum war mit den Folgen der Niederlage von 1866 beschäftigt; es wandte sich von Deutschland ab und wurde nach dem Österreichisch-Ungarischen Ausgleich von 1867 als Doppelmonarchie noch stärker als zuvor zur südosteuropäischen Macht. Diese Situation isolierte Frankreich und war damit eine entscheidende Voraussetzung für die preußische Politik und den Krieg von 1870.

Das Machtpotential, das mit dem neuen Reich in der Mitte Europas entstanden war, sein politisches Gewicht, seine gewaltige

Militärmaschine, seine wirtschaftlich-industrielle Dynamik und sein rasanter Bevölkerungsanstieg veränderten die politische Landkarte Europas von Grund auf. In den Augen der europäischen Mächte war die deutsche Frage von nun an die Frage, wie sich dieses Machtpotential entwickeln und ob der junge Nationalstaat sich mit seiner halben Hegemonie zufriedengeben würde. Das junge Reich stand unter permanenter, durchaus misstrauischer Beobachtung. Das war die eine Voraussetzung, unter der sich die deutsche Außenpolitik nach 1871 zu entwickeln begann. Die andere war die schlichte Tatsache, dass mit dem deutschen Sieg über Frankreich der deutsch-französische Gegensatz zur Grundgegebenheit des europäischen Staatensystems und der deutschen Außenpolitik geworden war.

Mit der Kriegsniederlage hätten sich Politik und Gesellschaft in Frankreich noch abfinden können, nicht aber mit der deutschen Annexion Elsass-Lothringens. Mochte der Druck auch vom Militär ausgegangen sein, die Annexion war ein politischer Fehler, für den Bismarck die Verantwortung trug. Sie belastete nicht nur die Reichsgründung, sondern verhinderte dauerhaft einen deutsch-französischen Ausgleich. Ein stabiler, von allen Seiten akzeptierter europäischer Frieden war unter dieser Bedingung nicht möglich. Was phasenweise wie Frieden aussah, war nie mehr als eine stets prekäre Stabilisierung des Nicht-Kriegs unter dem Grundvorbehalt der deutsch-französischen Feindschaft. Jede deutsche Außenpolitik musste von dieser Grundgegebenheit ausgehen und stand seit 1871 vor der Herausforderung, das revisionistische Frankreich isoliert zu halten. Dass Frankreich »hoffnungslos« war, wie Bismarck es einmal ausdrückte, war für seine Politik wie für die seiner Nachfolger eine Belastung und für den Frieden in Europa ein Problem, dessen Folgen weit ins 20. Jahrhundert hineinwirkten. Die Statue Straßburgs auf der Place de la Concorde in Paris, sie blieb bis zum 11. November 1918 schwarz verhüllt. Gedenkfeiern und Kranzniederlegungen zu ihren Füßen wurden in den Jahrzehnten nach 1871 zu zentralen Manifestationen nicht nur des Revanchedenkens, sondern eines antideutsch aufgeladenen französischen Nationalismus, der politisch genauso wirksam war wie auf der anderen Seite des Rheins ein deutscher Nationalismus, dessen triumphalistischen Kern der Franzosenhass bildete.

Es unterstreicht die nationale, zum Teil sogar nationalistische Verformung und den Germanozentrismus der deutschen Geschichtsschreibung, dass sie Bismarck nicht nur die souveräne Steuerung der deutschen Außenpolitik attestierte, sondern ihn zum Herrn des europäischen Staatensystems erhob, das er meisterhaft austariert und dadurch kontrolliert habe, so als hätte der deutsche Kanzler die europäischen Mächtebeziehungen von Berlin aus steuern können. Genau das nämlich impliziert die Rede vom kunstvoll und raffiniert geführten »Spiel mit den fünf Kugeln«. Sie weist Deutschland die dominierende Rolle im Mächtesystem zu, die es niemals hatte, und marginalisiert die Politik und die Bedeutung der anderen europäischen Mächte, die dadurch zu Spielbällen der Berliner Politik gemacht werden – auch in der Geschichtsschreibung. Weit über das Ende des Kaiserreichs hinaus setzten sich so die verhängnisvolle Selbstüberschätzung Deutschlands und die Überbewertung der Genialität Bismarcks fort, dessen Politik daran krankte, dass sie allein von Berlin und von der Handlungsautonomie des deutschen nationalen Machtstaats her dachte. Doch nicht einmal den wohlverstandenen Interessen dieses Machtstaats wurde Bismarcks Politik gerecht, und eine friedliche europäische Ordnung, die gerade auf der Anerkennung der Interessen auch der anderen Mächte hätte beruhen müssen, konnte auf dieser Grundlage nicht entstehen.

Keine der europäischen Großmächte war bereit, sich einer deutschen Dominanz zu unterwerfen. Das zeigte die »Krieg-in-Sicht-Krise« 1875, eine schwere internationale Krise, die Deutschland in Europa in Gegensatz zu allen anderen Mächten brachte und isolierte.

Dass Bismarck danach noch stärker betonte, dass das Deutsche Reich zu den, »was der alte Fürst Metternich nannte: saturierten Staaten« gehöre, entsprang fraglos seiner Einsicht in den fortwährenden Argwohn der anderen Mächte. Aber die Grundlinien deutscher Außenpolitik, die Bismarck nach der Krieg-in-Sicht-Krise entwickelte, waren mitnichten geeignet, Misstrauen abzubauen und durch Interessenausgleich und Verständigung den 1871 entstandenen Status quo zu stabilisieren und einen nach wie vor prekären Frieden zu konsolidieren. Wenn Bismarck 1874 betont hatte, das Deutsche Reich verfolge keine Machtpolitik, sondern eine Sicherheitspolitik, dann stellt sich die Frage, welche Vorstellung von Sicherheit einer Politik zugrunde lag, die ihren Ausdruck in stets gegen dritte Staaten gerichteten bi- oder trilateralen Allianzen fand, aber niemals auf eine europäische Sicherheitsordnung zielte. Die vielen Verträge und Abkommen, die nach 1875 abgeschlossen wurden, mochten erscheinen wie eine europäische Sicherheitsordnung, aber sie waren keine. Nicht nur der deutsch-franzöische Gegensatz blieb unvermindert bestehen, hinzu trat auch noch der deutsch-russische. Bismarcks *cauchemar des coalitions*, die Gefahr eines Zweifrontenkriegs, bestimmte seit jener Zeit – nicht erst seit 1890 – die deutsche Außenpolitik und Militärstrategie. In die Planungen des Generalstabs ging schon damals ein, was schließlich 1905 im Schlieffen-Plan so detailliert wie verhängnisvoll elaboriert wurde. Nur wenn man Bismarcks Politik als Friedenspolitik verklärt und sich durch die wilhelminische Außenpolitik den Blick trüben lässt, wird man bestreiten können, dass bereits im Reichsgründungsjahrzehnt im Kern die Konfliktkonstellation von 1914 Gestalt annahm. Der Weg dahin war weder zwangsläufig noch unausweichlich, aber er nahm seinen Anfang in den 1870er Jahren und nicht erst um die Jahrhundertwende.

Die Bilanz der deutschen Außenpolitik, die Bismarck nach der Krieg-in-Sicht-Krise zog, mündete im Sommer 1877 in das berühmte »Kissinger Diktat«. Als Versuch, Maximen deutscher Außenpolitik zu entwickeln, war diese Ausarbeitung geprägt von den Erfahrungen seit der Reichsgründung. Doch auch die Dauerkrise in Südosteuropa, die sich aus der Schwäche des Osmanischen Reiches ergab und aus den rivalisierenden Interessen Österreich-Ungarns, Russlands und Großbritanniens auf dem Balkan sowie im östlichen Mittelmeerraum, bildete einen Hintergrund. Während der Reichskanzler am Fuß der Rhön zur Kur weilte, führte Russland, ermuntert und unterstützt von dem sich wohlwollend neutral gebenden Österreich, einen Krieg gegen die Türkei, von dem sich beide Mächte, Russland und Österreich, Gewinne auf Kosten des »kranken Mannes am Bosporus« versprachen.

In genau dieser Konstellation, dem Niedergang des Osmanischen Reiches und den Mächtekonflikten, die daraus erwuchsen und noch lange anhalten sollten, sah Bismarck die Möglichkeit, die deutsche Macht im Herzen Europas zu stabilisieren. Denn das Bild, das Bismarck vorschwebte, war das »einer politischen Gesamtsituation, in welcher alle Mächte außer Frankreich unser bedürfen, und von Koalitionen gegen uns durch ihre Beziehungen zueinander nach Möglichkeit abgehalten werden«.[69] Diese Zielformulierung wirft ein Licht auf den Berliner Kongress von 1878 und die deutsche Rolle des »ehrlichen Maklers« in der »orientalischen Frage«. Der Berliner Kongress war kein Kongress in einem multilateralen europäischen System und zielte auch nicht darauf, ein solches System zu errichten. Vielmehr war er ein Versuch, eine akute politische Krise zu entschärfen und im Zuge dieser Bemühungen das Deutsche Reich als gleichwertige Großmacht in Europa zu etablieren. Zugleich jedoch entsprach es der Logik des »Kissinger Diktats«, die Spannungen in der orientalischen Frage zu erhalten, weil Deutschland, die saturierte Macht, davon profitieren würde. Eine nachhaltige Entspannung insbesondere in Südosteuropa kam nicht zustande. Die lange Lunte, die 1914 das europäische Pulverfass zur Explosion bringen sollte, sie brannte bereits Ende der 1870er Jahre, und das Deutsche Reich und sein Kanzler hielten sie am Brennen. Bismarcks Bündnispolitik habe nicht, so kann man bis heute lesen, auf den Bündnisfall gezielt, sondern in seiner komplexen Konstruktion gerade auf dessen Vermeidung? Das räumt die innere Widersprüchlichkeit des seit den späten 1870er Jahren entstehenden Bündnissystems nicht aus, dessen Grundlage die Kontinuität von Machtkonflikten – zwischen Österreich und Russland, zwischen Russland und Großbritannien, zwischen Großbritannien und Frankreich – blieb, an deren Überwindung aus deutscher Sicht kein Interesse bestand.

Bündnisverträge können in der Tat eine politische Funktion weit jenseits des in ihnen fixierten Bündnisfalles haben und sind in dieser Perspektive Strukturelemente internationaler Politik. Aber sie bleiben in letzter Konsequenz Bündnisverträge, die auf einen Casus foederis ausgerichtet sind, und die Bestimmung dieses Casus foederis entfaltet eine eigene politische Wirkung, weil sie, gerade in Krisensituationen, Handlungsoptionen einengt und Handlungsdruck erhöht. Den Verträgen lagen darüber hinaus sehr spezifische Konfliktszenarien mit einer klaren, zumeist sogar expliziten Benennung des Bündnisgegners zugrunde. Von der Idee kollektiver Sicherheit und multilateraler Politik waren sie weit entfernt. Eher trugen sie zur Perpetuierung von Machtkonflikten bei und gingen in letzter Konsequenz davon aus, dass deren kriegerische Austragung unvermeidlich sei. Nicht einmal eine abschreckende Wirkung kann man den Abkommen daher zuschreiben, denn es handelte sich in der Regel um geheime Verträge mit oftmals noch geheimeren Zusatzprotokollen, in denen die entscheidenden und brisanten Bestimmungen zu finden waren. Zur Friedenssicherung trugen die Bündnisse jedenfalls nicht bei, eher stehen sie für die fortgesetzte Bellifizierung und Militarisierung der internationalen Politik. Zweifellos verstärkte sich diese Dynamik in den beiden Jahrzehnten vor 1914, als aus komplizierten Bündniskonstellationen eine hoch militarisierte Blockbildung wurde. Doch ein Blick auf die Inhalte und Mechanismen der Bündnisse und Allianzen vor und nach 1890 demonstriert eher die strukturelle Kontinuität internationaler Politik und des europäischen Mächtesystems als einen strukturellen Wandel. Lothar Gall, der Biograph des Reichskanzlers, hat Bismarcks Bündnispolitik schon vor Jahrzehnten als ein »System von Aushilfen« charakterisiert, gekennzeichnet von inneren Widersprüchen und alles andere als stabil. Der 1887 unterzeichnete Rückversicherungsvertrag mit Russland etwa war keineswegs das letzte Element einer europäischen Friedensordnung, auch wenn der Reichskanzler gegen Ende seiner Amtszeit häufiger von Friedenspolitik sprach, während er zuvor den Begriff Sicherheitspolitik verwandt hatte. Nicht einmal für Bismarck selbst war der Vertrag mit Russland der »Schlußstein eines geschlossenen Systems«.[70] Aber seine Bedeutung erschöpft sich auch nicht darin, dass er »eine weitere Aushilfe in einem System von Aushilfen« war.[71] Aus deutscher Sicht sollte der Rückversicherungsvertrag an die Stelle des Dreikaiservertrags mit Österreich-Ungarn und Russland treten, der zwar 1884 noch einmal verlängert worden war, dann aber angesichts der sich verschärfenden Spannungen zwischen Wien und St. Petersburg zerbrach. Was blieb, war der deutsch-österreichische Zweibund. Dieser wurde nun durch den Rückversicherungsvertrag ergänzt, der das deutsch-russische Verhältnis stabilisieren und vor allem ein französisch-russisches Zusammengehen verhindern sollte. Zugleich wurden freilich die russischen Ansprüche auf dem Balkan bestätigt, was den österreichischen Ambitionen zuwiderlief. Im »ganz geheimen Zusatzprotokoll« schließlich bestätigte die deutsche Seite nicht nur dem Zaren das Recht auf freie Durchfahrt durch Bosporus und Dardanellen, »Schlüssel seines Reiches«, sondern sicherte ihm überdies bei der Durchsetzung deutsche Unterstützung zu, wenn auch keine militärische. Das richtete sich gegen den Sultan in Istanbul und mehr noch gegen Großbritannien und dessen Politik der Eindämmung Russlands, in deren Zentrum bereits seit dem Krimkrieg die Durchfahrtsrechte durch die Meerengen standen. Für diese Politik hatte Berlin nahezu zeitgleich London seine Unterstützung zugesichert. Das waren mehr als nur Widersprüche. Es war eine Politik, die von der Rolle des ehrlichen Maklers weit entfernt war und den Grundsatz wenigstens eines Minimums an wechselseitigem Vertrauen in den Staatenbeziehungen mit Füßen trat. Von »politischer Bigamie« sprach schon in den 1880er Jahren Friedrich von Holstein, zunächst einer der wichtigsten außenpolitischen Berater Bismarcks, später einer seiner schärfsten Kritiker. Zynisch kommentierte Herbert von Bismarck, der als die Stimme seines Vaters galt, dass der Vertrag mit Russland für den Kriegsfall vollkommen bedeutungslos sei, aber »uns im Ernstfall die Russen doch wohl sechs bis acht Wochen länger vom Halse halten« werde als ohne Vertrag. 1887 war das, nicht 1913! Wäre der Vertragsinhalt bekannt geworden, er hätte das gesamte Kartenhaus der deutschen Bündnispolitik zusammenfallen lassen. Das Ausmaß an Vertrauensverlust und die sich daraus ergebende Isolierung wären für die deutsche Außenpolitik eine Katastrophe gewesen. Dass der Vertrag zunächst nicht bekannt wurde, ändert wenig an dem Urteil über Bismarcks Bündnispolitik, das gerade dieser Vertrag nahelegt. Er bestätigt nicht nur die fundamentale Inkonsistenz des Allianzsystems, sondern auch den Primat eines machtstaatlichen Unilateralismus, den man nur mit größtem Zynismus als genial bezeichnen kann.

Nur eine koloniale Episode?

Auch die Anfänge des deutschen Imperialismus liegen nicht in der wilhelminischen Zeit, sondern in den 1880er Jahren. Im Gegensatz zu anderen europäischen Mächten, allen voran Großbritannien, bis dahin überhaupt nicht kolonialpolitisch aktiv, erklärte das Reich 1884/85 innerhalb weniger Monate Südwestafrika (Namibia), Gebiete im östlichen Afrika (Tansania, Ruanda, Burundi), Togo und Kamerun sowie im südlichen Pazifik einen Teil Neuguineas (Kaiser-Wilhelm-Land) zu deutschen Schutzgebieten und übernahm damit die koloniale Herrschaft. Doch so rasch und überraschend diese imperiale Politik begonnen hatte, so schnell, heißt es, habe sie wieder ihr Ende gefunden. Von einem kolonialpolitischen Intermezzo hat schon vor Jahrzehnten Lothar Gall gesprochen, anderswo ist die Rede von einer kolonialpolitischen Episode.[72] Solche Formulierungen finden sich vor allem da, wo man einmal mehr die Außenpolitik einer saturierten Nation, konzentriert auf Europa, abheben möchte von der konfrontativen Weltpolitik unter Kaiser Wilhelm II., von dem aggressiven deutschen Streben nach einem »Platz an der Sonne«, wie es Bernhard von Bülow, der spätere Reichskanzler, 1897 als Staatssekretär des Äußeren formulierte.

Doch von einer flüchtigen Episode zu sprechen, wird der Bedeutung der deutschen Kolonialerwerbungen in den Jahren 1884 und 1885 nicht gerecht. Immerhin erwarb das Deutsche Reich in diesen beiden Jahren den Löwenanteil seiner Kolonien. In Afrika kamen später mit Ausnahme eines kleinen Gebiets in Kamerun keine Territorien mehr hinzu, im asiatisch-pazifischen Raum waren es lediglich einige Inselgruppen, darunter das mit Großbritannien und den USA geteilte Samoa, sowie die chinesische Hafenstadt Tsingtao mit ihrem Umland. Und schon 1888/89 führte Deutschland in Ostafrika einen ebenso brutalen wie blutigen Kolonialkrieg; bereits vor der Jahrhundertwende forderten deutsche »Strafexpeditionen« dort Tausende von Opfern. Später, nach 1900, folgten weitere Kriege in den unter Bismarck erworbenen Kolonien: der Maji-Maji-Krieg in Ostafrika zwischen 1905 und 1907, der mit mehr als 100 000 Opfern bereits die Züge eines Vernichtungskrieges trug, sowie der völkermörderische Krieg gegen Herero und Nama im heutigen Namibia in den Jahren 1904 bis 1908 mit Zehntausenden von Opfern. Als Niederschlagung von Aufständen und Revolten der indigenen Bevölkerung wurden diese Kriege legitimiert und sie wurden nicht nur in ihrer Zeit, sondern noch bis vor wenigen Jahren so bezeichnet – und verharmlost.

Solange er Reichskanzler sei, erklärte Bismarck 1881, werde Deutschland keine Kolonialpolitik betreiben: »Wir haben eine Flotte, die nicht fahren kann, und wir dürfen keine verwundbaren Punkte in fernen Weltteilen haben, die den Franzosen als Beute zufallen, sobald es losgeht.« Das unterstreicht zum einen noch einmal das Axiom von der Unüberwindlichkeit des deutsch-französischen Gegensatzes. Zum anderen jedoch führt es zu der Frage nach den Gründen für die kolonialen deutschen Erwerbungen Mitte der 1880er Jahre. Die historische Forschung hat diese Frage immer wieder gestellt und sie ganz unterschiedlich beantwortet. Bismarck selbst bietet für jede Argumentation passende Ausführungen, deren Widersprüchlichkeit lediglich ein weiteres Mal darauf verweist, dass er seine Positionen je nach den politischen Umständen wechselte und im Übrigen nicht davor zurückscheute, seine eigentlichen Beweggründe oder Zielsetzungen zu verschleiern.

Die ältere Forschung hat die kolonialen Erwerbungen von 1884/85 vor allem als Funktion von Bismarcks europäischer Bündnispolitik gedeutet: als Mittel, Druck auf London auszuüben, um Britannien in das deutsche Allianzsystem einzubinden.[73] Oder auch als Versuch, wenigstens außerhalb Europas Frankreich die Hand zu reichen, um zum einen dem »Kolonialmonopolismus« Britanniens (Konrad Canis) zu begegnen, zum anderen aber einen gegen Deutschland gerichteten französisch-russischen Schulterschluss in Europa zu verhindern. Auch wirtschafts- und sozialpolitische Gründe mögen eine Rolle gespielt haben: die Ankurbelung der seit Mitte der 1870er Jahre zunehmend krisenhaften Konjunktur, die Schaffung von Absatzmärkten und die Gewinnung von Rohstoffen sowie die Idee, durch die Auswanderung in deutsche Siedlerkolonien in Afrika den demographischen Druck in Deutschland zu reduzieren. Wirklich überzeugend sind diese Argumente nicht. Wirtschaftlich blieben die Kolonien unbedeutend, ja verschlangen in der Regel mehr Ressourcen, als sie Gewinne brachten. Und die deutschen Auswanderungsströme zielten nach wie vor primär nach Nord- und Südamerika, während die Zahl deutscher Siedler in Afrika sehr überschaubar blieb. Der Spitzenwert lag 1912 bei etwa 12 000 Deutschen in Namibia, während in Togo gerade einmal 320 Deutsche lebten. Schließlich lassen sich auch innenpolitische Gründe anführen. Immerhin hatte Bismarck dem deutschen Botschafter in London Anfang 1885 geschrieben, dass es zwar gleichgültig sei, welche Kolonien das Reich erwerbe, dass aber »gegenwärtig« selbst »der kleinste Zipfel von Neu-Guinea oder Westafrika, wenn derselbe objektiv auch ganz wertlos sein mag«, eine große Bedeutung habe. Die »Colonialfrage« sei »aus Gründen der inneren Politik eine Lebensfrage für uns … Die öffentliche Meinung legt gegenwärtig in Deutschland ein so starkes Gewicht auf die Colonial-Politik, daß die Stellung der Regierung davon abhängt.«[74]

Das verweist fraglos zum einen auf den Handlungsdruck, der von jenen Organisationen ausging, die schon seit den 1870er Jahren den Erwerb von Kolonien forderten: aus wirtschafts- und sozialpolitischen Gründen, aber auch mit dem Argument, dass Deutschland im kolonialen Wettbewerb der europäischen Mächte nicht zurückstehen könne. Zum anderen jedoch gibt es Grund zu der Annahme, dass Bismarck eine innenpolitische Entwicklung verhindern wollte, die in absehbarer Zeit unter dem neuen Kaiser Friedrich III. eine liberale Regierung an die Macht bringen würde – mit der Folge einer Politik der Parlamentarisierung und, mindestens ebenso bedrohlich, dem Ende der eigenen Kanzlerschaft. Um nicht zuletzt bei den Reichstagswahlen im Herbst 1884 den Liberalen zu schaden, die wie der mit einer Tochter der Queen Victoria verheiratete Kronprinz für ihre Englandorientierung bekannt waren, war jedes Mittel recht, sogar ein kolonialpolitischer Konflikt mit London, der angesichts der breiten kolonialen Begeisterung in Deutschland – gerade auch in der bürgerlichen Mittelschicht – die anglophilen Liberalen Stimmen kosten würde. Genau das geschah. Der deutsche Kolonialerwerb beherrschte den Reichstagswahlkampf 1884, und bei den Wahlen konnten die Liberalen, insbesondere die Linksliberalen, kolonialskeptisch und anglophil, wie sie waren, nicht gewinnen. Eine liberale Parlamentsmehrheit war auf absehbare Zeit verhindert, und der Kronprinz sicherte Bismarck nicht nur zu, ihn als Kanzler und preußischen Ministerpräsidenten behalten, sondern auch keine »Parlamentsregierung« anstreben zu wollen.[75]

In seinem Buch *Bismarck und der Imperialismus* hat der Historiker Hans-Ulrich Wehler vor über einem halben Jahrhundert die These vom »Sozialimperialismus« entwickelt und ein Bild Bismarcks als eines »pragmatischen Expansionisten« gezeichnet.[76] Neben genuin wirtschaftlichen Motiven sei dessen Handeln von der Absicht geleitet gewesen, »den gesellschaftlichen Status quo und das politische Machtgefüge durch einen erfolgreichen Imperialismus zu legitimieren«. Der Reichskanzler habe eine »konservative Ablenkungs- und Zähmungspolitik« und auf der Basis eines »ideologischen Konsensus« das Ziel verfolgt, systemgefährdende Reformbestrebungen, seien sie nun liberaler oder sozialistischer Provenienz, nach außen abzulenken.[77] Mit seinem Versuch, Bismarcks koloniale Politik der mittleren 1880er Jahre durch einen integralen theoretischen Ansatz mit den beiden Säulen Ökonomie und Herrschaftssicherung zu erklären und zugleich auch die wilhelminische Weltpolitik, hat Wehler massiven Widerspruch provoziert. Durch seinen Hinweis auf Kontinuitäten »bis zum extremen Sozialimperialismus des Nationalsozialismus«, der durch den »Ausbruch nach ›Ostland‹ ... von der inneren Unfreiheit abzulenken versucht hat«, wurde dieser Widerspruch noch verstärkt.[78] Der Prämisse eines Primats der Innenpolitik verpflichtet, hat Wehler den außenpolitischen Dimensionen und

Beweggründen der kolonialpolitischen Wende kaum Beachtung geschenkt, er hat sich damit freilich auch geweigert, in der Kolonialpolitik nichts anderes zu sehen als die Fortsetzung einer genialen Außenpolitik und damit die unkritische Glorifizierung Bismarcks fortzuschreiben.

Von seiner ursprünglichen Sozialimperialismusthese in ihrer Radikalität und Einseitigkeit ist Wehler später selbst abgerückt. Ein Wert seiner These bleibt allerdings, dass sie die Suche nach Erklärungen für die kolonialpolitische Wende des Reichskanzlers intensiviert und über die außenpolitischen Erklärungsfaktoren hinaus den Blick auf innenpolitische und gesellschaftliche gelenkt hat. Wehler hat damit den deutschen Kolonialismus in die deutsche Gesellschaft geholt und nach dessen Bedingungen und Wirkungen in dieser Gesellschaft gefragt. Das muss man nicht als postkoloniale Perspektive bezeichnen, es markierte aber eine Abkehr vom Primat der Außenpolitik und dem Verweis auf die »losbrechenden Stürme der Weltpolitik« als alleinige Erklärung des deutschen Imperialismus.[79] Friedrich Engels hat schon während des Reichstagswahlkampfs 1884 den »Kolonialschwindel« als »einen famosen Wahlcoup« bezeichnet. Auch Bismarck selbst hat später vom »Kolonialschwindel« gesprochen, dessen er sich bedient habe, um im Reichstag die »Kronprinzenpartei« zu schwächen und ein liberales deutsches »Kabinett Gladstone« zu verhindern.[80] Als letzter Beweis für das Ende der kolonialen Episode, ja im Grunde als Beweis für sein völliges Desinteresse an einer aktiven deutschen Kolonialpolitik wird Bismarcks Antwort an einen deutschen Afrikaforscher zitiert, der den Reichskanzler 1888 zur staatlichen Unterstützung einer Expedition dorthin motivieren wollte. Das führe zu weit, und das Risiko sei zu groß, wurde der Forscher abgewiesen. »Ihre Karte von Afrika ist zwar sehr schön, aber meine Karte von Afrika liegt hier in Europa. Hier liegt Russland, und hier liegt Frankreich und wir sind in der Mitte; das ist meine Karte von Afrika.«[81]

Die koloniale Episode war dennoch keine Episode, allein schon weil die 1884/85 erworbenen Kolonien bis in den Ersten Weltkrieg hinein unter deutscher Herrschaft blieben. Der deutsche Imperialismus endete nicht, als die Kolonialpolitik Bismarcks Mitte der 1880er Jahre ihre kurzfristigen außen- oder innenpolitischen Zwecke erfüllt oder auch nicht erfüllt hatte, sondern er entwickelte sich in den nächsten drei Jahrzehnten und wurde damit ein Teil sowohl der deutschen als auch der Geschichte der von Deutschland kolonisierten Länder. Das hat man lange nicht so sehen wollen. Hatten die Deutschen sich im Vergleich zu Briten oder Franzosen zunächst als die Zu-kurz-Gekommenen in der Aneignung und Aufteilung der Welt betrachtet – und aus diesem kollektiven Minderwertigkeitsgefühl bezog die wilhelminische »Weltpolitik« einen großen Teil ihres Antriebs –, so sah man sich später und wiederum im Vergleich zu Frankreich oder Britannien gar nicht als koloniale Macht und betrachtete die deutsche Kolonialepoche als historisch eher marginal.

Die koloniale Epoche endete aber nicht mit dem Ersten Weltkrieg. Für die Deutschen gehörte der erzwungene Verzicht auf die Kolonien und damit den stolzen Status einer Weltmacht zu den Demütigungen des Versailler Vertrags. Das politische Ziel einer Revision seiner Bestimmungen umfasste von Anfang an die Wiederherstellung des überseeischen deutschen Kolonialreichs,. Die deutsche Kolonialbewegung verlor in den 1920er Jahren keineswegs an Kraft im Vergleich zu den Jahrzehnten vor 1914. Auch der aufsteigende Nationalsozialismus teilte zunächst die Forderung nach außereuropäischen Kolonien, bevor sich nach 1933 der kontinentaleuropäische Kolonialismus durchsetzte, der nicht weniger rassistisch war als der überseeische und insbesondere in Polen schon seit dem 19. Jahrhundert eingeübt wurde. Lebensraum für das deutsche Volk suchte man nun nicht mehr in Mittelafrika, sondern im östlichen Europa, das spätestens mit Kriegsbeginn im Herbst 1939 zum Objekt eines radikalisierten und genozidalen Siedlerkolonialismus im Zeichen forcierter Germanisierung wurde.

Nach 1945 wurde aus der Not eine Tugend. Der Verlust der Kolonien schon nach dem Ersten Weltkrieg ersparte den Deutschen die Erfahrung der Dekolonialisierung mit allen ihren Folgen: den Entkolonialisierungs- und Unabhängigkeitskriegen im globalen Süden selbst, aber auch den Rückwirkungen der Dekolonialisierung auf die postimperialen Gesellschaften in Europa – politisch, sozial, ökonomisch nicht zuletzt durch einen hohen Migrantenanteil aus den ehemaligen Kolonien. Zugleich bildete der erzwungene koloniale Verzicht von 1919 eine wichtige Voraussetzung für das starke deutsche – west- und ostdeutsche – Engagement in den Ländern der »Dritten Welt«. Dort konnte man, so glaubte man zumindest in Bonn und Ost-Berlin, unbefangener auftreten, unbelastet von den Hypotheken einer langen und in vielen Fällen gewaltsam und blutig zu Ende gegangenen imperialen Herrschaft.[82] Erst seit einigen Jahren wird deutlicher, welche Spuren die deutsche Kolonialherrschaft, auch wenn sie nur drei Jahrzehnte dauerte, nicht nur in der deutschen Geschichte hinterlassen hat, sondern auch in der Geschichte der indigenen Bevölkerungen.

Deutschland teilt mit seinen ehemaligen Kolonien eine gemeinsame koloniale und postkoloniale Geschichte. Die heutige deutsche Gesellschaft ist wie die Gesellschaft Togos, Kameruns oder Namibias eine postkoloniale Gesellschaft, die sich ihrer kolonialen Vergangenheit nicht entziehen kann. So beschmierten im Sommer 2020 Aktivisten ein Bismarck-Denkmal in Hamburg. Der Farbanschlag stand im Zusammenhang mit den weltweiten Aktionen gegen Rassismus, die sich nach dem gewaltsamen Tod des Afroamerikaners George Floyd in den USA entwickelt hatten. Die Hafenstadt, Deutschlands Tor zur Welt, wie sie sich bis heute nennt, ist reich an Denkmälern, die an die koloniale Vergangenheit erinnern. Aber auch außerhalb Hamburgs gibt es solche Monumente, und überall in Deutschland sind Straßen nach deutschen Kolonialoffizieren, Kolonialforschern und Kolonialunternehmern benannt oder nach Orten des einstigen Kolonialreichs. Darüber wird nun gestritten. Nach einer Phase kolonialer Amnesie wird Deutschland von seiner kolonialen Vergangenheit eingeholt. All jene Kulturgüter, die deutsche Forscher über Jahrhunderte aus dem globalen Süden in ihre Heimat brachten und die den Grundstock zahlreicher ethnologischer Sammlungen bilden, stehen nun angesichts von Rückgabeforderungen aus den Herkunftsländern in der Diskussion.

Im Zentrum der Debatte befindet sich das Berliner Humboldt Forum, das alte Stadtschloss der Hohenzollern im Herzen Berlins, das im Zweiten Weltkrieg beschädigt, 1950 vom SED-Regime gesprengt und nach einem Bundestagsbeschluss von 2002 wieder aufgebaut worden ist. Nicht zuletzt die ethnologischen Sammlungen der Staatlichen Museen Berlins sollen künftig dort gezeigt werden. In den kontroversen Auseinandersetzungen über das Humboldt Forum, die seine fast zwanzigjährige Planungs- und Baugeschichte begleiten, überschneidet sich die Auseinandersetzung über Deutschlands koloniale Vergangenheit mit der Erinnerung an Preußen und die preußisch-deutsche Monarchie, und darüber hinaus geht es um die Frage nach dem Ort der DDR im deutschen Gedächtnis. Denn dort, wo sich nun das Humboldt Forum erhebt, das mitten in der dichten Berliner Geschichts- und Erinnerungslandschaft, so einer seiner Gründungsintendanten, »Selbstvergewisserung« ermöglichen soll, befand sich zwischen 1976 und 2006 der Palast der Republik der DDR. Kritisiert wird eine mögliche Verherrlichung Preußens ebenso wie die Gefahr einer Tilgung der DDR aus dem deutschen Gedächtnis. Doch vor allem die Ausstellung außereuropäischer Kulturgüter sorgt angesichts stärker werdender Rückgabeforderungen und entsprechender Maßnahmen anderer europäischer Staaten für Streit. Für ein kosmopolitisches und weltoffenes Deutschland solle das Humboldt Forum stehen, für eine Vielfalt und ein friedliches Miteinander der Kulturen, betonen seine Befürworter. Aber welche Botschaft geht aus von dem wiedererrichteten Kuppelkreuz auf dem Hohenzollernschloss? Steht das goldene Kreuz aus der Zeit Friedrich Wilhelms IV. für Universalismus und Vielfalt sowie das friedliche, gleichberechtigte Miteinander von Kulturen? Solche Fragen und die Debatten darüber zwingen die deutsche Gesellschaft, sich endlich mit ihrer kolonialen Vergangenheit zu befassen und eine postkoloniale Erinnerungskultur zu entwickeln.

Allerdings lassen sich Deutschlands koloniale Vergangenheit und die postkolonialen Debatten darüber nicht trennen von anderen zentralen Themen der deutschen Geschichts- und Erinnerungskultur. Der deutsche Überseekolonialismus ist ein integraler Bestandteil der Geschichte des Kaiserreichs und damit weder marginal noch episodisch. Er hat auf Deutschland selbst zurückgewirkt und in der deutschen Gesellschaft Spuren hinterlassen.[83] Der Völkermord an den Herero und Nama war gewiss nicht der »Holocaust des Kaisers«,[84] aber er verbindet die deutsche Kolonialgeschichte in einer komplexen Beziehung, die sich einfachen Kontinuitäts- und Kausalitätspostulaten entzieht, mit den Menschheitsverbrechen des Nationalsozialismus. Darüber hinaus haben die Debatten über das koloniale Erbe auch den Blick geschärft für Deutschlands Kolonialismus im östlichen Europa. Die preußisch-deutsche Herrschaft über große Teile Polens seit dem späten 18. Jahrhundert ging der kolonialen Inbesitznahme afrikanischer Gebiete deutlich voraus und war daher mehr als ein »Ersatzkolonialismus« (Sebastian Conrad). Sie war – antislawisch und antipolnisch – von ähnlichen Prämissen rassistischer Überordnung und Überlegenheit bestimmt wie der außereuropäische Kolonialismus.

Fortdauernde Wirkung gewann die Bismarck'sche Kolonialpolitik auch dadurch, dass sie entscheidend zum Wachstum und zur Radikalisierung der deutschen Kolonialverbände beitrug. Die ersten dieser in den späten 1870er und frühen 1880er Jahren gegründeten Organisationen waren nicht besonders mitgliederstark. Das änderte sich mit der Gründung des »Deutschen Kolonialvereins« (1882) und der »Gesellschaft für deutsche Kolonisation« (1884), die sich 1887 zur »Deutschen Kolonialgesellschaft« zusammenschlossen, der bereits bei ihrer Gründung über 16 000 Mitglieder angehörten, am Vorabend des Ersten Weltkriegs waren es dann mehr als 40 000 vor allem aus dem Wirtschafts- und Bildungsbürgertum. Der Nationalismus dieser Mitglieder, die sich mit der Vorstellung einer saturierten Nation nicht zufriedengeben wollten, fand in der Idee überseeischer Expansion neue Nahrung. Aus dem deutschen Anspruch auf den Status einer »Weltmacht« speisten sich Forderungen nach einem Kolonialreich und damit nach einer global ausgreifenden imperialen Politik. Die kolonialen Erwerbungen der Jahre 1884 und 1885 hatten das Tor zu einer solchen Politik aufgestoßen. Auch darin liegt ihre Bedeutung. Der Geist wollte nicht mehr in die Flasche zurück, sondern verstärkte und radikalisierte sich spürbar.

Kolonialpolitik, der Besitz von Kolonien und der Aufbau eines deutschen Weltreichs sollten dazu beitragen, der deutschen Nation zu einem führenden Rang unter den Großmächten zu verhelfen. Die Kolonialpolitik wurde zentraler Bestandteil eines nationalen Konkurrenz- und Rivalitätsdenkens, in dem es um deutsche »Weltgeltung« ging und das von Anfang an sozialdarwinistische Züge trug. Solche Ansichten vertraten auch jene Befürworter eines deutschen Imperialismus, die sich 1886, kurz nachdem Bismarck seine Kolonialpolitik abgeblasen hatte, zum »Allgemeinen Deutschen Verband zur Förderung überseeischer deutsch-nationaler Interessen« zusammenschlossen, aus dem einige Jahre später der radikal-nationalistische Alldeutsche Verband hervorging. Für den Aufstieg des völkischen Nationalismus war der Kolonialerwerb der 1880er Jahre von entscheidender Bedeutung. Koloniale Expansion und Weltreichsbildung verknüpften sich mit einem politischen und wirtschaftlichen Dominanzanspruch auch in Europa. Beides war ohne starke militärische Macht – vor allem ohne eine schlagkräftige Hochseeschlachtflotte – nicht denkbar. Sosehr der Kolonialismus, den die Alldeutschen vertraten, den deutschen kolonialen Herrschafts- und Superioritätsanspruch rassistisch begründete, so sehr war er von radikalen Germanisierungsvorstellungen geleitet.

Der aggressive globale und imperiale Nationalismus des Alldeutschen Verbandes, aber auch der Kolonialgesellschaft, sozialdarwinistisch unterfüttert und rassistisch aufgeladen, wurde weit jenseits der nationalen Agitationsverbände zum bestimmenden Charakteristikum wilhelminischer »Weltpolitik«, wie sie sich nach 1890 ausformte. Dabei erfüllte der ins Globale gewendete radikale Nationalismus stets auch eine innenpolitische Funktion, indem er dazu beitrug, das autoritäre Herrschaftssystem des Kaiserreichs zu stabilisieren. Auch vor diesem Hintergrund wurden die kolonialen Kriege, die das Deutsche Reich führte, zu brutalen Vernichtungsfeldzügen, weil der Rassismus ihre Entgrenzung nicht nur zuließ, sondern auch legitimierte. Kein Zweifel, die anderen europäischen Kolonialmächte führten ebenso grausame Kolonialkriege. Die vergleichsweise kurze Dauer des deutschen Kolonialismus hat jedoch dazu geführt, dass die brutale Gewalt der deutschen Kolonialherren – nicht nur in den Kolonialkriegen, sondern auch in der alltäglichen kolonialen Herrschaft – lange Zeit kaum zur Kenntnis genommen worden ist und sich damit die Chance bot, das Bild eines Kolonialismus mit weißer Weste zu zeichnen.

Die entgrenzte und völkerrechtswidrige rassistische Gewaltausübung in den Kolonien ist nicht allein von lokalen Militärkommandeuren und anderen Herrschaftsträgern ausgegangen, vielmehr hat in Deutschland der Kaiser selbst in seiner Eigenschaft als Oberbefehlshaber der Streitkräfte immer wieder zu solch brutalem Vorgehen aufgerufen. Sechs europäische Staaten waren 1900/01 in China auf deutsche Initiative und unter deutscher Führung an einer militärischen Intervention gegen die sogenannte Boxerbewegung beteiligt, die sich dem westlichen und japanischen Imperialismus entgegenstellte – vom »Boxeraufstand« ist bis heute immer wieder die Rede. Wilhelm II. höchstpersönlich verabschiedete das in den Fernen Osten entsandte deutsche Truppenkontingent am 27. Juli 1900 in Bremerhaven mit der viel beachteten »Hunnen-Rede«: »Pardon wird nicht gegeben! Gefangene werden nicht gemacht!« Das rechtfertigte, ja autorisierte jenseits der durch den Rassismus außer Kraft gesetzten rechtlichen und humanitären Normen eine extrem brutale Kriegführung, die mit unzähligen Hinrichtungen und der Zerstörung ganzer Dörfer Angst und Schrecken in China verbreiten sollte, um die koloniale Dominanz der imperialen Mächte wiederherzustellen und zu sichern. Einschüchterung durch Terror, darauf zielte die Erwähnung der Hunnen durch den Kaiser: »Wie vor tausend Jahren die Hunnen unter ihrem König Etzel sich einen Namen gemacht, der sie noch heute in der Überlieferung gewaltig erscheinen lässt, so möge der Name Deutschland in China in einer solchen Weise bekannt werden, dass es niemals wieder ein Chinese wagt, einen Deutschen auch nur scheel anzusehen.«[85]

Nur wenige Jahre nach dem Boxerkrieg führten deutsche Kolonialtruppen zwischen 1904 und 1908 einen brutalen Vernichtungskrieg gegen die indigenen Herero und Nama in der deutschen Kolonie Südwestafrika. Nun ging es nicht mehr um Einschüchterung durch Terror, sondern um Völkermord. Alle bewaffneten Krieger sofort zu erschießen, war noch während der Passage nach Südwestafrika der erste Befehl von General Lothar von Trotha an die ihm unterstellten Truppen. Das erinnert an die »Hunnen-Rede«. Eine Rede hielt Wilhelm II. im Jahr 1904 zwar nicht, wohl aber ermächtigte er General von Trotha, der vor seinem südwestafrikanischen Kommando am Krieg gegen die indigene Bevölkerung in Deutsch-Ostafrika mitgewirkt und im Boxerkrieg eine deutsche

Brigade kommandiert hatte, den »Aufstand« mit allen nötigen Mitteln niederzuschlagen.[86] »Die Herero sind nicht mehr deutsche Untertanen«, hieß es in einer Proklamation Trothas vom 2. Oktober 1904, in der er zum Genozid aufrief: »Das Volk der Herero muss ... das Land verlassen. Wenn das Volk dies nicht tut, so werde ich es mit dem Groot Rohr [einem Geschütz; E.C.] dazu zwingen. Innerhalb der deutschen Grenze wird jeder Herero mit oder ohne Gewalt, mit oder ohne Vieh erschossen, ich nehme keine Weiber oder Kinder mehr auf, treibe sie zu ihrem Volk zurück oder lasse auf sie schießen.«[87]

60 000 Herero, etwa 75 bis 80 Prozent der Gesamtbevölkerung, und 10 000 Nama, die Hälfte der Bevölkerung, fielen dem deutschen Vernichtungskrieg, den Trotha von Anfang an als Krieg gegen eine minderwertige »Rasse« führte, zum Opfer. Sie wurden von deutschen Soldaten getötet, starben in Gefangenenlagern, aber auch in regelrechten Konzentrationslagern wie dem auf der Haifischinsel. Dort wurden indigene Gefangene festgehalten und bei schlechtester Ernährung zu schwerer körperlicher Arbeit gezwungen. Tausende starben, viele schlicht aufgrund mangelhafter Versorgung. Ebenfalls Tausende Herero wurden auf Trothas Befehl in die Halbwüste Omaheke getrieben, wo deutsche Truppen sie am Bau von Wasserstellen hinderten. Auch dort starben unzählige Menschen. Wer der Wüste zu entfliehen suchte, wurde erschossen. Das Ziel dieser »rigorose[n] Behandlung aller Teile der Nation« war, so Trotha zu Generalstabschef Alfred von Schlieffen, die Vernichtung der Nation als solche, und es ging dabei nicht um eine »Vernichtung« im engeren militärischen Sinne. Denn die »Aufnahme der Weiber und Kinder, die beide zum größten Teil krank sind«, sei »eine eminente Gefahr für die Truppe, sie jedoch zu verpflegen, eine Unmöglichkeit. Deshalb halte ich es für richtiger, dass die Nation in sich untergeht ...«[88] Für Trotha war der »Aufstand« der Herero der »Anfang eines Rassenkampfes«, in dem Regeln des humanitären Völkerrechts und etablierte militäri-

sche Verhaltenskodizes nicht berücksichtigt zu werden brauchten. Das sah nicht nur der Kolonialgeneral so, denn er fand Bestätigung von höchster Stelle. Genau wie Trotha war Generalstabschef Schlieffen überzeugt, dass es sich bei dem »Aufstand« in Südwestafrika um einen »Rassenkampf« handelte, und dieser »entbrannte Rassenkampf ist nur durch die Vernichtung einer Partei abzuschließen«.[89]

Der Vernichtungskrieg gegen die Herero und Nama – letztere wurden in Deutschland noch bis weit ins 20. Jahrhundert hinein abschätzig als »Hottentotten« bezeichnet – war ohne Zweifel ein Völkermord. Doch erst 2015, mehr als hundert Jahre nach den Ereignissen, verwendeten auch Bundestagspräsident Norbert Lammert und – für die Bundesregierung – das Auswärtige Amt diesen Begriff. »Der Vernichtungskrieg in Namibia von 1904 bis 1908 war ein Kriegsverbrechen und Völkermord«, hieß es 2015 in einer Erklärung des Außenministeriums, das eine Formulierung aufnahm, die der damalige Außenminister Frank-Walter Steinmeier als SPD-Fraktionsvorsitzender im Bundestag schon einige Jahre früher verwendet hatte.

Man muss nicht die These vom deutschen Sonderweg bemühen, um unabhängig von den quantitativen Dimensionen Parallelen zwischen dem kolonialen Völkermord in Namibia und dem nationalsozialistischen Vernichtungskrieg knapp vier Jahrzehnte später zu erkennen. Es nimmt dem Holocaust nichts von seiner Singularität, wenn man feststellt, dass die Strategien und Praktiken einer rassistisch determinierten Vernichtung, die sich im Zweiten Weltkrieg gegen Juden ebenso richtete wie gegen die nichtjüdische »slawische« Bevölkerung in Polen oder in der Sowjetunion, nicht präzedenzlos waren. Vor allem Kolonialhistoriker haben darauf hingewiesen, dass insbesondere der deutsche Krieg im östlichen Europa, beginnend mit dem Überfall auf Polen am 1. September 1939, die Züge eines Kolonialkriegs trug, in dem es – rassen- und raumideologisch determiniert – auch um die Gewinnung kolonialen Lebensraums ging, nur eben im Osten des europäischen Kontinents und nicht in Afrika. Bereits Hannah Arendt hat auf die Ursprünge der Idee der »systematischen Ausrottung ganzer Rassen« in Afrika hingewiesen, diese Vorstellung allerdings nicht als eine deutsche, sondern als eine europäische bezeichnet.[90] Das ist angesichts der Geschichte kolonialer Gewalt kaum zu bestreiten, entkräftet aber nicht das Argument, dass in die auf die Gewinnung von Lebensraum ausgerichtete und in diesem Sinne koloniale Kriegführung des nationalsozialistischen Deutschlands Erfahrungen und Dispositionen aus den Kolonialkriegen des Kaiserreichs eingeflossen sind. Das reicht von sozialdarwinistischen Überzeugungen, die sich mit einem zunehmend ethnisch und rassistisch aufgeladenen völkischen Nationalismus verbanden, über die Bedeutung des Rassismus für die völkerrechtswidrige Entgrenzung der Kriegführung, nicht zuletzt durch die Vernichtung der Zivilbevölkerung, bis hin zu den Praktiken einer Vernichtung durch Arbeit in den Konzentrations- und Vernichtungslagern oder des Verhungernlassens von Millionen insbesondere sowjetischer Kriegsgefangener. Die Tabus im Denken und Handeln waren längst gebrochen, als die nationalsozialistische Kriegs- und Vernichtungspolitik diesen Tabubruch noch einmal qualitativ und quantitativ steigerte.[91] Auch auf die von Ärzten und Forschern aller Kolonialmächte, unter ihnen Robert Koch, durchgeführte Erprobung von Medikamenten an afrikanischen Menschen ist in diesem Zusammenhang hingewiesen worden. Der europäische Rassismus hat solche Praktiken ermöglicht und legitimiert.

Den deutschen Vernichtungskrieg der Jahre 1939 bis 1945 in eine historische Linie kolonialer Gewalt und genozidaler Vernichtung zu stellen, enthebt uns nicht der Frage nach den spezifisch deutschen Entwicklungen zwischen dem Genozid an Herero und Nama und dem nationalsozialistischen Völkermord im Zweiten Weltkrieg. Zu diesen Entwicklungen und Bedingungen gehört der sich seit den 1870er Jahren radikalisierende völkische

Nationalismus, dessen rassistische und antisemitische Aufladung in den letzten Jahrzehnten des Kaiserreichs und vor allem während des Ersten Weltkriegs immer stärker zunahm und der auch deswegen so große Verbreitung fand, weil er zur gängigen Münze in innenpolitischen und gesellschaftlichen Diskursen wurde. Vor dem Hintergrund des Ersten Weltkriegs verstärkte sich der auf das östliche Europa zielende Kolonialismus der Germanisierung, der schon zuvor in den polnischen Provinzen Preußens eingeübt worden war und nun weit über die östlichen Reichsgrenzen hinaus neue Imaginations- und Handlungsfelder fand. Mit dem Frieden von Brest-Litowsk im März 1918 nahm ein raum- und rassenideologisch bestimmtes, deutsch beherrschtes Ostimperium zumindest temporär Gestalt an. Der Verlust der überseeischen Kolonien im Versailler Vertrag lenkte das deutsche Kolonialdenken dann noch stärker auf kontinentaleuropäische Bahnen. Mehr als bisher sah die nationalistische Rechte einschließlich der aufsteigenden Nationalsozialisten das östliche Europa nun als Ernährungs- und Siedlungsraum, als »Lebensraum im Osten«, dessen Eroberung und rücksichtslose Germanisierung, von Hitler schon wenige Tage nach der Machtübernahme 1933 ankündigt, die nationalsozialistische Kriegs- und Vernichtungspolitik von Anfang an bestimmten.[92]

Der Krieg im Südwesten Afrikas wirkte zurück auf die deutsche Innenpolitik. Als SPD und Zentrum 1906 zusammen mit den Abgeordneten der polnischen Minderheit im Reichstag einen Nachtragshaushalt ablehnten, der die exorbitanten Kosten des Kolonialkriegs decken sollte, ließ Reichskanzler Bülow das Parlament auflösen. Wohlgemerkt: Nicht die exzessive deutsche Gewalt führte zu einer Behandlung der Thematik im Reichstag, sondern die Kriegsfinanzierung, auch wenn diese sich rasch mit der Frage kolonialer Misswirtschaft verband. Die »Hottentotten-Wahlen« im Januar 1907 brachten Konservativen und Liberalen, enthusiastischen Vertretern des Kolonialismus, eine Mehrheit.

Die Kolonialpolitik hatte den Wahlkampf bestimmt, der das ganze Ausmaß kolonialer Begeisterung in der deutschen Gesellschaft zeigte. Dass auch Sozialdemokraten und Zentrum unter dem Druck der öffentlichen Stimmung einen moderaten Kolonialismus vertraten, verhinderte nicht, dass sie wieder einmal als »Reichsfeinde« oder »Vaterlandsverräter« denunziert wurden. Zwar gewann die SPD Wählerstimmen hinzu und erzielte erneut den höchsten Stimmenanteil, doch die Neueinteilung der Wahlkreise und Wahlbündnisse von Konservativen und Liberalen verhinderte, dass sich der hohe Stimmenanteil in Abgeordnetenmandaten niederschlug. Dennoch war unübersehbar, dass Kolonialismus und Weltpolitik in der Bevölkerung auf Zustimmung stießen, weil sie einen Nationalismus bedienten, der nach deutscher Weltgeltung strebte, nach nationalem Prestige durch imperialistische Politik und nach einem zumindest gleichberechtigten Platz Deutschlands im Kreis der Weltmächte. Reichskanzler Bülow stützte seine Innenpolitik auf jene Kräfte im konservativen und im liberalen Lager, die einen solchen imperialen Nationalismus vertraten. Dieser gehörte, zusätzlich geschürt durch die nationalistischen Agitationsverbände, zu den Voraussetzungen deutscher Weltpolitik, die von Anfang an eine Politik globaler Machtentfaltung war und vor allem auf zwei Säulen ruhte: einer starken, global einsetzbaren Flotte zum einen sowie dem Kolonialismus und weltweiter, nicht zuletzt wirtschaftlicher Präsenz des Deutschen Reiches zum anderen. Für die wachsenden Spannungen insbesondere mit Großbritannien im Vorfeld des Krieges war diese Politik von entscheidender Bedeutung. Immer stärker wirkte sie auf die Mächtebeziehungen in Europa zurück und trug zur Entwicklung jener sich zunehmend verhärtenden Blockkonfrontation bei, die 1914 in die Katastrophe führte.

»Nach jedem Krieg wird es besser.«

Die imperialen Spannungen außerhalb Europas und die globalen Konflikte der europäischen Mächte waren nicht der eigentliche Grund für den Krieg. Wenn man den Krieg, der nach den Schüssen von Sarajevo aus der Julikrise 1914 entstand, auf eine Ursache zurückführen möchte, dann war es der Nationalismus, ohne den wir die Urkatastrophe des 20. Jahrhunderts, wie es der amerikanische Diplomat und Historiker George F. Kennan genannt hat, nicht erklären können. Das erspart uns nicht die Frage nach der politischen Verantwortung einzelner Staaten und deren Regierungen, mit deren Beantwortung man es sich zu leicht macht mit dem Hinweis auf ein allgemeines Systemversagen oder die Komplexität der Ereignisse. Der Beginn des Weltkriegs wurde herbeigeführt durch konkrete Entscheidungen, durch Handeln, zum Teil auch durch Nichthandeln. Und zu den Bedingungen, unter denen die Akteure handelten, unter denen sie Entscheidungen von weitreichender Bedeutung trafen, gehörte der Druck des Nationalismus, der in allen europäischen Gesellschaften auf den Entscheidungsträgern lastete.

Wenn Deutschland sich 1914 nicht für den Krieg entschieden hätte, dann hätte es keinen Krieg gegeben, hat vor einem Vierteljahrhundert John Röhl, der Biograph Wilhelms II., festgestellt.[93] Das relativiert nicht die Verantwortung auch anderer Mächte für den Weg in den Krieg. Aber es lenkt den Blick zurück auf Deutschland und zu der Frage, in welcher spezifischen Weise sich die deutsche Politik vor dem Ersten Weltkrieg und ganz besonders in den dramatischen Wochen der Julikrise aus jenem Nationalismus speiste, der in den Jahren der Reichsgründung entstanden war und sich im weiteren Verlauf verfestigt und zunehmend verschärft hatte. Es war der Nationalismus einer verspäteten Nation, die den vermeintlichen Makel der späten Nationalstaatsbildung bei aller Begeisterung über die Reichsgründung als Inferiorität gegenüber den alten europäischen Nationalstaaten begriff, allen voran Britannien und Frankreich. Befördert durch ein nationalistisches Konkurrenz- und Rivalitätsdenken, das alle europäischen Gesellschaften teilten, führte dieser Inferioritätskomplex nach der inneren Konsolidierung des Nationalstaats und seiner Etablierung als europäische Großmacht in der Ära Bismarck zu einem offensiv vorgetragenen Anspruch auf Weltgeltung. Die Reichsgründung wurde vor diesem Hintergrund zum »Jugendstreich«, wie Max Weber es formulierte.

Was das politisch bedeutete, blieb unklar, aber das deutsche Auftreten führte zu immer neuen Konflikten, nicht zuletzt mit Großbritannien, der einzigen wirklich globalen Macht, die sich durch das erratische deutsche Verhalten und nicht zuletzt die so plumpen wie provozierenden Auftritte des Kaisers zunehmend herausgefordert fühlte. Dabei hätte es dieser Politik des Auftrumpfens überhaupt nicht bedurft, denn eine Reihe von objektiven Indikatoren wie wirtschaftliche Dynamik, demographische Entwicklung, wissenschaftlich-technischer Fortschritt und militärische Stärke bezeugten das deutsche Kraftpotential und den Großmachtstatus. »Ob wir uns zu einer Weltmacht entwickeln«, wie Friedrich von Bernhardi in seinem Buch *Deutschland und der nächste Krieg* schrieb, war jedoch nie – und nicht einmal primär – eine außenpolitische Frage. Vielmehr zielte Bernhardis Alternative »Weltmacht oder Niedergang« auf die deutsche Innenpolitik. Natürlich sollte die deutsche Weltmachtpolitik die Weltgeltung des Kaiserreichs erhöhen, doch im Kern waren Weltpolitik und Weltmachtanspruch auf die Stabilisierung eines autoritären Herrschaftssystems gerichtet. Allein ein solch starker Staat wäre auch zu globaler Kraftentfaltung in der Lage. Das muss man nicht als Sozialimperialismus bezeichnen, aber man wird der deutschen Weltpolitik nicht gerecht, wenn man sie nicht innenpolitisch und gesellschaftlich rückbindet und sie auch aus der sich verschärfenden politischen Krise des Kaiserreichs erklärt, aus der Wahrnehmung des unaufhaltsamen Aufstiegs der Sozialdemokratie sowie den immer lauter werdenden Forderungen nach Parlamentarisierung und einer grundlegenden Reform des politischen Systems.

Krieg lag von Anfang an in der Konsequenz dieses radikalen Nationalismus. Die Alternative »Weltmacht oder Niedergang« transportierte eine bellizistische Botschaft, und Friedrich von Bernhardi war nicht der Einzige, der einen »Krieg um unsere Weltmachtstellung« für unvermeidlich hielt und sich dafür aussprach, einen solchen Krieg aktiv herbeizuführen. Die innenpolitische Stoßrichtung eines solchen Bellizismus war eindeutig, und es war kein Zufall, dass im Reichstag ein Zwischenrufer der Rechten August Bebel mit den Worten »Nach jedem Krieg wird es besser!« unterbrach, als der SPD-Vorsitzende 1911 vor dem Hintergrund der Marokkokrise vor einem Krieg warnte, der eine ganze Generation junger europäischer Männer das Leben kosten und den Kontinent in Not und Elend stürzen würde. Bebel wusste den Zwischenruf nur zu gut einzuschätzen: »Man weiß nicht mehr, wie man mit der Sozialdemokratie fertig werden soll. Da wäre ein auswärtiger Krieg ein ganz vortreffliches Ablenkungsmittel gewesen.«[94]

In dem berühmten »Kriegsrat«, zu dem Wilhelm II. am 8. Dezember 1912 die militärische Führung und seinen engsten militärischen Beraterkreis versammelte, wurde, anders als von Fritz Fischer behauptet, nicht die Auslösung eines Krieges beschlossen. Aber die Zusammenkunft, von der Reichskanzler Bethmann Hollweg und Außenstaatssekretär Kühlmann ausgeschlossen blieben, demonstriert das wachsende Gewicht jener Kräfte, nicht zuletzt im Militär, die einen Krieg für unausweichlich hielten und aus diesem Grund für eine aktive deutsche Kriegspolitik plädierten, um den Krieg zu deutschen Bedingungen und in einer für Deutschland vorteilhaften Situation zu führen. Zusammen mit dem Bellizismus in der öffentlichen Meinung erhöhte das den Kriegsdruck. Militärische und innenpolitische Argumente verstärkten sich dabei wechselseitig. Sicher, der Kriegsbeginn

1914 resultierte nicht allein aus dieser deutschen Entwicklung. Aber wir können den Weg in den Krieg und insbesondere die deutsche Politik in den Wochen der Julikrise kaum erklären, wenn wir nicht die zunehmende Kriegsbereitschaft und den steigenden Einfluss der Kriegspartei in Deutschland in den Blick nehmen.

Der Erste Weltkrieg war ein Krieg imperialer Nationalstaaten. Er wurde global ausgetragen, und alle Seiten setzten koloniale Truppen ein. Aber er entstand nicht aus kolonialen Konflikten, sosehr diese auch auf die Mächtebeziehungen in Europa und ganz besonders auf das deutsch-britische Verhältnis zurückwirkten. Bismarcks Bündnispolitik war 1890 gescheitert. Frankreich konnte nicht länger isoliert gehalten werden, die Spannungen mit Russland wuchsen, und Britannien war für ein Bündnis nicht zu gewinnen. Im Gegenteil: Die deutsche Weltpolitik und die Flottenrüstung führten zu wachsender Entfremdung, ja Konfrontation. Aus dieser Konstellation – nicht aus Stärke, sondern aus Schwäche – entstand nach 1890 die sogenannte Politik der freien Hand, die nichts anderes war als eine Politik der Selbstisolation, in der sich freilich auch der aggressive deutsche Geltungsanspruch spiegelte. Was blieb, war der Schulterschluss mit Österreich-Ungarn, der sich immer mehr verfestigte und geradezu zum Selbstzweck wurde. Nicht einmal ein allianzpolitisches Lavieren wie in der Ära Bismarck war noch möglich. An dessen Stelle trat die 1909 von Reichskanzler Bülow beschworene Nibelungentreue zwischen Berlin und Wien. Britannien, Frankreich und Russland hingegen hatten ihre kolonialpolitischen Spannungen inzwischen überwunden, und so stand dem deutsch-österreichischen Machtblock spätestens seit 1907 ein britisch-französisch-russischer gegenüber. Es war diese Konstellation, die in Deutschland als aggressive, gegen das Kaiserreich gerichtete Einkreisung wahrgenommen wurde, und diese Vorstellung nährte den Topos des unvermeidlichen Krieges.

»Ich sehe kein Europa mehr«, hatte der österreichische Außenminister Graf Beust im Herbst 1870 geklagt. Das galt nun in noch viel stärkerem Maße. Die Außenpolitik der nationalen Machtstaaten hatte ihren gesamteuropäischen Handlungsrahmen komplett verloren. Ein europäisches Konzert, das diesen Namen verdient und das divergierende Interessen hätte ausgleichen können, gab es nicht mehr. Und selbst innerhalb der Bündnisblöcke dominierten einzelstaatliche Machtinteressen, die sich angesichts des Autonomieanspruchs der Nationalstaaten nicht kontrollieren ließen. Blockkonfrontation und nationale Machtansprüche führten in den Jahren vor dem Krieg zu einer gewaltigen Aufrüstung, die gigantische Ressourcen verschlang und zu einer immer stärkeren Militarisierung der internationalen Beziehungen beitrug. Die Rüstungsausgaben wuchsen ins schier Unermessliche. Die Stärke von Heer und Marine stieg in Deutschland zwischen 1890 und 1914 von 504 000 auf 891 000 Mann, in Frankreich von 542 000 auf 910 000, in Russland von 677 000 auf 1 352 000, und überall wurden Wehrgesetze verabschiedet, die diese Zahlen noch weiter erhöhen und die Schlagkraft der Truppen verbessern sollten. Das personelle Wachstum ging einher mit einem technischen Wettrüsten. Immer neue, stärkere und treffsicherere Geschütze, Maschinengewehre, U-Boote wurden produziert und der Aufbau von Luftwaffen forciert.[95] Entsprechend verschärften sich die innergesellschaftlichen Verteilungskämpfe. Wenn immer höhere Ressourcen in die Rüstung flossen, was blieb dann übrig für Sozialpolitik und Sozialreform? Doch wenn sich – nicht nur in Deutschland – insbesondere die Arbeiterbewegung deswegen für eine Reduzierung der Rüstungsausgaben starkmachte, dann lieferte sie in den Augen des nationalistischen Lagers lediglich einen weiteren Beweis für ihre nationale Unzuverlässigkeit.

In Europa nahmen Spannungen und Konflikte zu, und fast immer ging es dabei um Entwicklungen auf dem Balkan, wo sich vor allem der russisch-österreichische Gegensatz verschärfte. Eine

Balkankrise folgte der anderen. Zweimal, 1912 und 1913, kam es sogar zu Kriegen, an denen die Großmächte zwar nur indirekt beteiligt waren, aber mit ihren Interessen auf Kriegsverlauf und Friedensschlüsse einwirkten. Doch auch wenn die Kriege lokal begrenzt blieben und Krisen durch Botschafterkonferenzen der Großmächte entschärft werden konnten, die Grundkonflikte, vor allem der russisch-österreichische, wurden nicht ausgeräumt, die Blockkonfrontation nicht überwunden. Es gab punktuelle Entspannungserfolge, doch diese waren trügerisch, weil sie den Glauben nährten, auch die nächste Krise werde sich beilegen lassen. Das trug zu einer hoch riskanten Politik bei, die mit immer höherem Einsatz betrieben wurde und sich gerade auch auf deutscher Seite mit der Überzeugung von der Unvermeidlichkeit eines Krieges verband sowie der Bereitschaft, ja dem Bestreben des nationalistisch-bellizistischen Lagers, diesen Krieg eher früher als später zu führen. Während die Kriegserfahrung der Reichsgründungszeit für die Kriegsbereitschaft in Politik und Öffentlichkeit noch immer eine wichtige Rolle spielte, wobei man von der Überlegenheit des preußisch-deutschen Militärs ausging, Krieg ausschließlich mit Sieg assoziierte und überdies einen Krieg von kurzer Dauer erwartete, hatten führende Militärs, unter ihnen Generalstabschef Helmuth von Moltke, ein Neffe des älteren Moltke, einen anderen Krieg vor Augen: einen Volkskrieg. Das aber war kein Krieg, der durch eine Schlacht entschieden werden würde, sondern ein Abnutzungskrieg, der am Ende Sieger und Besiegte völlig erschöpft zurücklassen würde.[96]

Eine aktive Politik der Kriegsvermeidung, eine Politik nicht nur der punktuellen Krisenbewältigung, sondern der Friedenssicherung, der Verständigung und der Vertrauensbildung resultierte daraus nicht. Vielmehr ging es darum, durch immer höheren Druck das andere Lager zum Zurückweichen, zum Nachgeben zu bringen und den Gegner dadurch zu schwächen. Das erklärt in der Julikrise 1914 den Blankoscheck der Deutschen für Österreich und dessen Vorgehen gegen Serbien. Man wollte Wien gerade nicht mäßigen, sondern über Österreich den Druck auf Russland erhöhen. Man suchte in Berlin gerade keinen Ausgleich mit Russland oder auch Großbritannien, weil das nicht nur die Allianz mit Österreich erschüttert hätte, sondern weil es auch als Zeichen der Schwäche ausgelegt worden wäre. Man wollte aber Stärke demonstrieren, Entschlossenheit und Unnachgiebigkeit, wollte dem Gegner, vor allem Russland, eine Niederlage beibringen, ihn zum Rückzug zwingen – diplomatisch und, wenn das nicht gelang, militärisch. Der erwartete Sieg, so sah es das nationalistische Lager, würde nicht nur Deutschlands Macht vergrößern und das Kaiserreich endgültig zur Weltmacht machen, sondern er würde auch den Ansturm der Demokratie aufhalten und den autoritären Nationalstaat stabilisieren: »Nach jedem Krieg wird es besser!«

III Ein vergangenes Reich?

Geschichte ist immer Gegenwart. Die Nation, die er repräsentiere, sei eine andere Nation als das Deutschland von 1914, erklärte Bundespräsident Joachim Gauck, als sich 2014 der Beginn des Ersten Weltkriegs zum 100. Male jährte.[1] Distanz zum Kaiserreich war auch seinen Vorgängern wichtig. Für Gustav Heinemann war der 18. Januar 1971 ein ungerufener Gedenktag. Nach einer Hundertjahrfeier war dem 1969 gewählten ersten sozialdemokratischen Bundespräsidenten nicht zumute. Allein schon wegen der deutschen Teilung stand für ihn die Bundesrepublik nicht in der Tradition des 1871 begründeten Nationalstaats. Außerdem habe dieser, so Heinemann in einer Fernsehansprache zum Jahrestag, zwar eine äußere Einheit geschaffen, nicht aber innere Freiheit und Demokratie. Doch auch die Geschichte seit 1871 stand aus seiner Sicht einem nationalen Feiertag im Weg: »Hundert Jahre Deutsches Reich – dies heißt eben nicht einmal Versailles, sondern zweimal Versailles, 1871 und 1919, und dies heißt auch Auschwitz, Stalingrad und bedingungslose Kapitulation von 1945.«[2]

Als fast zwei Jahrzehnte später, am 3. Oktober 1990, die deutsche Teilung zu Ende ging, war das für Bundespräsident Richard von Weizsäcker ein Beleg dafür, dass der Nationalstaat nicht am Ende sei, doch in die Tradition des Bismarck-Reiches stellte auch er den Nationalstaat Bundesrepublik nicht. Das Volk habe zwar damals – so wie 1990 – die schließlich 1871 geschaffene Einheit gewollt, es sei aber – anders als 1990 – an den Entscheidungen nicht beteiligt gewesen. Erstmals habe jetzt das ganze Deutschland seinen Platz im Kreis der westlichen Demokratien.[3] Als wenige Monate darauf der Deutsche Bundestag über den künftigen

Regierungssitz debattierte, führten sowohl Befürworter Berlins, das nach dem Einigungsvertrag deutsche Hauptstadt sein sollte, als auch Befürworter Bonns historische Argumente an. Dass Berlin auch die Hauptstadt des Kaiserreichs gewesen sei, tauchte als Argument gar nicht auf. Vielmehr erntete der CDU-Politiker Norbert Blüm, der mit einem Plädoyer für Bonn die Debatte eröffnete, parteiübergreifenden Beifall, als er erklärte, der deutsche Nationalstaat stehe am Ende des 20. Jahrhunderts »nicht mehr dort, wo er am Anfang stand. Wir haben uns nicht zum Deutschen Reich wiedervereint ...« Das vereinigte Deutschland sei »nicht einfach die Verlängerung der Vergangenheit über die Gegenwart in die Zukunft«.[4] War das Kaiserreich nach mehr als vier Jahrzehnten westdeutscher Demokratie und ostdeutscher Diktatur für die Berliner Republik tatsächlich nur noch Geschichte? War es ein vergangenes Reich?

Historiker gaben, wenig überraschend, in der Zeit nach 1990 unterschiedliche Antworten auf diese Fragen. Arnulf Baring etwa sprach von der Wiederkehr Deutschlands, das nun an seinen angestammten Platz in der Mitte Europas zurückkehre, von einer »geglückten Synthese aus Bismarcks Reich und Adenauers Rheinbund«.[5] Wolfgang J. Mommsen, der in den 1990er Jahren eine große, freilich schon vor 1990 konzipierte Geschichte Deutschlands zwischen 1850 und dem Ersten Weltkrieg vorlegte, hielt es zwar für unangemessen, in dem »wiedererstandenen deutschen Staat [dem vereinigten Deutschland von 1990; E.C.] nun eine Fortsetzung des deutschen Kaiserreichs« zu sehen, aber für ihn stand die Bundesrepublik seit 1990 nicht allein »in den geschichtlichen Traditionslinien, ... die damals begründet worden sind«, sondern auch das Kaiserreich bildete in seiner Sicht »heute noch den zentralen Orientierungspunkt für die nationale Identität der Deutschen«.[6] Das mag man als eine nicht zuletzt generationell bestimmte Sichtweise bewerten. Heinrich August Winkler, dessen 2000 erschienenes zweibändiges Werk *Der lange Weg nach*

Westen als »politische Nationalgeschichte für die Berliner Republik« bezeichnet worden ist, sah – nach 1990 – die deutsche Geschichte »nicht länger als Widerlegung eines deutschen Nationalstaats oder gar des Nationalstaats schlechthin«. Nach dem Ende des antiwestlichen deutschen Sonderwegs 1945 endete für Winkler 1989/90 sowohl der postnationale Sonderweg der alten Bundesrepublik als auch der internationalistische Sonderweg der DDR. Das vereinte Deutschland war für ihn ein »demokratischer, postklassischer Nationalstaat unter anderen«.[7] Aber haben sich die deutsche Geschichte und mit ihr die deutsche Geschichtsschreibung tatsächlich aus dem für sie so lange konstitutiven Bezug auf das Kaiserreich gelöst?

Ein Sonderweg in die Moderne?

Nationalgeschichte im Schatten der Katastrophe

Die Befreiung der Deutschen vom Nationalsozialismus 1945 bedeutete zugleich das Ende des 1871 gegründeten deutschen Nationalstaats. Im beginnenden und rasch eskalierenden Kalten Krieg entstanden aus der alliierten Besatzungsherrschaft zwei Staaten. Die Bundesrepublik und zumindest zu Beginn auch die DDR erhoben zwar einen nationalen Anspruch – die Bundesrepublik verstand sich sogar staatsrechtlich als Rechtsnachfolgerin des Deutschen Reiches und hielt in der Präambel des Grundgesetzes am Ziel der Wiedervereinigung fest –, aber im Laufe der Jahrzehnte verfestigte sich die Teilung. Zwei Staaten existierten in Deutschland, so formulierte es Bundeskanzler Willy Brandt 1969, die füreinander nicht Ausland waren, und zu ihrem komplexen, von Abgrenzung und Verflechtung gleichermaßen geprägten Verhältnis gehörte zweifellos die gemeinsame nationale Geschichte. Aber konnte diese Geschichte, konnte die Geschichte des verlorenen, des in Krieg und Völkermord untergegangenen deutschen Nationalstaats eine Perspektive bieten für die Überwindung der Teilung? Waren nicht der nationale Staat und seine Geschichte durch die Verbrechen des Nationalsozialismus vollkommen diskreditiert? Wie konnte eine staatliche Ordnung – der Nationalstaat – zum politischen Fluchtpunkt werden, die zum Aufstieg einer Gewaltherrschaft und zu millionenfachem Mord geführt hatte? War nicht angesichts der deutschen Geschichte vor 1945 eine Rückkehr zum Nationalstaat ausgeschlossen? Als Karl Jaspers 1960 so argumentierte und der Philosoph insbesondere davon sprach, die Deutschen hätten mit »Auschwitz« jedes Recht verwirkt, eine Nation zu sein und einen Nationalstaat zu bilden, schlug ihm breite Ablehnung entgegen. Dass er den Deutschen selbst die Schuld gab an der Teilung und die Existenz zweier deutscher Staaten für historisch – und moralisch – gerechtfertigt hielt, löste einen Skandal aus.

Doch Jaspers verwies auf ein zentrales Problem historisch-politischer Selbstverständigung im Nachkriegsdeutschland: auf ein Geschichtsbild nicht zuletzt, in dem der Nationalsozialismus weithin aus der Kontinuität deutscher Geschichte im 19. und 20. Jahrhundert und vor allem aus der Geschichte des Nationalstaats von 1871, des Deutschen Reichs, herausgelöst wurde. An der Entstehung und Stabilisierung dieses Geschichtsbilds hatte die Geschichtswissenschaft erheblichen Anteil. Deutsche Historiker wirkten daran entscheidend mit. Erschüttert blickte Friedrich Meinecke, der 1862 geborene liberale Nestor der deutschen Geschichtswissenschaft, nach Kriegsende auf die »deutsche Katastrophe«, den Untergang des deutschen Nationalstaats, zu dessen historischer Legitimation Meineckes akademische Lehrer, unter ihnen Droysen, Sybel und Treitschke, im 19. Jahrhundert beigetragen hatten. Für Meinecke selbst waren Nation und Nationalstaat ebenfalls ein Lebensthema. Auch deshalb trieb den über achtzig Jahre alten Historiker, der sich schon früh vom Nationalsozialismus distanziert und deswegen 1935 nach fast vierzig Jahren als Herausgeber der *Historischen Zeitschrift* verdrängt worden war, der nationale Zusammenbruch um. Die Frage nach den tieferen Ursachen dieses Zusammenbruchs, der »furchtbaren Katastrophe, die über Deutschland hereingebrochen ist«, ließ ihn nicht zur Ruhe kommen. Kritisch, auch selbstkritisch fiel Meineckes Blick auf die Unterhöhlung, ja die Vernichtung des Liberalismus im Prozess der Nationalstaatsbildung durch das Zusammenwirken des preußischen Militärstaats und eines national und machtstaatlich korrumpierten Bürgertums, dem er eine erhebliche »Mitverantwortung und Schuld ... an allem, was die Katastrophen und insbesondere das Emporkommen des Nationalsozialismus vorbereitet hat«, zuwies. Meinecke, der 1948 noch Gründungsrektor der Freien Universität Berlin wurde, sprach von Borussismus und Militarismus als »schwerer Hypothek ... auf dem Werke Bismarcks« und rang sich am Ende durch zu der für ihn schmerzhaften, aber nicht länger zurückzudrängenden Frage, ob nicht schon im Reich von 1871 »Keime des späteren Unheils ... von vornherein wesenhaft steckten«.[8]

Nicht alle Kollegen wollten Meineckes zweifelnde Einschätzung teilen und damit auch ihr eigenes Werk und ihre eigene Biographie auf den Prüfstand stellen. Der Freiburger Historiker Gerhard Ritter, Jahrgang 1888 und damit etwa eine Generation jünger als Meinecke, fragte zwar auch, wie es geschichtlich kommen konnte, »daß unsere Nation zur Gefolgschaft eines so extremen Militaristen werden konnte, wie ihn die Welt noch nicht gesehen hatte – eines Dämons, der den guten deutschen Namen zum Schrecken und Abscheu Europas machte«?[9] Aber schon in Ritters Frage lag seine Antwort – sein Versuch, durch den Begriff des »Dämons« und die Kategorie des »Dämonischen« die deutsche Nation und ihre Geschichte von Hitler zu trennen, den Nationalsozialismus als eine letztlich irrationale, von außen über die Deutschen gekommene Macht zu deuten, die sich daher auch der geschichtswissenschaftlichen Analyse und Erklärung entziehe und damit nicht zur nationalen Geschichte gehöre. Im vergangenheitspolitischen Klima der 1950er Jahre fielen solche Deutungsangebote auf fruchtbaren Boden, etwa wenn Erich Dombrowski, einer der Gründungsherausgeber der *Frankfurter Allgemeinen Zeitung*, in einem Leitartikel zum zehnten Jahrestag des 8. Mai 1945 nicht nur die angebliche Kollektivschuldthese der Alliierten zurückwies, sondern Hitler als einen »aus der Tiefe hervorgegurgelten Dämon« bezeichnete, der den Deutschen – Opfern dieses Dämons – einen Kampf gegen die eigene Nation aufgezwungen habe.[10]

Ritter, ein nationalkonservativer Historiker, Offizier im Ersten Weltkrieg, der die Machtübernahme der Nationalsozialisten und ihre vor allem außenpolitischen »Erfolge« zunächst begrüßt hatte, war später zum Regimegegner geworden. Ihm ging es in erster Linie darum, den Aufstieg und die Herrschaft des Nationalsozialismus nicht als kontinuierliche Fortentwicklung deutscher Geschichte zu betrachten und die Ursachen des Nationalsozialismus nicht in der deutschen Geschichte und in politischen und gesellschaftlichen Entwicklungen insbesondere seit 1870/71 zu suchen. Das sollte helfen, die diskreditierte Idee der Nation zu retten, die sich tief in das Werk von Historikern seiner Generation eingeschrieben hatte und deren historisches Denken bestimmte. Zugleich – und in gegenwartspolitischer Wendung – musste man den deutschen Nationalstaat von 1871 von der nationalsozialistischen Diktatur und ihren Verbrechen trennen, um den im Grundgesetz festgeschriebenen Wiedervereinigungsanspruch zu stärken und um das – historische – Recht der Deutschen auf einen nationalen Staat zu stützen.

Eine Geschichtsschreibung über das Kaiserreich, die sich keine Tabus auferlegte, hatte es vor diesem Hintergrund schwer. Ansätze, ein kritisches Bild vom Kaiserreich zu entwerfen, die es in der Geschichtswissenschaft der Weimarer Republik durchaus gegeben hatte, blieben marginal und wurden nach 1945 zunächst kaum aufgegriffen. Unter den kritischen Weimarer Werken sind die wichtigen Bücher von Johannes Ziekursch zu nennen, eines linksliberalen Kölner Historikers, der das Kaiserreich als Bollwerk gegen Demokratie und Parlamentarismus deutete.[11] Aber auch die Schriften Eckart Kehrs, 1933 im Alter von nur dreißig Jahren gestorben, hatten in Geschichtswissenschaft und Öffentlichkeit der Ära Adenauer keinerlei Bedeutung. Kehr, den Gerhard Ritter einen »Edelbolschewisten« nannte, hatte in seiner Dissertation – bei Friedrich Meinecke – die innenpolitischen und gesellschaftlichen Voraussetzungen der deutschen Flottenrüstung vor 1914 untersucht.[12] Dass er dabei den Flottenbau und die aggressive deutsche Rüstungspolitik der wilhelminischen Ära primär auf innenpolitische Dynamiken und gesellschaftliche Interessen zurückführte, zielte perspektivisch bereits auf den Ersten Weltkrieg. Wenn es in der Gesellschaft des Kaiserreichs starke Kräfte gab, die – aus innenpolitischen Gründen – eine konfrontative Außenpolitik vertraten, was bedeutete das für den Weg in den Ersten Weltkrieg und insbesondere für die Frage nach der Kriegsschuld 1914?

Den Vorwurf einer deutschen Schuld am Ersten Weltkrieg, so wie er 1919 auch in den Versailler Vertrag eingeflossen war, wies die deutsche Historikerzunft fast geschlossen zurück. Das änderte sich nach 1945 nicht. Gestützt durch gewichtige Stimmen aus dem Ausland, beispielsweise die Feststellung des ehemaligen britischen Premierministers David Lloyd George, Europa sei in den Krieg »hineingeschlittert«, sprach man von einer gemeinsamen Verantwortung aller europäischen Großmächte für den Ersten Weltkrieg und entlastete dadurch das Kaiserreich.

Diesem Konsens und dieser dominierenden Sichtweise widersprach der Historiker Fritz Fischer – geboren 1908 und damit zwanzig Jahre jünger als Gerhard Ritter – mit seinen Studien zur Vorgeschichte und zum Beginn des Ersten Weltkriegs, die er seit 1959 veröffentlichte. In seinem Buch *Griff nach der Weltmacht*

(1961) wies er die Verantwortung für den Ersten Weltkrieg eindeutig dem wilhelminischen Kaiserreich zu und gab damit eine klare Antwort auf die Kriegsschuldfrage. Und mehr noch: Zunächst nur angedeutet, postulierte Fischer in weiteren Publikationen eine Kontinuität deutscher Eliten weit über das Ende des Kaiserreichs hinaus, sprach von einem Bündnis der alten kaiserlichen mit den neuen, den aufsteigenden Eliten des Nationalsozialismus, die in ihrem Weltmachtstreben zueinander fanden.[13] Auch auf die Identität der deutschen Kriegsziele im Ersten und im Zweiten Weltkrieg, nicht zuletzt in Ost- und Ostmitteleuropa, wies Fischer hin. Damit aber war das »Dritte Reich« nicht aus der deutschen Nationalgeschichte gelöst, sondern integraler Teil, ja ihre konsequente Fortsetzung. Die »Fischer-Kontroverse«, die die Schriften des Hamburger Historikers auslösten, schlug bis in die Politik hinein hohe Wellen und wurde zum Medienereignis, weil sie die Geschichte des deutschen Nationalstaats und ganz besonders die des Kaiserreichs enttabuisierte. Zwar hatte Fischer seine Kontinuitätsthese hauptsächlich politikhistorisch und methodisch eher konventionell entwickelt, doch seine Positionen wirkten impulsgebend auf eine jüngere Historikergeneration, die nicht nur nach den politischen, sondern auch nach den gesellschaftlichen und strukturellen Kontinuitäten zwischen Kaiserreich und Nationalsozialismus fragte. Schon bald fand sie im deutschen Weg in die Moderne seit dem 19. Jahrhundert die Antwort auf die Frage nach den Ursachen des Nationalsozialismus. Nicht nur um Kontinuität ging es, sondern auch um Kausalität.

Vom »deutschen Weg« zum »Sonderweg«

In der These vom »deutschen Sonderweg« sammelten und verdichteten sich die Überlegungen der Historikergeneration nach Fritz Fischer. Deutschland sei im 19. Jahrhundert von einer westlichen »Normalentwicklung« – den Normalitätsstandard setzte vor allem Großbritannien – abgewichen, und statt einer vom Individuum mit seinen Grundrechten und Grundfreiheiten her entwickelten liberalen Demokratie, statt Parlamentarismus und Pluralismus, hätten sich vom Staat her gedachte illiberale, obrigkeitsstaatliche politische Ordnungsvorstellungen herausgebildet und durchgesetzt. Dazu gesellte sich im Rückgriff auf Max Weber oder den amerikanischen Sozialwissenschaftler Thorstein Veblen das Argument einer politischen Rückständigkeit Deutschlands beziehungsweise einer Diskrepanz zwischen rasanter wirtschaftlicher und gesellschaftlicher Modernisierung einerseits und einer nicht nur verspäteten, sondern letztlich blockierten politischen Modernisierung andererseits. Diese erklärte man mit der gescheiterten bürgerlichen Revolution von 1848, aber auch, wenn nicht vor allem, mit der Persistenz und den Machtinteressen der traditionellen Eliten im preußisch-kleindeutschen Kaiserreich. Das Kaiserreich selbst – seine Gründung und seine politische Verfassung – wurde in dieser Sichtweise zum Instrument dieser Eliten.

Der Befund eines Gegensatzes zwischen Deutschland und dem »Westen«, der den Kern der Sonderwegsthese bildete, war also, wie die Bezüge auf Weber oder Veblen zeigen, in den 1960er Jahren keineswegs neu. Er hatte seine Wurzeln im späten 19. Jahrhundert. Im Kern geht er zurück auf die kleindeutsch-borussisch geprägte Nationalgeschichtsschreibung, die spätestens seit der Reichsgründung nicht nur die Geschichte Preußens auf den Nationalstaat von 1871 zulaufen ließ, sondern die auch die Nationalstaatsgründung »von oben« – einschließlich der Reichsverfassung mit ihrem Parlamentarismusdefizit und der in ihr festgeschriebenen Dominanz Preußens – als deutschen Gegenentwurf zu westlichen Modellen und als »überlegenen Pfad in die Moderne« darstellte.[14] Diese Gegensatzkonstruktion und mit ihr die »Ideologie des deutschen Weges« (Bernd Faulenbach) verschärfte und verhärtete sich, bellizistisch überformt, während des Ersten Weltkriegs. Die »Ideen von 1914«, ein starker, auf nationale Geschlossenheit gegründeter Staat, wurden den »Ideen von 1789« – Liberalismus, Demokratie und Menschenrechte – entgegengestellt, deutsche »Kultur« prallte auf westliche »Zivilisation«. Für Thomas Mann war in seinen in den Weltkriegsjahren entstandenen *Betrachtungen eines Unpolitischen* der Krieg ein neuer Ausbruch »des uralten deutschen Kampfes gegen den Geist des Westens sowie des Kampfes der römischen Welt gegen das eigensinnige Deutschland«.[15]

Kriegsniederlage, Revolution und Republikgründung bereiteten der Behauptung eines deutschen Sonderwegs kein Ende. Im Gegenteil: Gerade im nationalen Lager und auch in der Geschichtsschreibung verstärkten Kriegsende und Versailler Frieden die antiwestlichen Ressentiments, und die Weimarer Republik litt auch unter den Angriffen derer, die die parlamentarische Demokratie als aufgezwungenes, dem deutschen Denken und der deutschen Tradition wesensfremdes westliches Modell bekämpften. Aus der Gedankenwelt des deutschen Weges erwuchs nicht nur kein Widerstandspotential gegen Machtmissbrauch, Radikalnationalismus und Illiberalismus,[16] sondern die mit dem deutschen Weg verbundenen Ordnungsvorstellungen begünstigten den Aufstieg des Nationalsozialismus und die Durchsetzung seiner Herrschaft sogar noch. Insbesondere durch die Denkfigur der »Volksgemeinschaft« wirkte dabei auch der Gegensatz von – westlicher – Gesellschaft und – deutscher – Gemeinschaft als wichtige Brücke.[17]

In der deutschen Geschichtswissenschaft war davon nach 1945 wenig die Rede. Dort herrschte die Tendenz vor, den Nationalsozialismus gleichsam als Betriebsunfall darzustellen oder bei der Frage nach seinen Voraussetzungen nicht weiter zurückzugehen als bis zum Ersten Weltkrieg, der Niederlage von 1918 und ganz besonders dem Versailler Vertrag. Deshalb rüttelte Fritz Fischer mit seinen Thesen Historikerzunft und Öffentlichkeit so auf. Nur wenige Jahre nach Fischer fragte Ralf Dahrendorf in seinem 1965 erschienenen Buch *Gesellschaft und Demokratie in Deutschland* nach den Ursachen des Nationalsozialismus. Die Antwort darauf suchte er in einer anderen Frage: »Warum hat das Prinzip der liberalen Demokratie in Deutschland so wenig Freunde gefunden?« Für den Soziologen, Jahrgang 1929 und mit nicht einmal dreißig Jahren auf seinen ersten Lehrstuhl berufen, war dies die eigentliche »deutsche Frage«, und diese ließ sich für ihn nicht durch den Hinweis auf den Versailler Vertrag oder auf die Schuld Hitlers beantworten. Dahrendorf kritisierte ein derartig reduziertes Geschichtsbild scharf, und er kritisierte vor diesem Hintergrund auch den Umgang der westdeutschen Historikerzunft mit Fritz Fischer, der den »Angelpunkt des gesamten wohlkonstruierten Geschichtsbildes in Frage gestellt« habe. Der Hamburger Historiker habe nichts anderes getan, als eine »Rechtfertigungsideologie« zu hinterfragen. Um den deutschen Nationalstaat zu rechtfertigen und ihn gleichsam gegen den Nationalsozialismus zu verteidigen, müsse der Beginn des Ersten Weltkriegs als ein »aller Verantwortung entrücktes Ereignis« dargestellt werden, als »ein Anfang, dem nichts vorausgeht«. Mit Blick auf das Bild des Betriebsunfalls zitierte Dahrendorf den 1938 aus Deutschland vertriebenen amerikanischen Historiker Fritz Stern (1926–2016), der auf dem Berliner Historikertag 1964 die deutschen Ordinarien um Gerhard Ritter mit der Bemerkung gegen sich aufgebracht hatte, derartige Betriebsunfälle würden in keinem Unternehmen durchgehen, ohne dass jemand auf die Idee kommt, dass etwas im Betrieb, sprich: dem deutschen Nationalstaat, nicht stimmen könne.[18] Fischer, Dahrendorf und Stern, der 1961 sein Buch *Kulturpessimismus als politische Gefahr* herausgebracht hatte, in dem er den Angriff nationaler Ideologie auf Liberalismus und Demokratie seit dem späten 19. Jahrhundert untersuchte, sie alle lenkten den Blick auf das Kaiserreich und sahen dort den Schlüssel zur Erklärung von 1933.[19]

Zusammen mit anderen Emigranten, unter ihnen Hajo Holborn aus Yale, Hans Rosenberg aus Berkeley und Klaus Epstein von der Brown University, lud Stern Fischer in die USA ein, wo er auf einer Vortragsreise über seine Forschung sprechen sollte. Das Auswärtige Amt sollte die Reise finanzieren, machte aber einen Rückzieher, als Gerhard Ritter intervenierte. Fischers Urteil, so schrieb Ritter mit all seinem Gewicht an Außenminister Gerhard Schröder, übertreffe an »Radikalität der Anklage die Kriegsschuldthese des Versailler Vertrages noch erheblich«. »Wir deutschen Historiker« [sind] aufs schwerste bestürzt ... über die Aussicht, daß Herr Fischer seine völlig unreifen Thesen nun im indirekten Auftrag des Auswärtigen Amtes ... in Amerika verbreiten soll. Ich zögere nicht, das geradezu als ein nationales Unglück zu betrachten.« Als eine »nationale Katastrophe« bezeichnete auch Ritters jüngerer Kollege Theodor Schieder Fischers Arbeiten.[20]

Es war kein Zufall, dass vor allem Emigranten sich für Fritz Fischer einsetzten und dem in der jungen Bundesrepublik vorherrschenden Geschichtsbild widersprachen. Viele von ihnen, in den Jahren um 1900 geboren und von den Nationalsozialisten politisch oder rassistisch verfolgt, trieb seit ihrer Flucht aus Deutschland in den 1930er Jahren die Frage nach den Gründen für den Aufstieg des Nationalsozialismus um. Zu ihnen gehörten Historiker, Sozialphilosophen wie Theodor Adorno und Max Horkheimer und ebenso Juristen wie Ernst Fraenkel und Franz Neumann. Vor allem für die Historiker war die Katastrophe von 1933 – nicht wie bei Meinecke die von 1945 – nur aus dem 19. Jahrhundert heraus zu begreifen, aus der Geschichte der deutschen Nationalstaatsbildung und der Geschichte des Kaiserreichs. Sie nahmen die ins Kaiserreich zurückreichende und im Ersten Weltkrieg noch zugespitzte Gegensatzkonstruktion »Deutschland und der Westen« auf, deuteten sie aber nicht affirmativ, sondern kritisch. In der Abweichung von einer normativ verstandenen westlichen Entwicklung hin zu liberaler Demokratie im Laufe des 19. Jahrhunderts erkannten sie die Ursache für eine Deformation der politischen Kultur, die der Weimarer Republik keine Überlebenschance ließ und 1933 zur nationalsozialistischen Machtübernahme führte.

Die These vom deutschen Sonderweg als Abweichung vom Westen und als Voraussetzung für den Aufstieg des Nationalsozialismus wirkte indes nicht nur wissenschaftlich, sondern von Anfang an auch politisch. Und sie beeinflusste die westliche, vor allem die amerikanische Nachkriegspolitik gegenüber Deutschland, die als Demokratisierungspolitik von dem Ziel geleitet war, die deutsche Abweichung vom Westen gleichsam rückgängig zu machen. Nicht wenige emigrierte deutsche Wissenschaftler, unter ihnen viele Historiker, arbeiteten in den Kriegsjahren für das amerikanische *War Department* oder im *Office of Strategic Services (OSS)* für den Geheimdienst. Ihre Analysen flossen in die alliierte Besatzungspolitik nach 1945 ein. Politische Programme wie *Reeducation* oder *Reorientation* fußten auf dieser Forschung und der Prämisse, dass es möglich sei, die Deutschen gleichsam auf den Pfad der Demokratie zurückzuführen. Auch in den Nürnberger Prozessen tauchte in Anklageschriften, Gutachten und Urteilen das Geschichtsbild der deutschen Abweichung vom Westen auf.[21]

So war die westliche Demokratisierungs- und Liberalisierungspolitik gegenüber Deutschland von Anfang an mit der Vorstellung des deutschen Sonderwegs eng verbunden. Zugleich forschten Historiker wie Hans Rosenberg, Felix Gilbert oder Hajo Holborn, alle drei Schüler Meineckes, in den USA oder Francis Carsten in England unter dieser nicht nur wissenschaftlichen, sondern eminent politischen Prämisse weiter über Themen der deutschen Geschichte. Ihr analytischer Fluchtpunkt blieb dabei stets der Nationalsozialismus, auch wenn sie sich mit dem 19. Jahrhundert befassten. Ihr kritischer Blick auf die preußisch-deutsche Geschichte seit dem 18. Jahrhundert, alles andere als eine affirmative Nationalgeschichtsschreibung, wirkte enorm anregend auf eine jüngere Generation deutscher Historiker, geboren in den Jahren um 1930. Hans-Ulrich Wehler, Gerhard A. Ritter – nicht zu verwechseln mit seinem Namensvetter – oder Hans und Wolfgang Mommsen gehörten zu ihnen. Sie nahmen die Idee des »Sonderwegs« nicht nur auf, um ein alternatives, kritisches Narrativ deutscher Nationalgeschichte zu entwickeln, sondern sie wollten zugleich geschichtspädagogisch und damit politisch wirken. Deshalb schrieben sie an gegen das weithin positive Bild des Kaiserreichs in der jungen Bundesrepublik und gegen die Kontinuität schwarz-weiß-roter Ordnungsvorstellungen, die sie auch in der Bundesrepublik der Ära Adenauer erkannten. Beispielsweise in der sogenannten *Spiegel*-Affäre 1962, in der kein Geringerer als Gerhard Ritter das rechtswidrige Vorgehen gegen den *Spiegel* mit Hinweisen auf die »Staatsräson« öffentlich verteidigte und die Kritik daran als »Skandal« bezeichnete.[22] Ihnen ging es um politische und gesellschaftliche Liberalisierung, und die westlichen Demokratien bildeten dafür den normativen Rahmen. Das verband sie mit anderen Intellektuellen wie Jürgen Habermas oder eben auch Ralf Dahrendorf, beide Jahrgang 1929. Es war diese Generation der »Fünfundvierziger«, von Helmut Schelsky als »skeptische Generation« bezeichnet, später dann auch »HJ-Generation« oder »Flakhelfer-Generation« genannt, die, zu jung, um ernsthaft nationalsozialistisch belastet zu sein, seit Beginn der 1960er Jahre die Liberalisierung der Bundesrepublik entscheidend vorantrieb und für die Auseinandersetzung mit dem Nationalsozialismus, zentrales Element dieser Liberalisierung, eine wichtige Rolle spielte.[23]

Die Frage nach dem Scheitern der liberalen Demokratie in Deutschland, nach 1918, aber letztlich auch schon im 19. Jahrhundert, wurde vor diesem Hintergrund zu einem Forschungsprogramm, das über die traditionelle Politikgeschichte deutlich hinausging, ja im Grunde in der Staatsfixierung der Politikgeschichte, ihrer Konzentration auf das Entscheidungshandeln »großer Männer« eine Fortsetzung staats- und obrigkeitsorientierter Geschichtswissenschaft erkannte. Geschichte als historische Sozialwissenschaft, Gesellschaftsgeschichte, war das Gegenmodell. In der 1969 gegründeten Reformuniversität Bielefeld fand diese Strömung ihr Zentrum. Ihr einflussreichster Vertreter war Hans-

Ulrich Wehler, der von 1971 an dort lehrte. Orientiert an sozialwissenschaftlichen Theorien, nicht zuletzt an Max Weber, der freilich auch als Kritiker des Kaiserreichs attraktiv war, interessierte sich die »Bielefelder Schule«, wie sie bald hieß, für die Strukturen der deutschen Gesellschaft und ihrer Politik im 19. und frühen 20. Jahrhundert und ganz besonders in der Zeit des Kaiserreichs.

Schon 1965 hatte Wehler unter dem programmatischen Titel *Der Primat der Innenpolitik* die Schriften des 1933 verstorbenen Eckart Kehr neu ediert.[24] In seiner Habilitationsschrift *Bismarck und der Imperialismus* knüpfte er kurz darauf an Kehr an und prägte Begriff und These des Sozialimperialismus.[25] Sein 1973 erstmals erschienenes Buch *Das Deutsche Kaiserreich* war ebenfalls eine Programmschrift, die die These vom Sonderweg systematisch in die Geschichte des Kaiserreichs einschrieb. Alle Elemente der These tauchen darin auf: die Problematik der relativ späten Nationalstaatsbildung, die Schwäche des Liberalismus und des Bürgertums als seiner wichtigsten Trägerschicht, die Persistenz vormoderner Eliten, nicht zuletzt des preußisch-ostelbischen Adels, der Obrigkeitsstaat, die Präponderanz der Exekutive in Verbindung mit dem mangelnden Parlamentarismus sowie als zentrales Thema die Spannung zwischen rasanter ökonomisch-technischer Modernisierung und einer demokratie- und freiheitsfeindlichen politischen Rückständigkeit. Überwölbt wurde diese Agenda durch die Behauptung einer Kontinuität von 1871 bis 1945 – und »auf einigen Gebieten auch noch darüber hinaus«. Statt die Ursachen für den Nationalsozialismus »mit einer gewissen Kurzatmigkeit« in der Zeit nach 1918 zu suchen, stand für Wehler fest: »Vor 1914 war angelegt, was zwischen 1933 und 1945 unübersehbar deutlich wurde.« Für eine Verteidigung der »angeblich heile[n] Welt vor 1914«, so der Vorwurf an die ältere Historikergeneration, bestand für Wehler keinerlei Anlass.[26]

Der Bielefelder Impuls wirkte enorm produktiv und über die Bielefelder Universität weit hinaus. In zahllosen Publikationen wurde die Geschichte des Kaiserreichs nun kritisch und systematisch gegen den Strich gebürstet. Die von Hans-Ulrich Wehler und Jürgen Kocka 1975 begründete Zeitschrift *Geschichte und Gesellschaft*, Zentralorgan der »Bielefelder Schule«, publizierte gerade in ihrer Frühzeit ganz überwiegend Aufsätze über das Kaiserreich. Ähnliches gilt für die *Kritischen Studien zur Geschichtswissenschaft*, die Flaggschiff-Buchreihe der Bielefelder. Einer der ersten geisteswissenschaftlichen Sonderforschungsbereiche, mit hohen Geldsummen von der Deutschen Forschungsgemeinschaft gefördert, war in Bielefeld angesiedelt und beschäftigte sich mit der »Sozialgeschichte des neuzeitlichen Bürgertums« – vor allem im Kaiserreich. Von dessen »heiler Welt« blieb bald nichts mehr übrig. Doch nicht das war das Problem, denn ein kritischer Blick auf die deutsche Geschichte vor dem Ersten Weltkrieg war angesichts ihrer Verklärung und Weichzeichnung in der Tat dringend nötig. Das Problem lag in der forschungsleitenden Bedeutung der Sonderwegsthese, darin, wie Ralf Dahrendorf einmal ironisch formuliert hat: »Warum war Deutschland nicht England?«[27]

Mit der Sonderwegsthese postulierten deutsche Historiker in der Tat eine Abweichung von einem westlichen und vor allem englischen »Normalweg« und konzipierten deutsche Geschichte seit etwa 1800 als Devianzgeschichte. Zugleich verklärten sie die Geschichte der westlichen Gesellschaften, an denen Deutschland gemessen wurde. Sie übersahen, marginalisierten oder verdrängten evidente Demokratiedefizite wie beispielsweise im britischen Wahlrecht, die sozialen Realitäten der britischen Klassengesellschaft oder den Antisemitismus und Militarismus in Frankreich. Der »Westen« wurde geradezu idealisiert, und das nicht nur historisch, sondern auch in der Gegenwart der Jahrzehnte nach 1945. Dass die deutschen Emigranten angesichts ihrer biographischen Erfahrung die illiberalen Seiten des Westens und insbesondere der USA nicht wahrnahmen oder nicht wahrnehmen wollten, kann man verstehen. Doch nicht allein sie sahen vor dem Hintergrund des Kalten Krieges über den militanten Antikommunismus der McCarthy-Ära oder die Politik der Rassentrennung hinweg. Es war daher kein Wunder und nur eine Frage der Zeit, bis amerikakritische und politisch eher links orientierte jüngere Historiker, nicht zuletzt aus Großbritannien, die These vom Sonderweg und die historische Deutung insbesondere des Kaiserreichs, die auf ihr beruhte, massiv angriffen. Britische Deutschlandhistoriker wie David Blackbourn, Geoff Eley oder Richard Evans, geboren in den späten 1940er Jahren, hatten anders als die konservativen deutschen Gegner der »Bielefelder Schule« kein Interesse an einer Ehrenrettung des deutschen Nationalstaats. Ihnen missfiel vielmehr das idealisierte Bild des Westens, einschließlich der USA, das sie – wenige Jahre nach dem Vietnamkrieg – nicht teilten. Darüber hinaus überzeugte sie die Erklärung des Aufstiegs des Nationalsozialismus durch den Verweis auf die alten Eliten, auf die Tradition von Obrigkeitsstaat und Autoritarismus oder auf die Kontinuität des Militarismus nicht, zumal sie als Marxisten den Kapitalismus nicht aus seiner Verantwortung für 1933 entlassen wollten – und das erst recht nicht in der beginnenden Ära Thatcher in Großbritannien.

Die These vom deutschen Sonderweg war zweifellos ein wichtiges Element der keineswegs unumstrittenen politischen, gesellschaftlichen und soziokulturellen Liberalisierung und Westorientierung der Bundesrepublik. In der Geschichtswissenschaft trug sie entscheidend zur Ablösung der nationalkonservativen Hegemonie bei, ohne dabei allerdings das nationalhistorische Paradigma als solches infrage zu stellen, und führte zu einer enormen Forschungskonjunktur gerade im Hinblick auf das Kaiserreich. Aber als Narrativ zunächst von Abweichung und Devianz und dann, nach 1945, als Erzählung der Rückkehr zum Westen und damit letztlich doch als Fortschrittsgeschichte, konnte sie sich wissenschaftlich am Ende nicht behaupten. Selbst Heinrich August Winkler, gewiss kein »Bielefelder«, der von den Historikern seiner

Generation wohl am längsten am Begriff des »Sonderwegs« festgehalten und seine Darstellung *Der lange Weg nach Westen* unter die Leitfrage nach einem deutschen Sonderweg gestellt hat, musste viel weiter ausgreifen, weit zurück ins Mittelalter gehen, um aus der Reichsidee – und ihrem Gegensatz zur modernen Nation mit ihrem Demokratiepotential – einen deutschen Sonderweg bis 1945 abzuleiten.

Die Ergebnisse der von der Sonderwegsthese angestoßenen, ja angetriebenen Forschung insbesondere zum Kaiserreich entwertet das mitnichten. Das Bild, das die »Bielefelder«, um dieses Etikett für eine in sich überaus heterogene Forschungsrichtung zu verwenden, und in ihrer Folge fast eine ganze Generation von Historikern vom kaiserlichen Deutschland gezeichnet haben, hat in seinen Kernelementen nach wie vor Bestand. Das gilt ganz besonders für die politische Sozialgeschichte: den strukturellen Autoritarismus, die Demokratiedefizite, den fehlenden Parlamentarismus, die Schwäche des Liberalismus, die Macht der traditionellen Eliten, den aggressiven Nationalismus oder den politischen und gesellschaftlichen Militarismus. Dies freilich sind keine marginalen Aspekte, wenn man nach wie vor an den tieferen Ursachen für den Ersten Weltkrieg interessiert ist und wenn man nach Bedingungen und Dispositionen aus der Zeit vor 1918 fragt, die das Scheitern der Weimarer Demokratie sowie den Aufstieg und die Machtübernahme des Nationalsozialismus erklären helfen. Über der Weimarer Republik lag nicht nur der Schatten des verlorenen Krieges, sondern auch der Schatten des Kaiserreichs.

Das Kaiserreich als Geschichte und Vorgeschichte

Hans-Ulrich Wehler hat in seiner zwischen 1987 und 2008 erschienenen *Deutschen Gesellschaftsgeschichte* die These vom Sonderweg zwar relativiert, aber mit dem ersten Satz des ersten Kapitels seines Opus magnum nahm er doch noch einmal Bezug auf die Genese der »Bielefelder Schule« und ihre Sicht der neueren deutschen Geschichte aus dem Geist der Liberalisierung der 1960er Jahre. »Im Anfang steht keine Revolution«, lautet dieser erste Satz, den wir fast wortgleich schon 1965 bei Ralf Dahrendorf finden. Über das kaiserliche Deutschland heißt es dort: »An seinem Anfang stand eben keine Revolution.«[28]

Thomas Nipperdey, der 1992 gestorbene Münchener Historiker, wird gemeinhin als Antipode Hans-Ulrich Wehlers und seiner von der Sonderwegsvorstellung zumindest noch beeinflussten Interpretation der deutschen Geschichte des 19. und frühen 20. Jahrhunderts wahrgenommen.[29] Wehlers *Gesellschaftsgeschichte* und Nipperdeys *Deutsche Geschichte* werden als konkurrierende Geschichtsdeutungen verstanden, und gewiss unterscheiden sich die beiden Darstellungen in vielerlei Beziehung. Doch schon in dem mit »Schattenlinien« überschriebenen letzten Kapitel seines stark kulturgeschichtlich akzentuierten ersten Bandes zum Kaiserreich von 1990 war es Nipperdey wichtig, auf das bislang weitgehend ausgesparte Thema des geplanten nächsten Bandes hinzuweisen: die politische Geschichte. Er sorgte sich, dass er das Kaiserreich in zu hellem Licht habe erscheinen lassen, und stellte deshalb fest, dass es gewiss der politische Bereich sei, »der die Problematik der deutschen Geschichte der Zeit [des Kaiserreichs; E.C.], der Vorgeschichte von 1933 ausmacht«.[30] Im Schlusskapitel des folgenden Bandes, der das insgesamt dreibändige Werk abschloss, erschienen wenige Wochen nach Nipperdeys Tod, findet sich daran anschließend nicht nur die Feststellung, dass Deutschland – im 19. Jahrhundert – zum Westen gehörte, sondern auch der Satz: »Politisch freilich blieb es hinter den westlichen Modellen von Parlamentarismus und Demokratie ›zurück‹.« Oder auch die Formulierung: »Die deutsche Geschichte in der Zeit des Kaiserreichs ist ... auch eine Vor-Geschichte. Und da drängt sich prominent das Jahr 1933 nach vorn und alles, wofür es historisch und symbolisch steht. Sind im Kaiserreich nicht Grundlagen, gar die Grundlagen für das Scheitern der Weimarer Republik, ja für den Aufstieg des Nationalsozialismus und seine Machtergreifung gelegt worden?« Das Fragezeichen lässt die Skepsis Nipperdeys erkennen, der im Kaiserreich nicht nur ein »Ensemble von Vorgeschichten« sehen mochte. Die Zeit des Kaiserreichs, das war für ihn vor allem diese Zeit selbst. Das habe Leopold von Ranke mit seiner berühmten Formulierung, jede Geschichte sei »unmittelbar zu Gott« gemeint. Auf ihn bezog sich Nipperdey.[31]

Die deutsche und die internationale Forschung zum Kaiserreich hat sich seit den großen Werken von Wehler und Nipperdey weiterentwickelt und weiter ausdifferenziert. Doch die Frage nach Kontinuitäten und Diskontinuitäten zwischen Kaiserreich und »Drittem Reich« wird nach wie vor kontrovers diskutiert. Das kann angesichts der unverändert zentralen Bedeutung des Nationalsozialismus für das historische und politische Selbstverständnis der Deutschen nicht überraschen. Allerdings ist es in diesem Zusammenhang nicht damit getan, darauf hinzuweisen, dass es in der Zeit um 1900 radikalen Nationalismus, Rassismus, Antisemitismus und Militarismus auch in anderen europäischen Gesellschaften gegeben hat. Das sind in der Tat Ergebnisse einer systematisch vergleichenden internationalen Forschung,[32] die von den Vertretern der Sonderwegsthese zwar stets postuliert, aber nur selten wirklich umgesetzt worden ist. Über asymmetrische Vergleiche vor allem mit dem idealisierten England sind die »Bielefelder« nicht hinausgekommen. So mag die Vorstellung des deutschen Sonderwegs widersinnig sein. Doch die Frage nach der Bedeutung des Kaiserreichs, der nach 1871 geprägten politischen Ordnungsvorstellungen und Mentalitäten, des Zusammenhangs von Herrschaftssystem und obrigkeitsstaatlichen Dispositionen oder der Dynamik von nationaler Identität und Ausgrenzung für das Scheitern der Weimarer Republik und den Aufstieg des Nationalsozialismus ist es mitnichten. Von der Vorstellung, der Verlauf der deutschen Geschichte sei seit und durch 1871 bestimmt und das Jahr 1933 sei ihr unausweichlicher Zielpunkt gewesen, ist diese

Frage denkbar weit entfernt. Kein »Bielefelder« hat das je behauptet. Und heute erhebt erst recht kein ernst zu nehmender Historiker einen derart deterministischen Sonderwegsvorwurf. Wer in jedem kritischen Blick auf das Kaiserreich die Sonderwegsthese oder gar die Behauptung einer unausweichlichen Entwicklung hin zum Nationalsozialismus zu erkennen glaubt, baut einen Popanz auf, trägt dazu bei, die deutsche Geschichte des – kurzen – 20. Jahrhunderts von der des 19. Jahrhunderts zu trennen und die Frage nach den tiefen Wurzeln des Nationalsozialismus, die nicht nur Fritz Stern umgetrieben hat, für irrelevant zu erklären.[33]

Der kritische Blick auf das Kaiserreich ist geradezu zwingend, wenn man bedenkt, dass zwischen dem Beginn des Ersten Weltkriegs und der nationalsozialistischen Machtübernahme nicht einmal zwanzig Jahre lagen. Angesichts dieser kurzen Zeitspanne, weniger als eine Generation, lässt sich die Vorgeschichte des Nationalsozialismus nicht auf die Zeit seit 1918 reduzieren. Und man muss fragen, was hinter der Behauptung steckt, dass das Kaiserreich nicht als Vorgeschichte des Nationalsozialismus taugt.[34] Das Kaiserreich ist nicht »die« Vorgeschichte des Nationalsozialismus, aber es gehört zu dieser Vorgeschichte dazu. Es aus dieser Vorgeschichte herauszulösen und die Zeit des Nationalsozialismus zu isolieren, sie zu verinseln, so wie das Gerhard Ritter und seine Generation nach 1945 versuchten, ist ahistorisch und auch deswegen problematisch, weil der deutsche Neonationalismus der Gegenwart dann ein umso helleres und vermeintlich auch eher anschlussfähiges Bild des deutschen Nationalstaats Kaiserreich zeichnen kann. Dass auch dieser sich am Popanz »Sonderweg« abarbeitet, der angeblich nichts anderes ist als »die in die Geschichtswissenschaft eingegangene antideutsche Propaganda des Ersten Weltkriegs«, kann vor diesem Hintergrund kaum überraschen.[35]

Wenn aber die deutsche Geschichte seit der Mitte des 19. Jahrhunderts keinen Sonderweg in die Moderne einschlug, sondern mit vielen Ähnlichkeiten und Parallelen zu anderen Nationen Teil einer europäischen Entwicklung war, dann bleibt dennoch der Absturz in Diktatur und Völkermord ein unbestreitbares und immer wieder neu erklärungsbedürftiges Spezifikum dieser Geschichte. Man kann und sollte die Geschichte des Kaiserreichs einbetten in europäische und globale Dynamiken. Aber dass die deutsche Entwicklung zu Nationalsozialismus und Holocaust führte, steht einer zu weitgehenden Entnationalisierung entgegen. Der Erste Weltkrieg mag eine gemeineuropäische Erfahrung gewesen sein, wobei sich im deutschen Fall die sozialen Spannungen und politischen Konflikte der Vorkriegszeit noch einmal verschärften. Das Kriegsende und seine Folgen freilich waren gewiss keine gemeineuropäische Erfahrung. Die Niederlage von 1918, ein Absturz ohnegleichen und in der deutschen Gesellschaft so unverstanden wie unverarbeitet, ist nicht nur eine weitere Besonderheit der deutschen Geschichte – gerade im Unterschied zu Großbritannien und Frankreich –, denn hier liegt eine entscheidende Erklärung dafür, warum im Kaiserreich angelegte Probleme die Stabilisierung der aus Niederlage und Revolution entstandenen Demokratie verhinderten. Die Weimarer Republik war nicht die einzige nach dem Ersten Weltkrieg entstandene Demokratie, die schon nach kurzer Zeit zerstört und in ein autoritäres Regime verwandelt wurde. Doch der Nationalsozialismus war nicht irgendein autoritäres Regime, seine Durchsetzungsfähigkeit speiste sich auch aus einer politischen Disposition der deutschen Gesellschaft und ihrer politischen Kultur, die ohne die Geschichte des Kaiserreichs nicht zu erklären ist.

Weil die mit der Gewissheit eines deutschen Sieges verbundene Rechnung des nationalistischen Lagers, dass es zu einem autoritären Rollback und der Zurückdrängung der demokratischen Kräfte kommen werde, 1918 nicht aufging, stand die Weimarer Republik von Anfang an unter Dauerbeschuss. Die miserablen Rahmenbedingungen von der Hyperinflation bis zur Weltwirtschaftskrise trugen dazu bei, dass die Demokratie selbst bei ihren

Anhängern einen schweren Stand hatte. Unordnung und Unsicherheit verklärten den Blick auf das Kaiserreich und begünstigten den antirepublikanischen und antidemokratischen Populismus insbesondere der Konservativen und Rechtsradikalen. Es war kein Zufall, dass sich Hitler am 21. März 1933 in der Potsdamer Garnisonkirche in die Tradition Preußens und des preußisch-deutschen Kaiserreichs stellte: mit Reichspräsident Hindenburg als Bindeglied zwischen Militärmonarchie und Führerstaat, der schon am 18. Januar 1871 bei der Kaiserproklamation in Versailles dabei gewesen war und nun in preußischer Paradeuniform vor dem leeren Thron Wilhelms II. seinen Marschallstab zum Gruß erhob; und mit Kronprinz Wilhelm, der durch seine Anwesenheit die *translatio imperii* legitimierte.

Die kritische Kaiserreichforschung im Zeichen der Sonderwegsthese war von der Frage nach dem Scheitern der liberalen Demokratie geleitet. Für ihre Vertreter war das Jahr 1933 der entscheidende Fluchtpunkt. Das galt auch für jene, die sich wie Thomas Nipperdey von der Idee des Sonderwegs distanzierten. Die Geschichte des Nationalsozialismus selbst, der nationalsozialistischen Herrschaft seit 1933 und der nationalsozialistischen Menschheitsverbrechen war keine aus der Sonderwegsthese entwickelte Forschungsperspektive. Auch das trug zur Kritik an der These und ihrem Kontinuitätspostulat bei. Sie mochte vielleicht die Katastrophe von 1933 erklären helfen, aber konnte sie auch die Katastrophe von 1941 erklären, jenes Jahres, das, verstanden als Chiffre, für den Beginn des systematischen Völkermordes an den europäischen Juden steht und damit für einen zivilisatorischen Absturz, der in der Geschichte der Menschheit seinesgleichen sucht? Im Narrativ des Sonderwegs ging es um politische Entwicklungen, nicht um die Erklärung von Menschheitsverbrechen.[36] War im Untergang der liberalen Demokratie der Holocaust bereits angelegt oder dadurch womöglich sogar erklärt? Fraglos hat die Verschiebung des Fluchtpunkts von 1933 zu 1941, die sich aus der Dynamik der Forschung zum Nationalsozialismus und insbesondere zum Holocaust ergab, zum Bedeutungsverlust der Sonderwegsthese beigetragen. Als diese ihre historiographische Wirkung zu entfalten begann, stand die Holocaust-Forschung allenfalls in ihren Anfängen, und dies erst recht in Deutschland. Forschung zum Nationalsozialismus war hierzulande in erster Linie Forschung zum Aufstieg des Nationalsozialismus, zu Machtübernahme und Machtausbau sowie zur nationalsozialistischen Politik und Herrschaft bis 1939. Das änderte sich seit den 1980er Jahren allmählich.

Braucht man das Kaiserreich, um die Dynamik der deutschen Vernichtungspolitik im Zweiten Weltkrieg zu erklären? Besteht nicht sogar die Gefahr, dass Hinweise auf das Kaiserreich, nicht zuletzt auf die Geschichte von Antisemitismus und Rassismus seit dem späten 19. Jahrhundert, als Versuch gedeutet – oder missverstanden – werden können, die Deutschen der Jahre 1933 bis 1945 zu entlasten, indem man sie gleichsam zu Vollstreckern – und damit letztlich zu Opfern – kaiserzeitlicher Dispositionen macht? Können wir aus der Geschichte des Kaiserreichs erklären, warum »ganz normale Männer« (Christopher Browning) zu brutalen Mördern wurden, warum Ministerien und Verwaltungsbehörden flächendeckend und auf allen Ebenen an der Entrechtung, der Beraubung und schließlich der Ermordung der Juden mitwirkten oder warum Ärzte und Pflegepersonal Hunderttausende von »Euthanasie«-Morden begingen?

Die Herausforderung und die Bedeutung eines Blicks, der ins 19. Jahrhundert zurückreicht, liegt darin, die Genese und Entwicklung politischer, kultureller und mentaler Dispositionen zu untersuchen, in denen sich völkisches und rassistisches Denken manifestierte. Das war fraglos nicht nur in Deutschland der Fall, aber eben auch in Deutschland, und hier entfaltete es eine Wirkung, ohne die wir die Menschheitsverbrechen des Nationalsozialismus nicht erklären können. Der amerikanische Historiker Helmut Walser Smith plädiert dafür, der historischen Erklärung verbrecherischer Gewalt nicht die historische Tiefenschärfe zu nehmen, sie nicht allein situativ und damit aus sich selbst heraus zu erklären. Das zielt nicht speziell auf das Kaiserreich oder die deutsche Geschichte des 19. Jahrhunderts, sondern darauf, wie lange vor 1941 und nicht nur in Deutschland Menschen anderen Menschen weniger Wert und weniger Würde zusprachen, wie Sklaverei und Rassismus sich auf der Grundlage solcher Differenzierungen entwickelten und zugleich zu deren Verfestigung beitrugen, wie »Rasse« und Nation zu Kategorien unaufhebbarer Unterschiedlichkeit wurden und wie diese »die Versklavung sowie die kulturelle und physische Vernichtung ganzer Völker rechtfertigten«.[37] In diesen globalen, menschheitlichen Entwicklungen, die bis heute nicht an ihr Ende gelangt sind, ja die im Gegenteil angesichts des wachsenden Bewusstseins für die Persistenz von Rassismus und Diskriminierung neue Aktualität gewonnen haben, hat auch das Kaiserreich seinen Platz.

Bismarck-Deutungen nach 1945: Vom allmählichen Verschwinden eines Problems

»Is it wrong to begin with Bismarck?« – »Ist es falsch, mit Bismarck zu beginnen?« Der britische Historiker Richard Evans leitet mit dieser Frage seine Geschichte des »Dritten Reiches« ein, deren erster Band 2003 erschien. Die deutsche Übersetzung, ein Jahr später publiziert, brauchte kein Fragezeichen mehr: »Am Anfang war Bismarck«, heißt es dort.[38] Ganz bewusst – und selbstbewusst – reihte Evans sein Opus magnum in die Tradition der großen deutschsprachigen Geschichtsdarstellungen ein, die seit den 1980er Jahren erschienen waren. »Im Anfang stand keine Revolution«, lautete der bereits erwähnte Satz in Hans-Ulrich Wehlers *Gesellschaftsgeschichte*. »Am Anfang war Napoleon«, lesen wir am

Beginn von Thomas Nipperdeys *Deutscher Geschichte im 19. Jahrhundert*. Und Heinrich August Winklers Darstellung *Der lange Weg nach Westen*, erschienen im Jahr 2000, setzte ein mit der Feststellung: »Im Anfang war das Reich.« Drei protestantische Historiker demonstrierten damit nicht nur ihre Bibelfestigkeit, die diskursive Verbundenheit ihrer Werke und womöglich sogar einen kanonischen Anspruch, sondern sie markierten mit ihren Eingangssätzen auch die jeweils leitende Perspektive ihrer Darstellung. Richard Evans knüpfte daran an und machte zugleich klar, dass auch die deutsche Geschichte des 20. Jahrhunderts und erst recht die des Nationalsozialismus nicht ohne den Rückbezug auf das Kaiserreich geschrieben werden könne. Eine späte Hinwendung zur Sonderwegsthese war das nicht, aber von »deutschen Besonderheiten« sprach Evans nun doch – und nahm mit diesem Begriff den Titel des wichtigen Buches von 1984 *The Peculiarities of German History* noch einmal auf, mit dem die damals jungen britischen Historiker David Blackbourn, Geoff Eley und Evans die von der Sonderwegsthese geleitete Bielefelder Geschichtsschreibung zum Kaiserreich massiv kritisiert hatten.[39]

Der Name Bismarck stand bei Evans indes nicht nur für den 1871 gegründeten deutschen Nationalstaat, sondern auch für die Person Bismarck, eine »Schlüsselfigur für die Vorgeschichte des Dritten Reichs«.[40] Auch damit schrieb sich der in Cambridge lehrende Historiker in eine historiographische Debatte ein, die sich spätestens seit 1945, zum Teil sogar schon früher, mit der Bedeutung Bismarcks und seiner Politik für die deutsche Geschichte des 19. und 20. Jahrhunderts auseinandersetzte. Vom »Bismarck-Problem« war dabei über Jahrzehnte die Rede, und das bezog sich einerseits auf Bismarcks Politik im 19. Jahrhundert, andererseits aber mindestens ebenso sehr auf die politische Wahrnehmung und Bewertung des »Reichsgründers« insbesondere nach dem Ende des Deutschen Reiches 1945 und in der politischen Kultur Nachkriegsdeutschlands.[41]

Adenauer in Friedrichsruh – Bismarck in Bonn

Als die Bundesrepublik Deutschland 1997 per Gesetz die in Friedrichsruh bei Hamburg angesiedelte »Otto-von-Bismarck-Stiftung« ins Leben rief, um »das Andenken an das Wirken des Staatsmanns Otto v. Bismarck zu wahren«, stieß das durchaus auf Bedenken. In der *Süddeutschen Zeitung* etwa kritisierte der Publizist Johannes Willms das mit der deutschen Einheit in Verbindung gebrachte »höchst fragwürdige Bemühen« der Regierung Kohl, »Bismarck als nationale Identifikationsfigur zu installieren«.[42] Aber war das tatsächlich zu befürchten, wenn selbst der nationalkonservative CDU-Politiker und Bundesinnenminister Manfred Kanther in einer Rede bei der Stiftung zu Bismarcks 100. Todestag versuchte, den ersten Reichskanzler in das ausgehende 20. Jahrhundert zu holen, indem er an die Herausforderungen der europäischen Politik, die Vereinheitlichung der Rechtsordnung, die Schaffung eines gemeinsamen Wirtschaftsraums und einer gemeinsamen Währung erinnerte, zugleich aber auf die »Schattenseiten« des Reichsgründers, wie er es nannte, verwies, die man nicht verschweigen dürfe: »Anstatt die junge Nation zu integrieren«, habe Bismarck durch Ausgrenzung großer Bevölkerungsgruppen, Schichten und Parteien »die Spaltung der Gesellschaft« gefördert. Und er habe mit seinem Antiparlamentarismus zudem die »Weiterentwicklung Deutschlands zu einem modernen, demokratischen Staatswesen blockiert«.[43] Auch 2015, als sich Bismarcks Geburtstag zum 200. Mal jährte, blieb das Gedenken überschaubar und zurückhaltend. Bismarck sei eben keine »nationale Überfigur« mehr, hieß es lapidar auf der Homepage der Bismarck-Stiftung.

Fünfzig Jahre zuvor war das noch anders gewesen. Aus Anlass von Bismarcks 150. Geburtstag veranstalteten Bundestag und Bundesregierung 1965 eine feierliche Gedenkstunde im Bonner Bundestag. Den Reichskanzler mit einem regelrechten Staatsakt zu würdigen, wofür sich Bundestagspräsident Eugen Gerstenmaier (CDU) starkgemacht hatte, fand keine Zustimmung. Nicht zuletzt bei den CSU-Ministern im Bundeskabinett stieß das auf massiven Widerstand. Aber auch Vizekanzler Erich Mende (FDP), gewiss nicht antinational eingestellt, fürchtete, dass »der demonstrative Charakter eines förmlichen Staatsaktes den politisch vertretbaren Aussagegehalt des Ereignisses wesentlich übersteigen« würde.[44] Kritik an der Gedenkstunde gab es trotzdem. Für Rudolf Augstein war die Ehrung Bismarcks, der doch nach 1945 »von Liberalen, Sozialisten, Welfen, Bajuwaren und rheinisch-westfälischen Katholiken neben Martin Luther und Fridericus Rex als dritter Vorreiter Adolf Hitlers denunziert« worden sei, eine »bundesamtliche Rehabilitation«.[45] Ganz falsch war der Eindruck des *Spiegel*-Herausgebers nicht, wenn man an die Sondermarke der Deutschen Bundespost mit dem Bismarck-Kopf denkt, an die Gedenkmedaille der Bundesbank sowie an die zahlreichen Erinnerungsveranstaltungen, die landauf, landab an Bismarck-Türmen und Bismarck-Denkmälern stattfanden. Auch am Bismarck-Denkmal im Berliner Tiergarten gedachte man des »Eisernen Kanzlers«. Willy Brandt, SPD-Vorsitzender und Regierender Bürgermeister, 1965 aber wohl am wichtigsten: sozialdemokratischer Kanzlerkandidat, stiftete dafür einen Kranz. Die westdeutschen Politiker, kommentierte Rudolf Augstein im *Spiegel*, wollten »im Wahl- und Verjährungsjahr 1965 keine Gelegenheit ... missen, sich national zu gebärden. Darum wurde der preußische Reiterkürassier, der einst die deutsche Einheit erzwang, von den Bonner Demokraten wiederentdeckt, denen die deutsche Teilung auferlegt ist.«[46] Ein anderer Briefmarkenentwurf konnte sich allerdings 1965 nicht durchsetzen. Er zeigte – von rechts nach links – Bismarck, Theodor Heuss und Friedrich Ebert. Das war dann doch zu viel Kontinuitätsanmutung: nationale Kontinuität, Reichskontinuität. Bismarck als Ahnherr der Weimarer und der Bonner Demokratie? Dann doch lieber Bismarck allein.

An der Bonner Gedenkstunde nahm auch Konrad Adenauer teil. Eine Einladung der Familie Bismarck, in Friedrichsruh eine

Festrede zu halten, schlug der 88-jährige Altbundeskanzler hingegen aus. Fünf Jahre nach der Kaiserproklamation von Versailles in eine rheinisch-katholische Familie geboren, hatte der ehemalige Kölner Oberbürgermeister nach dem Zweiten Weltkrieg erklärt, die Reichsgründung und der durch sie verstärkte Glaube an die »Omnipotenz des Staates« hätten den Boden bereitet für den »totalen Staat und die willenlos geführte Masse«. Angesichts solcher Positionen hielt sich Adenauer 1965 nicht für den »richtigen Interpreten«.[47]

Im Gegensatz dazu freute sich Hans Rothfels, national denkender Remigrant, Bismarck-Kenner und Doyen der westdeutschen Zeitgeschichtsforschung, der die Bonner Gedenkrede hielt, über ein »größeres Maß historischer Gerechtigkeit«, das Bismarck nun wieder zuteil werde und das auch dem Verhältnis der Deutschen zu ihrer Geschichte einen »starken positiven Akzent zu geben vermag«. Im Schatten der Fischer-Kontroverse bemühte sich der Tübinger Historiker darum, Bismarck nicht nur als »großen Gestalter« in seiner Zeit darzustellen, sondern ihn »hinausgreifen zu lassen über das nationalistische Jahrhundert wie über dessen Ende in Weltkrieg und Weltrevolution«. Vor allem in der Außen- und Bündnispolitik sowie der Sozialpolitik wollte er Bismarck anschlussfähig machen. Bismarcks Außenpolitik sei doch »in eminentem Sinne ›europäisch‹« gewesen und von der gleichen Maxime geleitet wie ihre innenpolitische, ihre »sozialpolitische Parallele«: »Das Reich sollte mit seiner eigenen ›Erhaltung‹ den Frieden und die Ordnung erhalten, es sollte die Atomisierung der Gesellschaft verhindern.« Konnte man das nicht auch als Imperativ für die Politik der jungen Bundesrepublik lesen? Kein Zweifel: Die junge Bundesrepublik sollte in die Tradition des Bismarck-Reiches, des Nationalstaats von 1871 gestellt werden. Und konnten nicht selbst die Sozialdemokraten endlich ihren Frieden mit Bismarck machen, für die, so Rothfels im Bundestag, das Sozialistengesetz letztlich doch nur von Nutzen gewesen sei, weil sich die SPD so von »anarchistischen Beimengungen« gereinigt und »in Opferwille und Hingabe starke moralische Antriebe« erfahren habe?[48]

Bismarck für die bundesrepublikanische Gegenwart zum Sprechen zu bringen, versuchte im Auswärtigen Amt auch Theodor Schieder. In einer Feierstunde beschrieb der einflussreiche Kölner Historiker Bismarcks »Schöpfung«, den deutschen Nationalstaat, als »Leitbild und Zielvorstellung unseres Denkens«. Weit über die deutsche Teilung hinaus richtete sich dies gerade vor dem Hintergrund der von Schieder als »nationale Katastrophe« bezeichneten Thesen Fritz Fischers auf die Idee des Nationalstaats und deren Rehabilitierung.[49] Im Ministerflügel des Bonner Außenamts stand damals allerdings keine Bismarck-, sondern eine Stresemann-Büste. Der Reichskanzler und preußische Ministerpräsident war verbannt worden, auch aus dem Kanzleramt. Lediglich im Dienstzimmer von Bundestagspräsident Gerstenmaier, nationalprotestantisch, nationalkonservativ, hing ein Bismarck-Porträt. Erst später ließ Hans-Dietrich Genscher, Außenminister seit 1974, ein Bild Bismarcks in seinem Büro anbringen. Hier sollte es eher Ausdruck gesamtdeutscher Orientierung sein als ein Bekenntnis zu Bismarck als politischem Vorbild.

Jenseits von Verklärung und Dämonisierung

1971, anlässlich des 100. Jahrestags der Reichsgründung, erteilte Gustav Heinemann dem Versuch, die Bundesrepublik in die Kontinuität des Bismarck-Reiches zu stellen, eine klare Absage. Für den ersten sozialdemokratischen Bundespräsidenten gehörte Bismarck »nicht in die schwarz-rot-goldene Ahnenreihe derer, die mit der Einheit des Volkes zugleich demokratische Freiheit wollten«.[50] Genau darauf nahm Richard von Weizsäcker am 3. Oktober 1990 Bezug. In den Unterredungen, in welchen Helmut Kohl 1989/90 die Frage der deutschen Einheit mit zahlreichen europäischen Politikern besprach, tauchte Bismarck zwar immer wieder auf, wobei der Bundeskanzler sich jedoch keineswegs auf ihn bezog, sondern sich von der Politik des Reichskanzlers distanzierte. Kohl wurde nicht müde zu betonen, dass seine Politik gerade nicht darauf ziele, den deutschen Nationalstaat Bismarck'scher Prägung wiederherzustellen. Schon im Oktober 1989, noch vor dem Fall der Mauer also, versicherte Kohl dies dem misstrauischen italienischen Ministerpräsidenten Giulio Andreotti. Ziel der Bundesrepublik sei vielmehr »eine europäische Friedensordnung, in der auch die deutschen Probleme gelöst würden. Wie diese Lösung letztlich aussehen würde, könne man jetzt noch nicht wissen. Sicher werde es aber nicht eine Lösung im Sinne des Nationalstaats von Bismarck sein.«[51]

Bismarck und das Kaiserreich lagen 1990 weit zurück, weit jenseits individueller, aber auch kollektiver Erinnerungen und Bezüge. Hatte sich Bundespräsident Theodor Heuss, als er 1951 zu einer Volksausgabe der *Gedanken und Erinnerungen* sowie anderer ausgewählter Schriften Bismarcks ein Vorwort beitrug und dort ein vergleichsweise positives Bild zeichnete, noch zu einem »Pathos der Distanz« bekannt, bestimmte nun nur noch Distanz die Bismarck-Wahrnehmung, gerade auch politisch.[52] Bismarck schien kein »Problem« mehr darzustellen. Er war politisch nicht mehr wirksam, der Schatten des Reichskanzlers lag nicht mehr auf der deutschen Politik. Lothar Gall verlängerte mit seiner großen Bismarck-Biographie von 1980 gerade nicht die politische Bismarck-Rezeption, schrieb keinen Bismarck-Mythos fort, sondern präsentierte eine geschichtswissenschaftliche Aneignung, die dem Grundsatz *sine ira et studio* folgte. Der Verfasser war nicht getrieben von der Vorstellung, von Bismarck immer noch etwas lernen zu können, wie sie wohl am längsten Sebastian Haffner vertreten hat, sondern sprach mit Blick auf das Bismarck-Reich von einer historisch abgeschlossenen Epoche. Galls Buch überwand die schwarz-weiß-roten Bismarck-Deutungen früherer Jahrzehnte und mit ihnen die Verehrung und Verklärung Bismarcks ebenso wie seine Dämonisierung. Das Gleiche gilt, *cum grano salis*, auch für die zweibändige Bismarck-Biographie des ostdeutschen Historikers Ernst Engelberg. Diese, vor allem das Erscheinen des ersten Bandes 1985, war ein deutsch-deutsches Buchereignis. Mit Engelberg, dessen zweiter Bismarck-Band just 1990 erschien, als die DDR selbst Geschichte wurde, hatten auch die DDR und die ostdeutsche Geschichtswissenschaft ihr »Bismarck-Problem« gelöst.[53]

»Von Bismarck lernen können wir Heutigen etwa soviel wie vom Kardinal Richelieu«, betonte Rudolf Augstein in seiner *Spiegel*-Rezension von Galls Biographie und lobte die »unvoreingenommene Geschichtsschreibung« des Frankfurter Historikers. Aber die Linien, die aus der Bismarck-Zeit in die Kriege und Katastrophen des 20. Jahrhunderts führten, blieben umstritten. Für konservative Historiker wie Walter Bussmann, der Galls Buch in der *FAZ* besprach, wirkte es »befreiend, wenn sich der Autor von der nach 1945 strapazierten Vorstellung eines ›Irrweges‹, der mit Bismarck in der deutschen Geschichte eingeschlagen worden sei, distanziert«. Bei Ernst Schulin, dem liberalen Freiburger Historiker, der 1990 den zweiten Engelberg-Band rezensierte, klang das etwas anders: »… mit dem Albtraum Bismarck mögen wir fertig sein, aber nicht mit dem seiner und der nachfolgenden Zeit.«[54]

Da schienen noch einmal jene Debatten und Kontroversen der ersten Jahrzehnte nach 1945 auf, in denen die Auseinandersetzung mit dem Kaiserreich nicht nur von wissenschaftlichen Motiven und Intentionen getrieben war, sondern sich auch aus gegenwartsbezogenen politischen und gesellschaftlichen Wahrnehmungen und Interessen speiste. Besonders deutlich wird das an der Rezeption von Erich Eycks Bismarck-Biographie, die bereits zwischen 1941 und 1944 in der Schweiz erschienen war.[55] Eyck hatte sich Bismarck aus liberaler Perspektive genähert und dessen Politik, insbesondere die Innenpolitik – Kulturkampf, Sozialistengesetze, Geringschätzung des Parlaments – scharf kritisiert.

Der Reichskanzler habe durch seine autoritäre und konfrontative Politik das politische Bewusstsein vieler Deutscher verformt, den Weg zu einer liberalen und demokratischen Entwicklung versperrt und so in entscheidender Weise die Weichen gestellt für den verhängnisvollen weiteren Gang der Dinge.

Die Reaktion der Spitzenrepräsentanten der deutschen Historikerzunft auf Eycks Buch war eindeutig. Nach 1945 hielt man dem 1937 nach Großbritannien emigrierten jüdischen Autor vor, kein richtiger Historiker zu sein. Das Werk »des früheren Rechtsanwalts«, der allerdings eine geschichtswissenschaftliche Promotion vorweisen konnte, sei das »eines Outsiders und Emigranten«.[56] Darüber hinaus verurteilte man auch seine liberalen Beurteilungsmaßstäbe: Indem er das Ideal eines liberal-bürgerlichen, parlamentarisch regierten deutschen Nationalstaats zugrunde lege, verfehle er die eigentliche Problematik der deutschen Nationalstaatsbildung und der Geschichte des deutschen Nationalstaats. Das war der Kern des »Bismarck-Problems«, das in den Worten Gerhard Ritters dadurch entstanden war, »daß man die Deutschen zu überreden versuchte, das überlieferte Bild ihres Nationalhelden sei ein großes Götzenbild gewesen, ähnlich dem Adolf Hitlers, der vielgefeierte Reichsgründer in Wahrheit der Urheber unseres politischen Unglücks«. Von einer »Umwertung aller Werte« sprach der Freiburger Ordinarius, dessen Argumentation ins Zentrum der politisch-kulturellen Entwicklung jener Zeit führt.

Ritter warf Eyck vor, die Bismarck-Kritik im Duktus des »öffentlichen Anklägers einer Spruchkammer« verfasst zu haben und vor dem »politischen Horizont ... des in London lebenden politischen Emigranten«. Eyck habe sich zu sehr »in englisches Denken« hineingelebt, in die »Ideenwelt des Gladstoneschen Liberalismus«. Daher muss man die Reaktionen auf Eycks Bismarck-Interpretation auch lesen als Teil der Debatte über die Emigration, über Emigranten und Remigranten in der jungen Bundesrepublik – darunter auch die wenigen jüdischen – und als

Kritik an ihnen. Man muss sie in weiterer Perspektive lesen als Fortsetzung der politisch und kulturell so wirksamen Gegensatzkonstruktion »Deutschland und der Westen« und damit auch als Teil der Auseinandersetzung über die Entwicklung einer liberalen politischen Kultur und über die Bedeutung westlich-liberaler politischer und gesellschaftlicher Ordnungsvorstellungen in Deutschland nach 1945. Und insgesamt gilt: Dass Bismarck in den Jahrzehnten nach 1945 allmählich Geschichte werden konnte, war auch Folge der politischen und soziokulturellen Liberalisierung in Westdeutschland. Die Distanz zu Bismarck und seiner Politik ist vor diesem Hintergrund bis heute ein Gradmesser für die Liberalität in Politik und Gesellschaft. Umso mehr müssen daher Bestrebungen von rechtspopulistischer und neonationalistischer Seite zu denken geben, Bismarck erneut als Referenzfigur zu etablieren und sich politisch auf ihn und seinen Nationalstaat zu beziehen.

Die Schlafwandler: Ein Buch und seine Folgen

Doch hineingeschlittert?

Kaum je zuvor hat ein fast tausendseitiges Geschichtsbuch in Deutschland so große öffentliche Aufmerksamkeit und so viele Käufer gefunden wie das Buch *Die Schlafwandler* des in Cambridge lehrenden australischen Historikers Christopher Clark.[57] Im englischen Original bereits 2012 publiziert, begann die Rezeption des Werkes schon vor dem Erscheinen der deutschen Übersetzung. Eine hoch professionelle Vermarktungsstrategie des Verlags trug dazu bei. Von einem »fulminanten neuen Buch« las man im *Spiegel*, und das Echo auf die englische Ausgabe – in Deutschland, nicht im Vereinigten Königreich – war so groß, dass Clarks deutscher Verlag eine sensationelle Startauflage von

100 000 Exemplaren drucken ließ. Nur wenige Monate später, im Frühjahr 2014, war bereits die doppelte Zahl verkauft. Clark, der zuvor bereits mit einer Biographie Wilhelms II. in Erscheinung getreten war, in deren deutschem Vorwort er dafür warb, hinsichtlich des letzten Kaisers »Verunglimpfung und Verständnis wieder in ein angemessenes Verhältnis« zu bringen, und der für seine in Deutschland 2007 publizierte Geschichte Preußens – *Am Anfang war Brandenburg* – den renommierten Preis des Historischen Kollegs erhalten hatte,[58] hatte einen Bestseller geschrieben, und angesichts der enormen medialen Präsenz des fließend Deutsch sprechenden Autors stiegen die Verkaufszahlen weiter. Rasch entdeckte das Fernsehen den Geschichtsautor, der schon bald mit Fliege und im roten Käfer-Cabriolet, erzählend und singend, in der »Deutschland-Saga« auf Tour durch die deutsche Geschichte ging.

Doch 2014 ging es nicht um Fahrten im Cabriolet. 2014 gedachte man überall in Europa des Beginns des Ersten Weltkriegs im Sommer 1914, jener Urkatastrophe des 20. Jahrhunderts, von der der amerikanische Diplomat und Historiker George F. Kennan in einem mittlerweile geflügelten – allerdings auch überstrapazierten – Wort einst gesprochen hatte. Für Furore sorgte Clark jedoch nicht mit seiner Deutung des Kriegsbeginns und der deutschen Verantwortung dafür, auch wenn sein Buch über weite Strecken eine diplomatiegeschichtliche Analyse ist. Der Autor zeigt minutiös, wie insbesondere mangelnde Kommunikation zwischen den Entscheidungsträgern, die auch aus mangelndem Vertrauen resultierte, in den Wochen der Julikrise 1914 eine Entspannung zwischen den europäischen Mächten verhinderte und den Krieg immer näher rücken ließ. Darauf wurde gelegentlich hingewiesen, als Politik und Diplomatie im Jahr 2014 über die richtige Reaktion auf die völkerrechtswidrige Annexion der Halbinsel Krim durch Russland debattierten. Doch ins Zentrum der öffentlichen Aufmerksamkeit rückte Clark, weil er die These einer herausgehobenen deutschen Verantwortung für die Eskalation der Krise und damit für den Krieg vom Tisch wischte. Er ersetzte sie durch eine Interpretation, die den Beginn des Ersten Weltkriegs als Systemversagen deutet, als Resultat von Veränderungen im internationalen System der europäischen Mächte und einer politischen Komplexität, mit der die handelnden Akteure in den Wochen nach dem Attentat von Sarajevo überfordert gewesen seien. Das war in der Forschung nicht völlig neu und nicht zuletzt in diplomatiegeschichtlichen Arbeiten ähnlich herausgearbeitet worden. Das Problem dieser Deutungen lag freilich darin, dass sie zumeist die innenpolitischen und gesellschaftlichen Bedingungen außenpolitischen Handelns ausblendeten.

Fünf Jahrzehnte nach der Fischer-Kontroverse zeichnete Clark ein Bild des Kriegsbeginns 1914, das nicht nur den Thesen des Hamburger Historikers aus den 1960er Jahren deutlich widersprach, sondern das auch den breiten Konsens in Wissenschaft und Öffentlichkeit, national wie international, attackierte, der sich in der Beurteilung des Kriegsbeginns seither eingestellt hatte und der über Fritz Fischer längst hinausgekommen war. Den Kern dieses Konsenses bildete gerade die Einschätzung, dass sich der Krieg nicht als Systemversagen deuten lasse, dass die Mächte nicht in den Krieg hineingestolpert oder in ihn hineingeschlittert seien, wie es der ehemalige britische Premierminister David Lloyd George in seinen Memoiren 1933 formuliert hatte. Vielmehr hätten alle Mächte im Juli 1914 durch ihre Politik das Kriegsrisiko bewusst erhöht. Nach wie vor gab es gewichtige Stimmen, die von einer ebenso bewussten Entscheidung, gerade auf deutscher Seite, für den Krieg sprachen. Gegen diese Deutung einer bewussten Entscheidung wandte sich Clark schon mit dem Titel seines Buches: *Die Schlafwandler*. Und damit entledigte er sich auch der Frage nach der Kriegsschuld, ja selbst der Frage nach der Verantwortung für den Krieg. Sowohl die Frage nach der Verantwortung als auch – und erst recht – die Frage nach der Schuld hält er für nicht weiterführend und problematisch, weil ein schuldorientiertes Untersuchungsmodell oft mit Vorurteilen einhergehe und überdies der Komplexität der Ereignisse – für Clark ist die Julikrise das »komplexeste Ereignis … womöglich bislang aller Zeiten« – nicht gerecht werde.[59] Aus dem gleichen Grund, eben weil dann sofort die Schuld zum Brennpunkt werde und dadurch ferner die »Illusion eines ständig wachsenden Kausaldrucks« entstehe, stellt Clark auch nicht die Frage nach dem *Warum*. Ihm gehe es vielmehr um die Frage nach dem *Wie*. Das verbindet Clarks Buch mit Teilen der jüngeren Forschung zum Kaiserreich insgesamt, die sich bewusst von der Frage nach dem *Warum* distanziert, eine Vielfalt ambivalenter, zum Teil widersprüchlicher Entwicklungen beschreibt und nebeneinanderstellt und dabei zu einem Bild des Kaiserreichs gelangt, das am Ende vieles zeigt und nichts mehr erklärt.

Bei Clark rückt der Primat des *Wie* die präzise Beschreibung von Abläufen und von in der Tat höchst komplexen Interaktionen in den Vordergrund. Aber man kann die Frage nach dem *Warum* natürlich auch ausklammern, wenn einem die – wahrscheinliche – Antwort nicht behagt, und selbst der von der Frage nach dem *Wie* geleiteten Untersuchung Clarks ist der Vorwurf gemacht worden, zur Eskalation beitragende Entscheidungen in Paris, St. Petersburg oder auch Belgrad einseitig und stärker ins Zentrum der Analyse gerückt zu haben als den Kriegskurs in Berlin. Dass Clark dafür plädierte, die Frage nach dem *Warum* nicht zu stellen und nicht in Kategorien von Verantwortung oder Schuld zu argumentieren, hat im Übrigen viele derjenigen, die *Die Schlafwandler* in Deutschland enthusiastisch feierten, überhaupt nicht interessiert. Im Gegenteil: Clark weise nach, »dass von einer deutschen ›Schuld‹ an der Katastrophe nicht die Rede sein konnte«.

Die These von der deutschen Hauptverantwortlichkeit werde »klaftertief begraben«, stellte die Publizistin Cora Stephan geradezu triumphierend fest und sprach im selben Atemzug von

»Schuldstolz« und »nationalem Masochismus«. Eine Gruppe konservativer Historiker sprang der neu-rechten Autorin sogleich bei. In der Schulddebatte erkannten sie die Fortführung der antideutschen Propaganda aus dem Ersten Weltkrieg. Die Schuldfrage, »in deutscher Selbstbezogenheit lange Zeit der zentrale Begriff«, spiele keine Rolle mehr, sie dürfe keine Rolle mehr spielen, behaupteten die Wissenschaftler in einem gemeinsam mit Cora Stephan publizierten »Manifest«, um dann apodiktisch zu konstatieren: »Das Deutsche Reich war nicht ›schuld‹ am Ersten Weltkrieg.« Zugleich sprach man freilich von der »provozierenden Rolle Frankreichs« oder davon, dass erst der britische Kriegseintritt aus dem »Ursprungskonflikt ein globales Desaster« gemacht habe. Waren das keine Schuldzuweisungen?[60]

Zu den Ergebnissen der Fischer-Kontroverse in den 1960er Jahren gehört das Ende der »Kriegsunschuldlegende«, die in Deutschland nach dem Ende des Ersten Weltkriegs und vor dem Hintergrund der Pariser Friedenskonferenz und des Versailler Vertrags 1919 entstanden war. Vertreten zunächst als politisches Argument, um einen milden Frieden zu erzielen, wandte man sich mit der Behauptung der deutschen Unschuld vor allem gegen den berühmten Artikel 231 des Versailler Vertrags, in dem aus der deutschen Verantwortung für den Krieg die alliierten Reparationsforderungen abgeleitet wurden. Rasch wurde damals aus der politischen Position eine wissenschaftliche. Scharen deutscher Historiker arbeiteten sich seit den 1920er Jahren an der »Kriegsschuldfrage« ab, publizierten Bücher und – im Auftrag des Auswärtigen Amtes – vielbändige Akteneditionen, um zu beweisen, dass Deutschland nicht Schuld am Weltkrieg trug, jedenfalls keine größere Schuld als die anderen Mächte. Das entlastete freilich zugleich das Kaiserreich und seine politische und militärische Führung und spielte den alten wilhelminischen Eliten und dem nationalistischen Lager insgesamt, die die Weimarer Republik hassten und bekämpften, in die Hände. Da – von wenigen

Ausnahmen abgesehen – auch die demokratischen Politiker den Vorwurf der Kriegsschuld zurückwiesen, fand in der Weimarer Gesellschaft eine kritische Auseinandersetzung mit dem Kaiserreich kaum statt, und das gilt nicht nur für Deutschlands Rolle im Vorfeld des Krieges, sondern für das Kaiserreich insgesamt. Auch angesichts des Nachkriegselends seit 1918/19, während der Inflation, schließlich in der Wirtschaftskrise von 1929 an, wurde das Kaiserreich in der Bevölkerung weithin als »gute alte Zeit« verklärt, als »goldenes Zeitalter der Sicherheit«, wie der Schriftsteller Stefan Zweig in seinen 1944 erschienenen Erinnerungen formulierte. Das autoritäre und illiberale politische Herrschaftssystem fiel demgegenüber kaum ins Gewicht.

Das Bild, das Historiker vom Kaiserreich zeichneten, unterschied sich davon nicht wesentlich. Kritischere Stellungnahmen blieben Randerscheinungen auf dem Buchmarkt, ihre Vertreter waren Außenseiter. Das änderte sich auch nach 1945 nicht, nur dass sich jetzt auch noch die Rede von der deutschen Kriegsunschuld beziehungsweise der gemeinsamen Verantwortung aller Mächte mit der Argumentation verband, der im Zeichen des Kriegsschuldvorwurfs diktierte Versailler Vertrag habe zum Aufstieg des Nationalsozialismus, zu seiner Machtübernahme 1933 und schließlich zum Zweiten Weltkrieg geführt. In den deutschen Selbstentlastungsdiskursen nach 1945 spielte diese Behauptung eine zentrale Rolle, und auch das erklärt die Ablehnung, ja den Hass, der Fritz Fischer entgegenschlug. Vor diesem Hintergrund überrascht es nicht, dass Vertreter eines neuen Nationalismus diese Behauptung seit einigen Jahren wieder aufgreifen, unter ihnen der Publizist Jörg Friedrich in einem im Windschatten von Christopher Clark 2014 erschienenen Buch über den Ersten Weltkrieg mit dem sprechenden Untertitel *Der Weg nach Versailles*.[61]

Eine »normale« Nation und ihre Interessen

Es ist bezeichnend, dass in der Diskussion über *Die Schlafwandler* solche Stimmen wieder zu vernehmen waren. Historiker wie Hans-Ulrich Wehler oder Heinrich August Winkler, die dafür plädierten, den Beginn des Ersten Weltkriegs und die Frage nach der deutschen Verantwortung nicht allein aus den wenigen Wochen der Julikrise 1914 heraus zu analysieren, sondern anders als Clark auch weiter zurückreichende Strukturen und Mentalitäten mit einzubeziehen, wurden als »Gralshüter des deutschen Culpismus« bezeichnet und massiv angegriffen. Und man konnte lesen, dass die »gewichtigeren historischen Kontinuitäten in Deutschland nicht von 1914 oder sonst woher nach 1939 verliefen, sondern von 1919 nach 1939«.[62] Nicht nur wird das Kaiserreich auf diese Weise seiner erheblichen Verantwortung für den Kriegsbeginn 1914 entledigt, sondern es werden auch jene innenpolitischen Strukturen, jene politischen Dispositionen und Ordnungsvorstellungen, ohne die der Weg in den Krieg und später die Zerstörung der Weimarer Republik sowie der Aufstieg und die gesellschaftliche Akzeptanz des Nationalsozialismus nicht zu erklären sind, als historisch irrelevant entsorgt. Zu den Kronzeugen eines solchen Revisionismus, um dafür nicht den Begriff der Selbstentlastung zu gebrauchen, müssen sich auch diejenigen Stimmen aus der Geschichtswissenschaft rechnen lassen, die im wilhelminischen Kaiserreich nur noch eine »reformbegeisterte Zivilgesellschaft« sehen wollen und das harte Gehäuse des Autoritarismus, die politikbestimmende und gesellschaftsprägende Stärke des Militarismus oder die Wirkungen eines sich radikalisierenden Nationalismus als veraltete und nicht mehr zeitgemäße Historiographie im Zeichen von »Pickelhauben, Junkern und tumbem Kaiser« abtun.[63]

Das ist nicht nur verblüffend verkürzt und einseitig, sondern auch politisch gefährlich. Denn man muss schlicht konstatieren – und das ist gerade für den Weg in den Krieg und die Entscheidung für den Krieg von erheblicher Bedeutung –, dass in Deutschland »ein funktionierendes ziviles Gegengewicht, eine wirksame Kontrolle des Militärs fehlte«.[64] Das lag auch daran, dass es keinen Parlamentarismus gab und die Kontrolle über das Militär kraft Verfassung allein beim Kaiser angesiedelt war. Diese Tatsache geht unter, wenn man die europäische Krise, an deren Ende 1914 der Krieg stand, undifferenziert als »Frucht einer gemeinsamen politischen Kultur« bezeichnet.[65] Und man darf ferner nicht übersehen, dass diejenigen, die in der Gegenwart für ein neues deutsches Selbstbewusstsein werben, nicht selten durch das gesamte 20. Jahrhundert hindurch ein Bestreben anderer Mächte ausmachen, Deutschland in einer Position der Inferiorität zu halten. In jedem Hinweis auf die autoritären Strukturen des Kaiserreichs, auf die Interessen seiner Machteliten und auf Deutschlands Rolle im Vorfeld des Ersten Weltkriegs erkennen sie ein historisches Argument, das auf die Gegenwart zielt. Das Kaiserreich werde in ein schlechtes Licht gerückt, als autoritär und aggressiv charakterisiert, ihm werde noch hundert Jahre später die Kriegsschuld zugeschoben, um das Deutschland der Gegenwart davon abzuhalten, eine selbstbewusste, autonome Außenpolitik zu betreiben und seine legitimen Interessen in der Welt zu vertreten.

Von der deutschen Alleinschuld ist dabei fälschlicherweise immer wieder die Rede. Clarks Darstellung wird ins Feld geführt, um Fritz Fischers These einer deutschen Alleinschuld aus dem Weg zu räumen. Dabei hat Fischer nie von deutscher Alleinschuld gesprochen, und auch spätere Historiker haben das nicht getan. Aber gegen die angebliche These einer Alleinschuld lassen sich leichter publizistische Breitseiten abfeuern als gegen ein differenzierteres Bild der Verantwortlichkeit 1914, das sich gleichwohl nicht in der Denkfigur des Systemversagens oder einer Kollektivschuld erschöpft. Wieder einmal wird hier ein Popanz nur zu dem Zweck aufgebaut, ihn aus aktuellen politischen Gründen bekämpfen zu können, und Fritz Fischer wird für eine Deutung des Kriegsbeginns und der deutschen Rolle dabei verantwortlich gemacht, für ein Geschichtsbild, das politische Konsequenzen bis in die Gegenwart habe, wie der Berliner Politikwissenschaftler Herfried Münkler beklagte. Münkler hatte zeitgleich mit Christopher Clark und ebenfalls sehr erfolgreich ein Buch über den Ersten Weltkrieg auf den Markt gebracht und darin erklärt, Deutschland könne heute »kaum eine verantwortliche Politik in Europa betreiben, wenn man die Vorstellung hat: Wir sind an allem Schuld gewesen ... Wir neigen außenpolitisch zu dem Gedanken: Weil wir historisch schuldig sind, müssen, ja dürfen wir außenpolitisch nirgendwo mitmachen; wir kaufen uns lieber frei, wenn es darum geht, Europa an den Krisenrändern zu stabilisieren.«[66]

In der Diskussion über *Die Schlafwandler* sind zahlreiche Parallelen zwischen der Welt um 1914 und der Welt der Gegenwart gezogen worden: die Existenz eines multipolaren Staatensystems, geprägt von Dynamiken des Aufstiegs und des Niedergangs von Mächten, ein sich verschärfender Unilateralismus im Zeichen nationaler Machtstaatlichkeit oder die Kräfte und Wirkungen beschleunigter Globalisierung. Der Historiker Andreas Wirsching hat auf eine weitere besorgniserregende Parallele hingewiesen. Für ihn lebt unter der Oberfläche ein altes Trauma der Deutschen fort: das Trauma, in Europa nicht nur allein zu stehen, sondern von missgünstigen Nachbarn auch noch eingekreist zu werden. Von einem Europa, das nur noch als Bedrohung perhorresziert werde, hat er gesprochen, von einem Europa, das Deutschland bedränge, um seine – heute vor allem wirtschaftliche und finanzielle Stärke – zu brechen.[67] Und rasch geht es dann in diesem Denkrahmen nicht mehr um die deutsche Kriegsschuld 1914, sondern um die »ewige deutsche Schuld«, die Vorstellung »Wir sind an allem schuld gewesen« (Herfried Münkler), von der man sich befreien müsse.

In der Tat: Deutschland habe sich einen »negativen Exzeptionalismus« angewöhnt, war 2014 auch mit Seitenhieben auf den »deutschen Sonderweg« zu lesen, und Clarks Buch werde in Deutschland hoffentlich dazu beitragen, diesen »negativen Exzeptionalismus« zu überwinden.[68] Christopher Clark hat *Die Schlafwandler* nicht geschrieben, um in Deutschland eine Debatte über nationale Geschichtsbilder anzustoßen, um einer stärker an »nationalen Interessen« ausgerichteten Außenpolitik das Wort zu reden, um für mehr nationales Selbstbewusstsein zu werben oder gar um einen angeblichen deutschen »Schuldstolz« zu bekämpfen. Zumindest ist das in seinem Buch nicht zu lesen. Aber das Buch hat einen Nerv getroffen, und das nicht nur geschichtspolitisch, sondern politisch. Seine öffentliche Rezeption hat deutlich gemacht, dass Geschichtspolitik eben auch Politik ist. Sie hat aber zudem offenbart, dass unter der Oberfläche einer liberalen und demokratischen bundesrepublikanischen Gesellschaft, die sich vermeintlich aus den schwarz-weiß-roten Traditionen deutscher Nationalstaatlichkeit gelöst hat, nationale Ressentiments sowohl überlebt als auch sich neu entwickelt haben. Zu diesen gehört die Vorstellung, die deutsche Geschichte des 20. Jahrhunderts beziehungsweise ein bestimmtes, hegemoniales Bild dieser Geschichte, das um deutsche Schuld und deutsche Verbrechen kreist, hindere das Deutschland der Gegenwart, seit 1990 wieder Nationalstaat, daran, eine »normale« Nation zu sein, eine an »nationalen Interessen« orientierte Politik zu betreiben und sein nationales Gewicht, seine Macht in Europa und global selbstbewusst einzusetzen.

Die Frage nach deutscher Schuld – oder auch nur Verantwortung – zu stellen, wird vor diesem Hintergrund rasch als Moralisierung der Geschichte angesehen und scharf kritisiert. Der Erste Weltkrieg, so war in dem »Manifest« zur Kriegsschuldfrage von 2014 zu lesen, sei der Beginn vieler Schrecken gewesen, und zu diesen Schrecken gehöre auch die »Moralisierung des Krieges«. Damit ist die gegen Deutschland gerichtete Propaganda der Alliierten gemeint, doch dahinter steckt der auf die Gegenwart zielende doppelte Imperativ, auf die Herausforderungen des Weltgeschehens keine moralischen Antworten zu geben, sondern realpolitische, und eine interessenorientierte Realpolitik nicht durch moralische Argumente insbesondere im Hinblick auf die deutsche Geschichte – Stichwort: »Schuldstolz« – zu behindern.[69] Dies ist vermutlich auch das, was der Militärhistoriker Sönke Neitzel meint, wenn er in anderem Zusammenhang eine Geschichtsschreibung »ohne normativen Ballast« preist und sich dabei ganz in die Nähe der geschichtspolitischen Linie der AfD begibt.[70] Deren Bundestagsfraktion brachte Ende 2019 einen Antrag zum Umgang mit der deutschen kolonialen Vergangenheit ein, der sich ebenfalls von einer »normativen Vergangenheitsdeutung« distanziert. »Kulturmarxistisch inspiriert«, wie es im Stil der *alt-right* heißt, verhindere eine solchermaßen moralisierende Vergangenheitsdeutung, dass »die gewinnbringenden Seiten der deutschen Kolonialherrschaft zum Tragen kommen«.[71]

Als Clarks Buch erschien, lastete die Eurokrise mit ihren Folgen auf Deutschland und Europa. Die Eurokrise, ihrerseits entstanden aus der globalen Finanz- und Bankenkrise der Jahre seit 2007, war eine Krise der gemeinsamen europäischen Währung und noch mehr eine Krise der europäischen Integration insgesamt. Sie war nicht zuletzt darauf zurückzuführen, dass die EU beziehungsweise ein großer Teil ihrer Mitgliedsstaaten mit dem Euro zwar über eine gemeinsame Währung verfügte, die Finanz- und Fiskalpolitik aber weiterhin in nationaler Zuständigkeit lag. Nun prallten auf der Suche nach Lösungen für die Eurokrise, die in erster Linie eine Staatsschuldenkrise war, unterschiedliche nationale Traditionen und Politiken aufeinander. Vor allem Deutschland vertrat dabei eine rigide Spar- und Austeritätspolitik, um so, insbesondere im Falle Griechenlands, die öffentliche Verschuldung in der EU abzubauen, die Staatshaushalte zu sanieren und den Euro insgesamt zu stabilisieren. Andere Mitglieder der EU und der Euro-Gruppe, unter ihnen Frankreich, Italien und Spanien, plädierten für europäische, kreditfinanzierte Unterstützungsprogramme bis hin zur Vergemeinschaftung von Schulden.

Die sowohl in der EU als auch – innenpolitisch – in der Bundesrepublik kontroverse Diskussion, die sich in dieser Situation und bei dem Versuch, die Krise zu bewältigen, entwickelte, bildete unter anderem den Hintergrund für die deutsche Wahrnehmung des Clark-Buchs und die öffentliche Debatte darüber. Zugespitzt formuliert ging es um den Primat nationaler oder gemeinschaftlich europäischer Interessen beziehungsweise um die Frage, wer die gemeinsamen europäischen Interessen bestimmte. Musste nicht Deutschland als die stärkste Volkswirtschaft der EU gerade in Fragen der Wirtschafts-, Finanz- und Währungspolitik den Kurs angeben? Oder sollte es sich einer europäischen Politik unterordnen, die, so sahen es viele, den Grundprinzipien deutscher Politik widersprach und für die es am Ende – mehr oder weniger allein – haften würde?

Dahinter stand – und steht bis heute – die Frage nach dem Verhältnis von Nation und Europa, von nationaler und europäischer Souveränität. Geschichtspolitische und europapolitische Diskussion vermischten sich. Vertreter eines nationalen Kurses behaupteten – und hier liegt der Konnex zu Fritz Fischer und Christopher Clark –, die deutsche Geschichte und nicht zuletzt der Vorwurf der Verantwortung für den Ersten Weltkrieg würden instrumentalisiert, und zwar sowohl von den Deutschen selbst, die sich gleichsam Fesseln anlegten, als auch von ihren europäischen Nachbarn, die das Deutschland der Gegenwart an der Durchsetzung seiner nationalen Interessen zu hindern suchten. Darüber hinaus argumentierte man, die deutsche Politik vor 1914 und mit ihr nicht nur der deutsche Nationalstaat, sondern die Idee des Nationalstaats insgesamt würden durch den Vorwurf des Nationalismus und dessen Rolle in der Vorgeschichte zweier Weltkriege diskreditiert, und zwar für die Gegenwart diskreditiert. Dabei sei die Überwindung des Nationalstaats gar nicht die einzig denkbare Schlussfolgerung aus den Weltkriegen. Vor diesem Hintergrund waren das Buch und die Thesen Clarks gerade in Deutschland hoch willkommen.[72]

Das Erbe der Hohenzollern

Eine fast normale Familie

Seit 2019 wird öffentlich eine kontroverse Debatte über die Entschädigungsansprüche der Familie Hohenzollern, der Nachkommen des letzten deutschen Kaisers, geführt. Sie weist als geschichtspolitische Auseinandersetzung in ihrer Bedeutung weit über die Frage der Entschädigung hinaus und wird auch deswegen so heftig ausgetragen. Hinter den Entschädigungsforderungen und Rückgabeansprüchen der Hohenzollern, einer in den Worten des AfD-Politikers Alexander Gauland »fast normalen bürgerlichen Familie«, steht eine komplexe historische Entwicklung, die zurückreicht bis in die Jahre unmittelbar nach dem Ersten Weltkrieg und dem Ende der Monarchie in Deutschland.[73] Damals beschlagnahmte der nach der Revolution republikanisch-demokratische Staat Preußen sämtliche Vermögensgegenstände der ehemals kaiserlichen und königlichen Familie, die nicht eindeutig Privatvermögen darstellten. Immerhin sechzig Eisenbahnwaggons mit Kunst, Möbelstücken und anderen Einrichtungsgegenständen sandte die sozialdemokratisch geführte preußische Regierung trotzdem in die Niederlande, wohin Wilhelm II., willkommen geheißen von seiner Cousine, der niederländischen Königin Wilhelmina, zunächst in Amerongen, später in Doorn in der Nähe von Utrecht ins Exil geflohen war.[74]

Doch blieb die Beschlagnahmung aus der Revolutionszeit nicht das letzte Wort, zumal preußische Richter, viele von ihnen nicht unbedingt Anhänger der Republik, ihre Rechtmäßigkeit anzweifelten. So kam es 1926 zu einer neuen Regelung, einer Aufteilung des Vermögens. Zu dem 1926 der Familie Hohenzollern gleichsam als künftiges Privatvermögen großzügig zugesprochenen Teil gehörte nicht zuletzt das Potsdamer Schloss Cecilienhof, wo fortan Kronprinz Wilhelm, der älteste Sohn Kaiser Wilhelms II., residierte.

Nach dem Zweiten Weltkrieg wurden die in der sowjetischen Besatzungszone gelegenen Immobilien der Familie mitsamt ihrem Inventar enteignet. Anders als Enteignungen durch die DDR nach 1949 wurden die Enteignungen der Jahre 1945 bis 1949 durch die Sowjetunion im Einigungsvertrag von 1990 nicht rückgängig gemacht. Die Immobilien befinden sich daher heute im Besitz der öffentlichen Hand. Ein Rückgabeantrag der Familie Hohenzollern, vertreten durch den damaligen »Chef des Hauses« Louis Ferdinand Prinz von Preußen (1907–1994), den Sohn des Kronprinzen, scheiterte zunächst. 1994 jedoch legte das Entschädigungs- und Ausgleichsleistungsgesetz (EALG) für besatzungsrechtlich begründete Enteignungen zwischen 1945 und 1949 einen Entschädigungsanspruch fest sowie die Rückgabe beweglicher Güter. Gebunden wurde der Entschädigungsanspruch allerdings an die Voraussetzung, dass der Enteignete nicht »dem nationalsozialistischen oder dem kommunistischen System in der sowjetischen Besatzungszone oder in der Deutschen Demokratischen Republik erheblichen Vorschub geleistet hat«.

Genau dies wäre der Kern eines Gerichtsverfahrens, das die Familie Hohenzollern, nunmehr vertreten durch den 1976 geborenen Georg Friedrich Prinz von Preußen, schon 2017 gegen das Land Brandenburg angestrengt hat, das aber derzeit ruht, weil bereits seit 2014 Gespräche zwischen der Familie und Vertretern des Bundes und der Länder über eine außergerichtliche Lösung geführt werden. An diesen sind nicht zuletzt jene öffentlichen Kulturinstitutionen interessiert – unter ihnen die Stiftung Preußischer Kulturbesitz oder das Deutsche Historische Museum –, wo sich die zurückzugebenden Kunstgegenstände, aber auch wertvolle Kulturgüter wie das ehemalige Königliche Hausarchiv oder Bibliotheken derzeit befinden. Sie würden eine einvernehmliche Lösung vorziehen, weil sie die Unwägbarkeiten eines Prozesses fürchten, in dem es angesichts der Bestimmungen des Gesetzes von 1994 nicht zuletzt darum gehen müsste, die historische Frage, ob die Hohenzollern dem Nationalsozialismus erheblichen Vorschub geleistet haben, zur Grundlage einer juristischen Entscheidung zu machen.

Die Befürchtungen der staatlichen Kulturinstitutionen sind nachvollziehbar. Der Verlust von Kulturgütern, deren immaterieller Wert den materiellen noch bei Weitem übersteigt, wäre fraglos fatal. Dennoch werden die über Jahre geführten und für die Öffentlichkeit wenig transparenten Verhandlungen zunehmend skeptisch betrachtet. Warum gesteht die Bundesregierung einer Familie des Hochadels privilegierte Gespräche zu, während Berlin seit Jahren Vertretern der afrikanischen Herero und Nama, die in der Zeit des Kaiserreichs zu Opfern eines Völkermords geworden sind, offizielle Verhandlungen über Entschädigungen verweigert? Man muss die beiden Themen nicht unbedingt miteinander verknüpfen, aber gerade dadurch erreichte 2019 – nicht zuletzt durch eine Fernsehsendung des Satirikers Jan Böhmermann – die Auseinandersetzung eine größere Öffentlichkeit.[75] Weil die Hohenzollern eben nicht nur irgendeine bürgerliche Familie sind, sondern bis 1918 eine hochadlige Dynastie, deren Geschichte über Jahrhunderte mit der preußischen und deutschen Geschichte verbunden ist, und weil die Entschädigungsfrage in diesem Fall weit mehr ist als eine reine vermögensrechtliche Auseinandersetzung, entwickelte sich eine immer stärker in den Medien ausgetragene Diskussion, die schließlich Anfang 2020 auch den Deutschen Bundestag in Gestalt einer Plenardebatte sowie einer Sachverständigenanhörung des Kulturausschusses erreichte. Gutachten, die von den streitenden Parteien im Laufe der Jahre in Auftrag gegeben worden waren, wurden nun öffentlich gemacht. Auch hier gebührt dem TV-Satiriker Böhmermann das Verdienst.[76] Sie alle kreisen um die Frage des Beitrags von Angehörigen der ehemaligen Kaiserfamilie zum Aufstieg und zur Machtübernahme der Nationalsozialisten.

Kronprinz und »Führer«

Im Mittelpunkt des Entschädigungsverfahrens steht Kronprinz Wilhelm (1882–1951), der spätestens seit Mitte der 1920er Jahre dazu beitrug, den aufsteigenden Nationalsozialismus und Spitzenfiguren der NSDAP in konservativen und monarchistischen Kreisen, nicht zuletzt im Adel, salonfähig zu machen. Schon 1926 empfing er den gerade aus der Landsberger Haft entlassenen Hitler im Schloss Cecilienhof. Sechs Jahre später, im Vorfeld der Reichspräsidentenwahlen von 1932, sondierte der Kronprinz im Gespräch mit Hitler die Möglichkeit, sich zum Reichspräsidenten wählen zu lassen und Hitler dann zum Reichskanzler zu ernennen. Als das nicht funktionierte, unterstützte er Hitler als Kandidat bei der Präsidentenwahl – gegen den ehemaligen preußischen Generalfeldmarschall Hindenburg – und brüstete sich dann damit, Hitler enorme Stimmengewinne verschafft zu haben. Fast gleichzeitig setzte er sich für eine Aufhebung des in Preußen verhängten Verbots von SA und SS ein. Nach der nationalsozialistischen Machtübernahme trugen der Kronprinz und andere Angehörige der Familie durch ihre Anwesenheit beim »Tag von Potsdam« am 21. März 1933 dazu bei, den Schulterschluss zwischen Konservativen und Nationalsozialisten öffentlich zu inszenieren. Für die Zustimmung von Adligen, Konservativen und Monarchisten zum Nationalsozialismus war gerade dieser Auftritt in der Garnisonkirche – an den Särgen der Preußenkönige und vor dem leeren Thron des Kaisers – von kaum zu unterschätzender Bedeutung.

Das alles ist freilich nicht neu und stützt sich auf jahrzehntelange Forschung, gehören doch die Zerstörung der Weimarer Republik und die nationalsozialistische Machtübernahme zu den am intensivsten erforschten Themen der Zeitgeschichte. Auch deswegen muss der Versuch ins Leere laufen, den Kronprinzen nun als Mann des Widerstands schon vor 1933 zu präsentieren, wie es ein von der Familie Hohenzollern bestelltes Gutachten nahelegt. Ohne Namen zu nennen, hat der Freiburger Historiker Jörn Leonhard von »Geschichtsklitterung im Gutachtenstil« gesprochen. Als nicht minder problematisch muss das ebenfalls von den Hohenzollern in Auftrag gegebene Gutachten von Christopher Clark gelten, in dem Aktivitäten des Prinzen zwar nicht bestritten werden, diesen aber keinerlei Relevanz zugesprochen wird. Der Mann sei eine »Flasche« gewesen, so Clark später, gar nicht in der Lage, dem Nationalsozialismus erheblichen Vorschub zu leisten.[77]

Eine Gerichtsentscheidung, wie auch immer sie ausfallen mag, wird an der historischen Bewertung des Verhaltens der Söhne Wilhelms II. nichts ändern, denn die juristische Urteilsbildung folgt einer anderen Logik als die historische. Den breiten Konsens in der internationalen Geschichtswissenschaft hat der britische Deutschlandhistoriker Richard Evans, Vorgänger von Christopher Clark an der Universität Cambridge, zusammengefasst: Man komme nicht um den Schluss herum, »dass der Kronprinz und allgemein die Hohenzollern ... durch die öffentliche Unterstützung für Hitler und die Stärkung des Verhältnisses zwischen dem ›Führer‹ und Hindenburg die Errichtung der Hitlerdiktatur in erheblichem Maße förderten«.[78] Sosehr freilich für eine gerichtliche Entscheidung über die Entschädigungsforderungen der Hohenzollern die Frage von Belang sein mag, ob Angehörige der Familie den Nationalsozialismus unterstützt haben, so nachrangig ist dies letztlich für unser Verständnis der Zerstörung der Weimarer Republik, des Aufstiegs und der Machtübernahme der Nationalsozialisten. Dass Hitler ohne die Unterstützung – und Unterschätzung – der konservativen Eliten nicht an die Macht gekommen wäre und seine Herrschaft gerade in der Frühzeit nicht hätte stabilisieren können, ist bekannt. Zu diesen konservativen Feinden der Demokratie zählt auch Kronprinz Wilhelm, ein reaktionärer Opportunist, der kein Nazi sein musste, um der NS-Herrschaft Vorschub zu leisten.

Den Versuch des von der Familie Hohenzollern beauftragten Historikers Wolfram Pyta, den Kronprinzen als »einen Mann zu zeichnen, der davon getrieben war, Hitler zu verhindern«, hat Ulrich Herbert als »skurril« bezeichnet. Noch wichtiger aber ist dem Freiburger Zeithistoriker die Konsequenz einer Entlastung Wilhelms im Hinblick auf den Anteil des rechten Lagers am Aufstieg des Nationalsozialismus. In den Augen Herberts hat Kronprinz Wilhelm dem Nationalsozialismus »Vorschub« geleistet: »Gewiss nicht weniger, aber wohl auch nicht mehr als all die anderen hochrangigen Vertreter der vaterländischen Verbände, der deutschnationalen Parteien, der Clubs und ›Ringe‹ der rechtsradikalen Intellektuellen, der Großagrarier und der Großindustrie, die die Republik zerstören und das neue Reich der Rechten aufbauen wollten, ohne Parlament, ohne Gewerkschaften und ohne Juden – allerdings unter der Voraussetzung, dass sie selbst dabei irgendeine wichtige Rolle spielen durften. Aber wenn selbst die es nicht waren, die ›Vorschub leisteten‹, dann war es eben keiner. Wie gehabt.«[79]

»Vogelschiss« und nationalhistorischer Revisionismus

Die Versuche »klitternder Rehabilitation« (Jörn Leonhard) beschränkten sich nicht auf den Kronprinzen und seine Brüder. Es dauerte nicht lange, und sie erfassten auch den Vater, Wilhelm II. Der saß im niederländischen Doorn zwar nicht im Zentrum des Geschehens, aber sein Hof im Miniaturformat war nach 1918 ein wichtiger Knotenpunkt antidemokratischer und antirepublikanischer Netzwerke. Ziel des Ex-Kaisers blieb die Wiedererrichtung der Monarchie. Doch den »Erfolgen« Hitlers, erst bei der Überwindung der Demokratie, dann in der Außenpolitik, bei der »Sprengung der Ketten von Versailles«, wie es immer wieder hieß, und schließlich im Krieg, konnte sich auch der ehemalige Monarch bis zu seinem Tod im Juni 1941 nicht entziehen. Der Erste Weltkrieg, an dessen Ende seine Flucht ins niederländische Exil und der Thronverzicht standen, ließ Wilhelm II. sein Leben lang nicht los. Wie für Hitler war deshalb insbesondere der nur sechswöchige Krieg gegen Frankreich 1940 auch für den letzten deutschen Kaiser nicht allein ein »Akt einer wiedergutmachenden Gerechtigkeit«, wie es in der von Hitler formulierten Präambel der französischen Kapitulationserklärung vom 22. Juni 1940 hieß, sondern die eigentliche Vollendung des Ersten Weltkriegs. Deswegen musste Frankreich im Wald von Compiègne kapitulieren, und deswegen wurde sogar der Eisenbahnwagen, in dem die deutschen Vertreter am 11. November 1918 ihrerseits kapituliert hatten, wieder herbeigeschafft.

In einem euphorischen Brief beglückwünschte der ehemalige Kaiser den »Führer« und stellte den Blitzsieg von 1940 sogleich in die Tradition des Krieges von 1870/71: »Welch' eine Wendung durch Gottes Fügung«, zitierte er seinen Großvater Wilhelm I. und erkannte in dem deutschen Feldzug so wie im Krieg von 1870 den »altpreußische[n] Geist von Fredericus Rex, von Clausewitz, Blücher, Yorck, Gneisenau etc.«. Doch mindestens so wichtig war dem Hohenzollernmonarchen im Exil, den deutschen Krieg und den deutschen Sieg als Vollendung seiner eigenen Politik und Kriegsplanung darzustellen: »Die brillant führenden Generäle in diesem Krieg [1940; E.C.] kamen aus Meiner Schule, sie kämpften unter Meinem Befehl im Weltkrieg als Leutnants, Hauptmänner und junge Majore. Geschult von Schlieffen führten sie die Pläne durch, die er unter Meiner Leitung ausgearbeitet hatte, genauso wie wir es 1914 taten.« Mit dieser Selbstüberhöhung schrieb der Ex-Kaiser auch gegen seine nahezu vollständige militärische Marginalisierung zwischen 1914 und 1918 an. Nun seien, erklärte Wilhelm im November 1940, wie schon von ihm selbst angestrebt, »die Vereinigten Staaten von Europa in der Entstehung, den ganzen Kontinent zu einem Block von Nationen formend ... Die Vereinigten Staaten von Europa unter deutscher Führung.«[80]

Als »Friedenskaiser« begegnete uns Wilhelm II. jüngst in der Debatte über die Hohenzollerndynastie und die Entschädigungsforderungen seines Ururenkels Georg Friedrich Prinz von Preußen. Unablässig habe sich der Kaiser vor 1914 für seine Vorstellung der »États-Unis de l'Europe« eingesetzt, seine Stärke sei, »allem Säbelrasseln zum Trotz, das Friedenskaisertum« gewesen. So kann man im Buch eines promovierten Historikers lesen, der dem Umfeld der Neuen Rechten zugeordnet wird[81] und der im Januar 2020 als Sachverständiger im Kulturausschuss des Bundestags seine Einschätzung zur Rolle der Hohenzollern für den Aufstieg und die Machtübernahme der Nationalsozialisten vortragen durfte. Ergibt sich die Charakterisierung Wilhelms II. als »Friedenskaiser« aus dem »frischen, unvoreingenommenen Blick auf die letzte deutsche Monarchie«, den er fordert und den einzunehmen er für sich selbst und seine Arbeiten genauso reklamiert wie »ein neues, kritisch-reflektiertes Preußen-Bild«?[82]

Man müsste den ostentativ revisionistischen Gestus eines jungen Historikers nicht weiter ernst nehmen, wenn er nicht symptomatisch wäre für die Erosion eines geschichtspolitischen Konsenses, mit der sich weit mehr verbindet als nur die Diskussion über die Berechtigung der Entschädigungsforderungen der Familie Hohenzollern. Zusammen mit der Debatte über den Kriegsbeginn 1914 deutet auch die öffentliche Kontroverse über die Hohenzollern und ihre Entschädigungsansprüche auf ein sich veränderndes geschichtspolitisches Klima. Sie ist Teil einer neuen Auseinandersetzung der Deutschen über ihre nationale Geschichte, die mit der deutschen Vereinigung begonnen hat und die durch die gegenwärtigen Dynamiken einer Renationalisierung befeuert wird. Umgekehrt wirkt sich diese Renationalisierung – erkennbar nicht zuletzt, wenn auch nicht ausschließlich, in den Wahlerfolgen der AfD – auf Geschichtsbilder und Geschichtsdeutungen aus. Kritische Beobachter bezeichnen die Debatte über die Hohenzollern als »neuen Historikerstreit«[83] und nehmen damit Bezug auf die von dem Historiker Ernst Nolte 1986 ausgelöste Kontroverse über die Einzigartigkeit des nationalsozialistischen Judenmordes. Allein dieser Vergleich lässt erkennen, dass es um mehr geht als die Frage, ob Kronprinz Wilhelm von Preußen zum Aufstieg des Nationalsozialismus beigetragen hat.

Gestritten wird über zentrale Fragen der deutschen Geschichte und insbesondere der Geschichte des 1871 gegründeten deutschen Nationalstaats, und zwar in einer Schärfe, die in der Tat an den »Historikerstreit« von 1986 wie an die Fischer-Kontroverse der 1960er Jahre erinnert. Als bis 1918 königlich-preußisches und kaiserlich-deutsches Herrscherhaus, dessen politische Wirksamkeit mit dem Ende der Monarchie 1918 nicht einfach endete, stehen die Hohenzollern für diese Geschichte. In der Auseinandersetzung um die Herrscherdynastie geht es um das Bild des Kaiserreichs, um den Weg in den Ersten Weltkrieg und um die deutsche Verantwortung für den Kriegsbeginn. Es geht um das Ende der Monarchie und die demokratische Revolution 1918, den Beginn und die Belastungen der Weimarer Republik sowie schließlich ihre Zerstörung, ihre Auslieferung an den Nationalsozialismus und Adolf Hitler. Es geht um die Rolle und die Verantwortung der Eliten in diesen Entwicklungen. Gerade dafür stehen die Hohenzollern, steht nicht zuletzt Kronprinz Wilhelm, der kein intellektueller Titan sein musste, um politischen Einfluss auszuüben. Es geht schließlich – einmal mehr – um die für die Geschichte des ersten deutschen Nationalstaats, des Deutschen Reichs, zentrale Frage nach Kontinuität und Diskontinuität zwischen Kaiserreich und Nationalsozialismus.

Wird damit die Auseinandersetzung um die Ansprüche der heutigen Familie Hohenzollern nicht historisch und geschichtspolitisch überbürdet? Das mag man bejahen. Dennoch hat die Debatte eine Bedeutung im Hinblick auf den in ihr und hinter ihr erkennbar werdenden Versuch, ein kritisches Bild des Kaiserreichs zu entsorgen, es als »normale Nation« zu charakterisieren, um damit den Nationalstaat Bundesrepublik in die Tradition des Reiches von 1871 stellen zu können. Das wird einfacher, wenn man das Kaiserreich einschließlich seiner Eliten und seiner herrschenden Dynastie scharf abtrennt vom Nationalsozialismus und wenn man – wieder einmal – bei der Bestimmung der Gründe für den Aufstieg und die Machtübernahme der Nationalsozialisten in erster Linie auf den verlorenen Ersten Weltkrieg und, stärker noch, den Versailler Vertrag verweist. Das Kaiserreich selbst bleibt dann ausgeklammert. Und die Hohenzollern? »Sie haben«, so Alexander Gauland im Deutschen Bundestag, »nur die Fehler gemacht, die leider viele unserer Großväter und Großmütter millionenfach auch gemacht haben«, und seien damit »ein fast perfektes Symbol für die Verirrungen eines Volkes, bei denen wir sie jetzt nicht alleine lassen sollten«.[84]

Als einen »Vogelschiss« in tausend Jahren deutscher Geschichte hatte Gauland 2018 die Zeit des Nationalsozialismus bezeichnet. Die Vorstellung einer »ruhmreichen Geschichte« (Gauland), die das Geschichtsbild der populistischen Rechten mit ihren fließenden Übergängen zum Rechtsradikalismus bestimmt, spiegelt sich auch in jenen Stimmen, die dafür plädieren, mit einem »weniger miesepetrigen Blick« auf die deutsche Geschichte des 19. und 20. Jahrhunderts zurückzuschauen.[85] Ist das nicht auch ein Teil jener »erinnerungspolitischen Kehrtwende«, für die der rechtsextreme AfD-Politiker Björn Höcke plädiert? Auf das Kaiserreich wird im Zuge solcher Plädoyers kein kritischer Blick fallen. Im Gegenteil: Wer die Hohenzollern zu rehabilitieren unternimmt, ob nun den Kronprinzen oder seinen Vater, für den ist die Rehabilitation des Kaiserreichs nur der folgerichtige nächste Schritt. Es sei an der Zeit, so lesen wir bei demselben Sachverständigen, der im Kulturausschuss des Bundestags den Konsens der übrigen Historiker infrage gestellt hatte, »mit der Verteufelung der letzten deutschen Monarchie Schluss zu machen. Das Kaiserreich war kein militaristischer Schurkenstaat, sondern ein moderner, für die damalige Zeit erstaunlich freiheitlich verfasster Nationalstaat …; es war nicht Ausdruck eines angeblichen deutschen Sonderwegs, sondern im Gegenteil Ausdruck europäischer Normalität, mit einem Kaiser an der Spitze, der außenpolitisch nicht ohne Grund den Ruf eines Friedenskaisers besaß und der innenpolitisch angesichts einer auseinanderstrebenden deutschen Gesellschaft eine weitgehend erfolgreiche Integrationspolitik betrieb.« Darum müsse man das Kaiserreich »positiv würdigen ... als eine Zeit, in der man politisch auf einem sehr aussichtsreichen Weg war«.[86]

Genau an dieser Stelle berühren sich der Kaiserreichsrevisionismus von weit rechts und jene Bemühungen, die, weit entfernt von nostalgischer Verklärung oder rechtspopulistischem Revisionismus, ihrerseits gerade für die Zeit des Wilhelminismus ein weiches Bild des Kaiserreichs zeichnen – ein Bild, das die kulturelle, wissenschaftliche und technische Dynamik der Jahre um 1900 betont und eine vibrierende Gesellschaft im Aufbruch beschreibt; ein Bild freilich, das die Schattenseiten dieser Dynamik, den ungebrochenen und konstitutionell fixierten Autoritarismus, den Militarismus, eine zunehmend konfrontative Außenpolitik und den sich immer stärker radikalisierenden Nationalismus sowie Antisemitismus oder auch Antifeminismus so gut wie ganz ausblendet. Konfrontiert mit solchen Einwänden, hält dann oftmals die Behauptung her, der Erste Weltkrieg habe die vielversprechenden und weit gediehenen Entwicklungen abgeschnitten. Die Parlamentarisierung der Verfassung habe 1914 unmittelbar bevorgestanden, ebenso eine konstitutionelle Reform in Preußen mit der Abschaffung des Dreiklassenwahlrechts und dem Ende des alten Herrenhauses im Zentrum. Beweisen lässt sich das nicht, und in Verbindung mit den alten deutschen Thesen zum Kriegsbeginn ist man dann schnell wieder an dem Punkt, an dem die Ursache für die ausgebliebenen Reformen überall zu suchen ist – nur nicht in Deutschland. Umso wichtiger ist vor diesem Hintergrund der Hinweis auf eine schlichte Tatsache: Es bedurfte eines verlorenen Weltkrieges und einer Revolution, bevor sich in Deutschland ein parlamentarisch-demokratischer Verfassungsstaat etablieren konnte, der freilich nach nur wenigen Jahren auch und gerade von den Kräften zerstört wurde, von denen man glauben soll, sie hätten ohne den Krieg das Kaiserreich in eine parlamentarische Monarchie verwandelt.

Hier wird offenbar, dass hinter der Debatte über die Entschädigungsforderungen der Hohenzollern zentrale Fragen deutscher Geschichte stehen und dass in dieser Debatte um das Geschichtsbild des Kaiserreichs und des von 1871 bis 1945 existierenden ersten deutschen Nationalstaats gerungen wird. Doch es geht auch um die Geschichtskultur unserer Gesellschaft und um die Freiheit der Wissenschaft.[87] Die Nachkommen Friedrichs II. von Preußen sowie der drei Kaiser nach 1871 müssen akzeptieren, dass sie keine Familie sind wie jede andere, sondern dass die Geschichte ihrer Vorfahren, die sie in anderen Zusammenhängen ahnenstolz zu unterstreichen wissen, mit der deutschen Geschichte untrennbar verbunden ist. Das nimmt ihnen, sollte es dazu kommen, nicht das Recht auf ein faires Gerichtsverfahren nach rechtsstaatlichen Maßstäben. Aber dass nicht nur die materiellen Forderungen der Familie, sondern auch die historische Bedeutung der Hohenzollern – und dies nicht zuletzt im Hinblick auf den Nationalsozialismus – kritisch, kontrovers und öffentlich diskutiert werden, muss die Familie, die das Rampenlicht der Medien sonst nicht scheut, aushalten.

»Hohenzollern-Dämonologie« ist das gewiss nicht und erst recht keine »Sippenhaft«.[88] In welchem politischen und geschichtspolitischen Klima, so muss man schließlich fragen, sind die Forderungen der Familie eigentlich gediehen? Was ermutigt die Hohenzollern, ihre Stimme seit einiger Zeit so laut und selbstbewusst zu erheben? Gibt es einen Zusammenhang zwischen den Forderungen und dem Auftreten der Familie und den neuerdings wieder deutlicher zu vernehmenden Bekenntnissen zu Preußen, zur preußisch-deutschen Nationalgeschichte und insbesondere zur Geschichte des Kaiserreichs? Die kritische Distanz, die seit den 1960er Jahren den Blick auf die Geschichte des Kaiserreichs in Deutschland bestimmte und die ein Indikator der politischen und kulturellen Liberalität des Landes ist, droht verloren zu gehen. Dahinter steht auch das Interesse von Rechtspopulisten und neuen Nationalisten, das Bild des Nationalstaats Kaiserreich so zu zeichnen, dass sich der Nationalstaat Bundesrepublik selbstbewusst und unbefangen in dessen Tradition stellen kann.

Schluss
Die Gegenwart der Vergangenheit

Das im Jahr 1871 gegründete Reich ist nicht der Staat, in dem die Deutschen heute leben. Es ist 1945 untergegangen. 1990 hat sich Deutschland nicht zu diesem vergangenen Reich wiedervereinigt. Doch seine Geschichte ragt in die Gegenwart hinein. Anderthalb Jahrhunderte nach der Kaiserproklamation von Versailles ist diese Geschichte wieder umstritten. Unkritisch und offensiv bekennt sich ein neuer Nationalismus zur preußisch-deutschen Nationalgeschichte und stellt die Berliner Republik in ihre schwarz-weiß-rote Tradition. Die Auseinandersetzung mit diesen Bestrebungen zwingt die Deutschen zum Nachdenken darüber, was sie im 21. Jahrhundert und angesichts ihrer Geschichte vor wie nach 1945 unter Nation und Nationalstaat verstehen wollen. Zu diesem Nachdenken will das vorliegende Buch einen Beitrag leisten.

Der Weg der Deutschen zum Nationalstaat war weder zwangsläufig, noch musste dieser Staat die Gestalt annehmen, die er in den Jahren um 1870 erhielt. Preußische Machtpolitik drängte jene liberalen und demokratischen Potentiale der deutschen Nationalbewegung zurück, die in der Revolution von 1848 nicht zum Durchbruch hatten kommen können. Nicht für Freiheit ohne Einheit, sondern für Einheit ohne Freiheit entschied sich die nationale Bewegung in den 1860er Jahren unter dem Druck der Politik Bismarcks. Das war keine Selbstaufgabe, sondern eine Entscheidung, getragen von der Hoffnung, ja der Gewissheit, der nationale Staat werde auch ein liberaler Staat werden können. Die Vorstellung eines nationalen Machtstaats im Herzen Europas gehörte da bereits seit Jahrzehnten zur nationalen Ideenwelt; sie war Teil der Janusköpfigkeit des nationalen Denkens.

Nach 1871 hat es fraglos Liberalisierungsfortschritte gegeben, aber die Reichsgründung blieb dennoch eine Revolution von oben. Der rasanten Modernisierung der deutschen Gesellschaft stand das nicht im Wege, weder der hoch dynamischen Industrialisierung noch der Herausbildung einer pulsierenden Wissensgesellschaft. Aber es bestimmte und begrenzte – nicht zuletzt durch das in der Verfassung von 1871 fixierte politische System – die Möglichkeiten und die Reichweite des Wandels. Das Kaiserreich blieb bis zum Ende ein autoritärer Nationalstaat, eine konstitutionelle Monarchie, preußisch dominiert und unter dem bestimmenden Einfluss politischer und gesellschaftlicher Kräfte, die den Durchbruch hin zu einer parlamentarischen Demokratie zu verhindern wussten. Hier endete auch der ebenso fortschrittsgewisse wie selbstbewusste Anspruch des Bürgertums. Sein wachsender Nationalismus stellte eine Form politischer Partizipation dar, die unter den Bedingungen des Autoritarismus möglich war.

Das Reich von 1871 war eine Kriegsgeburt. Der Krieg gegen Frankreich und der Sieg über den »Erbfeind« verstärkten einen nationalen Bellizismus, der gleichsam zum Fundament der nationalen Einheit wurde und ohne den auch der Militarismus des Kaiserreichs, politisch und gesellschaftlich, kaum zu erklären ist. Für den deutschen Weg in den Ersten Weltkrieg mehr vier Jahrzehnte nach der Reichsgründung war dieser Bellizismus von entscheidender Bedeutung. Zugleich schrieb sich der deutsch-französische Gegensatz nach 1870/71, Erbe der napoleonischen Herrschaft und der Befreiungskriege, noch tiefer in den deutschen Nationalismus ein. Für die Außenpolitik des Kaiserreichs – sei es unter Bismarck, sei es unter Wilhelm II. – blieb er das Grundaxiom, zumal die Folgen des deutschen Sieges, darunter ganz besonders die demütigende Kaiserproklamation in Versailles und die Annexion Elsass-Lothringens, seine Überwindung unmöglich machten. Es war der Krieg gegen Frankreich, aus dem der nationale Staat als Ergebnis preußischer Politik erwuchs.

Auch deshalb blieb die nationale Einheit stets prekär. Je lauter und eindringlicher sie von Jahr zu Jahr am 18. Januar, dem Reichsgründungstag, oder am 2. September, dem Sedantag, beschworen und inszeniert wurde, desto offensichtlicher wurde, dass die Erinnerung an Krieg und Sieg eine Einheit stiften sollte, die es so nicht gab. Zu innerer Einheit haben die Deutschen nach 1871 nicht gefunden. In geradezu paradoxer Weise wurden die Spannungen und Konflikte, die die Gesellschaft durchzogen, durch die Reichsgründung und die staatliche Einheit der Nation nicht überwunden, sondern noch vertieft. Die Vorstellung nationaler Einheit blieb im Kern negativ bestimmt – nach außen gegen Frankreich, später auch England, im Innern gegen die »Reichsfeinde«: Katholiken, Sozialdemokraten, Welfen, Dänen, Polen und, immer stärker, Juden. Pluralität und Diversität, politisch, sozial, kulturell, aber auch ethnisch, gehörten nicht zur dominierenden Vorstellung von Nation, sondern vielmehr Homogenität und Geschlossenheit. Das waren, kein Zweifel, gesamteuropäische Phänomene, die sich aber im deutschen Fall schärfer ausprägten, weil sie die späte Nationalstaatsgründung und die prekäre, die mangelnde innere Einheit kompensieren sollten. Darauf zielte auch der deutsche Kolonialismus, alles andere als eine kurze Episode, später dann die aggressive wilhelminische Weltpolitik, ja der sich radikalisierende Nationalismus nach 1890 insgesamt.

Der Erste Weltkrieg sollte in dieser Perspektive ein neuer Reichseinigungskrieg sein. Ein demokratischer, auch pluralistischer Nationalismus hatte es schwer vor diesem Hintergrund. Nach dem Ersten Weltkrieg sind daran die Weimarer Republik und die Weimarer Demokraten gescheitert, deren Vorstellung einer demokratischen, liberalen und pluralistischen Nation von Angehörigen der alten und der neuen Rechten als nationale Schwäche, Zerrissenheit und Ohnmacht interpretiert und bekämpft wurde. Auch Kriegsniederlage und Revolution fanden darin ihre Erklärung. Um sie zu überwinden, bedurfte es, das war die Botschaft der Nationalsozialisten, einer Rückkehr zu nationaler, völkisch bestimmter Geschlossenheit und Stärke und einer radikalen Bekämpfung ihrer inneren wie äußeren Gegner. Terror, Krieg und Völkermord waren die Folge. 74 Jahre nach seiner Gründung lag das Deutsche Reich in Trümmern.

Die Katastrophe, die die nationalsozialistische Diktatur und ihre Verbrechen bedeuteten, das katastrophale Ende des 1871 begründeten Nationalstaats, aber auch die deutsche Teilung öffneten die Deutschen für politische Ideen jenseits der Nation. Europa gehörte dazu, das die Deutschen – durchaus anders als ihre Nachbarn – als Überwindung des Nationalstaats dachten, als politische Zukunft jenseits des Nationalstaats. Zugleich wurde die kritische Distanz zur eigenen Nationalgeschichte, nicht nur zum Nationalsozialismus, sondern zur Geschichte des deutschen Nationalstaats und damit auch des Kaiserreichs, zu einem zentralen Element der politischen, gesellschaftlichen und sozialkulturellen Liberalisierung der Westdeutschen in den Jahrzehnten nach 1945. In der Auseinandersetzung nicht nur mit der Geschichte des Nationalsozialismus, sondern auch mit der Geschichte des Kaiserreichs rangen die Deutschen in der Bundesrepublik um ihre Vorstellungen von Politik und Gesellschaft, um ihr Verständnis von Freiheit und Demokratie. Die Beschäftigung mit dem Kaiserreich war in diesem Zusammenhang sogar entscheidend, gerade weil das Kaiserreich nach 1945 ganz anders als das »Dritte Reich« nicht diskreditiert war. In der These vom deutschen Sonderweg verband sich die kritische Auseinandersetzung mit dem Kaiserreich und mit dem Nationalsozialismus. Weit über die historische Forschung hinaus liegt hier, in der Enttabuisierung der Geschichte des deutschen Nationalstaats insgesamt, die liberalisierende Wirkung der mittlerweile selbst historisch gewordenen Sonderwegsthese.

Die deutsche Teilung erinnerte die Deutschen an die Persistenz der nationalen Frage und an eine nationale Zusammengehörigkeit, die nicht zuletzt in einer gemeinsamen – nationalen – Geschichte begründet lag. Von zwei Staaten in Deutschland, die füreinander nicht Ausland seien, sprach Bundeskanzler Willy Brandt 1969. Seine Politik zielte auf die politische Anerkennung der deutschen Teilung, aber zugleich auf die Bewahrung nationaler Verbundenheit. Dennoch wurden die Bundesrepublik und, auf andere Weise, auch die DDR immer stärker zu postnationalen Staaten. In Westdeutschland spiegelte sich das nicht zuletzt im Aufstieg des Konzepts des Verfassungspatriotismus, aber auch in der fortgesetzten, ja zunehmenden Europäisierung. Es entsprang in gewissem Sinne einem postnationalen Nationalismus, dass in den 1980er Jahren nicht wenige Westdeutsche meinten, die postnationale Staatlichkeit der Bundesrepublik könne ein Modell bilden für das restliche Europa.

Die Überwindung des Kalten Krieges und – in ihrem Zentrum – das Ende der deutschen Teilung sorgten vor diesem Hintergrund für Verunsicherung. Seit 1990 leben die Deutschen wieder in einem Nationalstaat, auch wenn sie sich beeilten, ihn als postklassisch zu charakterisieren. Das bedeutete eine neue Auseinandersetzung mit dem Verhältnis von Nation und Europa. Nicht alle Europäer teilten die Vorstellung der postnationalen Nation, und gerade im östlichen Europa verband sich die Idee der Nation, selbstbestimmter Nationalstaatlichkeit und wiedergewonnener nationaler Souveränität nach Jahrzehnten imperialer Unterdrückung mit dem Versprechen von Freiheit und Demokratie. Dort, aber auch in vielen Ländern Westeuropas, war man nicht bereit, zugunsten Europas auf nationale Souveränität zu verzichten. Für die europäische Integration bedeutete das eine gewaltige Herausforderung. Das Projekt Europa stürzte darüber nach 1990 in eine tiefe, eine fundamentale Krise, die bis heute nicht überwunden ist. Zu den Ursachen dieser Krise gehören auch das unbestreitbare Demokratiedefizit der europäischen Institutionen, der Primat der Exekutive und die Schwäche des Parlaments sowie ihre begrenzte Fähigkeit, emotionale Bindungen zu erzeugen.

In einer Welt, die zunehmend als unübersichtlich und unsicher wahrgenommen wird, profitiert davon der Nationalstaat. Auch daraus speisen sich die gegenwärtigen Dynamiken der Renationalisierung. Weit über Deutschland hinaus gibt sich ein neuer Nationalismus vordergründig demokratisch, indem er sich auf einen vermeintlichen Volkswillen beruft. In Wahrheit setzt er aber auf die Ängste und Verunsicherungen der Menschen. Auf Unsicherheits- und Bedrohungswahrnehmungen, an deren Erzeugung er selbst mitwirkt, antwortet er mit Versprechungen von Schutz und Sicherheit in einer nach außen abgeschotteten und im Innern homogenen nationalen Gemeinschaft. Nation ist in dieser Sichtweise kein demokratisches und kein freiheitliches Konzept individueller Zugehörigkeit und Teilhabe, sondern beruht auf der Unterscheidung von Gemeinschaft und Gemeinschaftsfremden. Eine affirmative Aneignung und Deutung nationaler Geschichte spielt für diese Renationalisierung eine zentrale Rolle. Das war in der Debatte über *Die Schlafwandler* zu spüren, und auch die Diskussion über die Hohenzollern ist nicht frei von solchen Tönen. In der Auseinandersetzung mit der Entstehung und der Entwicklung des ersten deutschen Nationalstaats geht es auch vor diesem Hintergrund um Bilder nationaler Geschichte und um die noch immer wirkmächtige Idee der Nation. 150 Jahre nach seiner Errichtung ist dies der wohl wichtigste Grund, sich erneut mit dem ersten deutschen Nationalstaat zu beschäftigen.

Dank

Dieses Buch, das Geschichte und Gegenwart zu verbinden sucht, gäbe es nicht ohne die Familie Hohenzollern. Die kontroverse öffentliche Diskussion über die Entschädigungsansprüche der Familie hat den letzten Anstoß dazu gegeben. Es ist der Blick eines Zeithistorikers auf das Kaiserreich, geleitet von der Frage, welche Bedeutung der Nationalstaat von 1871 für die historische und politische Selbstverständigung der Deutschen nach 1945 hatte und bis heute hat.

In diesem Interesse haben mich Stefan Ulrich Meyer bei dtv und – wieder einmal – Thomas Karlauf bestärkt. Beide haben das Projekt engagiert begleitet und unterstützt. Dafür sei ihnen ebenso gedankt wie Ditta Ahmadi. Unsere erprobte Zusammenarbeit möchte ich nicht missen. Eine Gastprofessur an der Hebräischen Universität in Jerusalem im Frühjahr 2020 wollte ich für die Arbeit am Text nutzen. Covid-19 hat den Aufenthalt in Israel leider sehr verkürzt. Dem *Richard Koebner Minerva Center for German History* und ganz besonders Matthias Schmidt danke ich dennoch herzlich für die wunderbare Aufnahme. Geschrieben habe ich dann zwischen *homeschooling*, digitaler Lehre und zahllosen Videokonferenzen zu Hause in Marburg. Wichtige Manuskriptteile hat mein dortiges Oberseminar gelesen und im Online-Sommersemester 2020 intensiv mit mir diskutiert. Das war ein intellektuelles Vergnügen und eine große Bereicherung. Tobias Bruns, Doktorand an meinem Lehrstuhl, und Wencke Meteling, meiner Habilitandin, danke ich für kritische Kommentare, die dem Buch sehr zugute gekommen sind. Michael Kubacki und Lukas Udovic haben mich bei der Recherche und Literaturbeschaffung unterstützt. Auch ihnen sei gedankt. Meine Frau, Vanessa Conze, hat in vielen Gesprächen zu diesem Buch beigetragen, aber auch durch die kritische Lektüre des Manuskripts, während sie selbst ihr Buch zur »Politischen Treue« – auch im Kaiserreich – zum Druck gebracht hat. Dafür – und nicht nur dafür – danke ich ihr.

Gewidmet ist dieses Buch Helen Graham und Jim Retallack, den Freunden in Toronto. Jim weiß viel mehr über das Kaiserreich als ich, von ihm habe ich viel gelernt. Bei unseren Begegnungen und in unseren Gesprächen seit mehr als zwei Jahrzehnten war das Kaiserreich immer wieder ein Thema – zum Glück nicht das einzige.

Eckart Conze
Verbier (Wallis), im Juli 2020

Anmerkungen

Einleitung

1 Zur Geschichte der Siegessäule s. Alings: *Siegessäule*, sowie Braun: *Siegessäule*, auf die ich mich im Folgenden beziehe (dort auch die Zitate).
2 Mann: *Deutschland und die Deutschen*, S. 294f.
3 Droysen: *Historik*, S. 220.
4 Nipperdey: *Deutsche Geschichte 1866–1918*, Bd. 2, S. 893 (und auch der Titel des Bandes).
5 Stern: *Fünf Deutschland*, S. 303.
6 Dazu umfassend Leonhard: *Bellizismus*.
7 S. dazu u. a. Conze: *Illusion*.

I Der Weg zum Nationalstaat

1 Treitschke: *Deutsche Geschichte*, Bd. 4, S. 379.
2 Jacob Burckhardt an Friedrich von Preen, 31.12.1872, in: Burckhardt, *Briefe*.
3 Droysen: *Geschichte*, Teil I, S. 4. S. auch allgemein Hardtwig: »Von Preußens Aufgabe«.
4 Vgl. Hardtwig: *Deutsche Geschichte*, S. 5.
5 Wirth: *Nationalfest der Deutschen* (dort auch die Zitate).
6 Zit. nach: Becht/Grothe (Hgg.): *Rotteck und Welcker*, S. 80f.
7 Zur Rhein-Thematik auch jenseits der Romantik s. Etzemüller: »Romantischer Rhein«.
8 Wigard, *Stenographischer Bericht*, Bd. 3, S. 1182.
9 S. dazu das Kapitel über »Die Schlafwandler«.
10 S. dazu Siemann: *Revolution*, S. 146–157.
11 Wigard, *Stenographischer Bericht*, Bd. 2, S. 1146.
12 Zit. nach: Siemann: *Revolution*, S. 151.
13 Zit. nach: Bismarck: *Dokumente*, S. 101f.

14 Ebd.
15 Rochau: *Realpolitik*, S. 25f.
16 Zit. nach: Bismarck: *Dokumente*, S. 103–130.
17 Zit. nach: ebd., S. 165–168.
18 Ebd., S. 168f.
19 Zit. nach: Winkler: *Der lange Weg*, Bd. 1, S. 167.
20 Zit. nach: Bismarck: *Dokumente*, S. 118.
21 Zit. nach: Gall: *Bismarck*, S. 344.
22 Zit. nach: Schulze: *Weg*, S. 117.
23 Friedrich Engels an Karl Marx, 13. 4. 1866, in: Bismarck: *Dokumente*, S. 203f.
24 Vgl. Doering-Manteuffel: *Deutsche Frage*, S. 46.
25 Gerlach: *Annexionen*, S. 33; vgl. auch Nipperdey: *Deutsche Geschichte 1866–1918*, Bd. 2, S. 332.
26 Zit. nach: Bismarck: *Dokumente*, S. 217.
27 S. u. a. Stürmer: *Reichsgründung*, S. 65, oder Epkenhans: *Reichsgründung*, S. 48.
28 Winkler: *Der lange Weg*, Bd. 1, S. 194.
29 Zit. nach: Bismarck: *Dokumente*, S. 217.
30 Burckhardt: *Studium*, S. 373f.; Bismarck: *Dokumente*, S. 217.
31 Zit. nach: Schulze: *Weg*, S. 118.
32 Zit. nach: Langewiesche: *Liberalismus*, S. 104.
33 Baumgarten: *Liberalismus*, S. 149.
34 Langewiesche: *Liberalismus*, S. 100.
35 Sell: *Tragödie*.
36 Langewiesche: *Liberalismus*, S. 9.
37 Baumgarten: *Liberalismus*.
38 Bismarck: *Dokumente*, S. 225.
39 Zit. nach: ebd., S. 247.
40 Zit. nach: Stürmer, *Reichsgründung*, S. 71.
41 Ebd.
42 Zit. nach: Arand: *1870/71*, S. 23f. und 107f., sowie Bremm: *70/71*, S. 39 und 45.
43 Reichstagsprotokolle 1867/70, 14, S. 8.
44 Zit. nach: Epkenhans: *Reichsgründung*, S. 71.
45 Vgl. Leonhard: *Bellizismus*, S. 637 (dort auch das Zitat), sowie Winkler: *Der lange Weg*, Bd. 1, S. 205.
46 Zit. nach: Arand: *1870/71*, S. 174.
47 Vgl. ebd., S. 244–270 (dort auch die Zitate).
48 Zit. nach: Oncken: *Zeitalter*, S. 78.

ANMERKUNGEN

49 Zum nationalen Bellizismus ausführlich Leonhard: *Bellizismus*, S. 759–783.
50 Das vergleichsweise liberale britische politische System haben nicht zuletzt deutsche Historiker mit der angesichts der Insellage fehlenden äußeren Bedrohung Britanniens erklärt – und im Gegenzug mit der permanenten Bedrohung der europäischen Kontinentalmacht Deutschland den machtstaatlich orientierten deutschen Autoritarismus gerechtfertigt. S. z. B. Oncken: *Zusammenhänge*, S. 19.
51 Zit. nach: Arand: *1870/71*, S. 569f.
52 Vgl. Gall: *Bismarck*, S. 438f.
53 Fontane: *Krieg gegen Frankreich*, Bd. 4, S. 448.
54 S. Conze: *Illusion*, S. 197–201.
55 S. Gaehtgens: *Anton von Werner*.
56 Vgl. Leonhard: *Bellizismus*, S. 624, 626 u. 764.
57 *Neue Preußische Zeitung*, 4.9.1870, zit. nach: Borutta: »Kulturelle Praxis«, S. 248f.
58 A. Reichardt: *Anno 1870. Geschichte des deutsch-französischen Krieges bis zum Friedensschlusse*, Stuttgart 1871, S. 37f., zit. nach: Becker: *Bilder*, S. 212f.
59 Vgl. Verhey: »*Geist von 1914*«.
60 Zur Wahrnehmung und Bewertung des französischen Volks- und Partisanenkriegs s. Becker: *Bilder*, S. 219–250 (Zitat auf S. 238).
61 Zit. nach: ebd., S. 210.
62 Zit. nach: ebd., S. 310.
63 S. zum Luisenmythos und seiner Revitalisierung sowie zur Neustiftung des Eisernen Kreuzes 1870 ausführlicher Becker: *Bilder*, S. 306–321 (dort auch die Zitate). S. dazu allgemein insbesondere Förster: *Königin Luise-Mythos*.
64 Vgl. Schneider: »*Sedantag*«, S. 28.
65 S. Witt: »*Gründung*«, S. 315.
66 Borutta, »Kulturelle Praxis«, S. 260.
67 Witt: »*Gründung*«, S. 316.
68 Borutta, »Kulturelle Praxis«, S. 265.
69 Vgl. Witt: »*Gründung*«, S. 316.
70 Zit. nach: Arand: *1870/71*, S. 576.
71 Zit. nach: ebd., S. 507.
72 S. ebd., S. 508.
73 Vgl. die ausführlichen Darstellungen ebd., S. 506–509, sowie Epkenhans: *Reichsgründung*, S. 11–13 (dort auch die Zitate).
74 Biefang: *Andere Seite der Macht*, S. 9.
75 Zit. nach: Mommsen: *Ringen*, S. 256.

76 Weber: *Politische Schriften*, S. 23.
77 Vgl. Hardtwig: »Preußens Aufgabe«.
78 Zit. nach: Epkenhans: *Reichsgründung*, S. 76f.; s. zum Kontext auch Gall: *Bismarck*, S. 437–443.
79 Zum 16.6.1871 in Berlin s. ausführlicher Borutta: »Kulturelle Praxis«, S. 251f., sowie Alings: *Siegessäule*, S. 29.
80 Heinrich von Sybel an Hermann Baumgarten, 27.1.1871, abgedruckt in: Fenske (Hg.): *Im Bismarckschen Reich*, S. 37.
81 Sybel: *Begründung*; s. auch Seier: »Sybel«.
82 Burckhardt an Preen, 31.12.1872, abgedruckt in: Burckhardt: *Briefe*.
83 Gervinus: *Denkschrift zum Frieden* (dort auch die weiteren Zitate); zu Gervinus s. auch Gall: »Gervinus«.
84 Vgl. Hardtwig: »Preußens Aufgabe«, S. 157f. (dort auch die Zitate).
85 Ebd., S. 107.
86 Vgl. Leonhard: *Bellizismus*, S. 611.

II Der autoritäre Nationalstaat

1 Nipperdey: *Deutsche Geschichte 1866–1918*, Bd. 2, S. 889.
2 Torp/Müller: »Bild«, S. 23.
3 S. zum Folgenden Wehler: *Nationalismus*, S. 75f.
4 Burckhardt: *Studium*, S. 373f.
5 Vgl. z. B. Ziemann: *Kaiserreich*, S. 51 und 63f.
6 Überblicke über diese jüngere Forschung geben u. a. Müller/Torp (Hgg.): *Kaiserreich*, Jefferies: *Contesting the German Empire*, ders. (Hg.): *Imperial Germany*, oder Retallack (Hg.): *Imperial Germany*.
7 Vgl. Fairbairn: *Democracy*.
8 Reichstagsprotokolle 1871, 1, S. 1f.
9 Schmitt: *Staatsgefüge*, S. 24; Mommsen: »Das deutsche Kaiserreich als System umgangener Entscheidungen«, in: ders.: *Der autoritäre Nationalstaat*, S. 11–38, hier S. 32f.
10 Vgl. Wehler: *Gesellschaftsgeschichte*, Bd. 3, S. 857.
11 S. z. B. Weber: *Politische Schriften*, S. 406.
12 S. dazu Richter: *Moderne Wahlen*, S. 462–473. Grundlegend zur Wahlgeschichte in Preußen im Zeichen des Dreiklassenwahlrechts nach wie vor Kühne: *Dreiklassenwahlrecht*.
13 Richter: *Moderne Wahlen*, S. 465f.
14 Zum Herrenhaus umfassend Spenkuch: *Herrenhaus*.

15 Weber: *Politische Schriften*, S. 442.
16 Kurt Heinig: *Das Budget*, Bd. 1: *Die Budgetkontrolle*, Tübingen 1949, S. 388, zit. nach: Wehler: *Kaiserreich*, S. 74; Vanessa Conze: *Treue*; Radbruch: »Die politischen Parteien«.
17 Schmitt: »Hugo Preuß«, S. 290.
18 Conze: *Das Auswärtige Amt*, S. 10–19.
19 Wehler: *Gesellschaftsgeschichte*, Bd. 2, S. 355–376; Stürmer: *Das ruhelose Reich*, S. 115. Vgl. grundlegend Weber: *Wirtschaft und Gesellschaft*, S. 140–148.
20 Zit. nach: Wehler: *Gesellschaftsgeschichte*, Bd. 2, S. 373.
21 Stürmer: *Das ruhelose Reich*, S. 248f.
22 Weber: *Politische Schriften*, S. 347.
23 Ebd., S. 352f.; vgl. Jansen: »Parlament«, sowie Stürmer: *Das ruhelose Reich*, S. 108.
24 S. hierzu und zum Folgenden Bösch: »Grenzen«, v. a. S. 150–153.
25 S. dazu Smith: *Geschichte des Schlachters*; Nonn: *Stadt*; Kohlrausch: *Monarch*.
26 Wehler: *Gesellschaftsgeschichte*, Bd. 2, S. 1000.
27 Die Äußerung geht auf den Hofprediger Adolf Stoecker zurück. Vgl. Nonn: *Bismarck*, S. 329f.
28 Mommsen: *Ringen um den nationalen Staat*, S. 346.
29 Bismarck: *Erinnerung und Gedanke*, S. 495.
30 Ebd., S. 354.
31 Die Formulierung »stille Parlamentarisierung« stammt von Rauh: *Parlamentarisierung*; vgl. aber auch Richter: *Moderne Wahlen*, S. 30.
32 Bismarck: *Erinnerung und Gedanke*, Bd. 2, S. 58.
33 Sperber: *The Kaiser's Voters*.
34 Schönberger: »Parlamentarisierung«, S. 624.
35 Ebd.
36 Fairbairn: *Democracy*.
37 Vgl. Margaret Lavinia Anderson: »Demokratiedefizit«.
38 Blackbourn: »Politics of Demagogy«.
39 Margaret Lavinia Anderson: *Practicing Democracy*.
40 Ebd., S. 436.
41 Ernest Renan an David Strauß, 13. 9.1870, zit. nach: Leonhard: *Bellizismus*, S. 568.
42 Zit. nach: Malitz: »*Ich wünschte ein Bürger zu sein*«, S. 321.
43 Langewiesche: *Nationalismus*, S. 39f.
44 Zum Begriff s. Wehler: *Gesellschaftsgeschichte*, Bd. 2, S. 941.
45 Böhme (Hg.): *Probleme der Reichsgründungszeit*.
46 Treitschke: »Unsere Aussichten«.

ANMERKUNGEN

47 Paul de Lagarde: *Juden und Indogermanen*, Göttingen 1887, S. 239. Zu Lagarde s. auch Sieg: *Deutschlands Prophet*, sowie Stern: *Kulturpessimismus*.
48 Zit. nach: Mommsen: *Parteiprogramme*, S. 84.
49 Zit. nach: Ritter (Hg.): *Kaiserreich*, S. 277.
50 Weber: *Politische Schriften*, S. 14 und 23.
51 *Alldeutsche Blätter* (1894), zit. nach: Kruck: *Geschichte*, S. 38.
52 Vgl. in dieser Perspektive Conrad: *Globalisierung*, sowie ders.: »Globalisierungseffekte«. Kritisch dazu: Hewitson: *Germany*.
53 General Alfred Wrochem 1912, zit. nach: Fischer: *Krieg der Illusionen*, S. 162.
54 S. Rohkrämer: *Militarismus*.
55 Zweck und Ziele des Alldeutschen Verbandes (1908), zit. nach: https://www.europa.clio-online.de/ (letzter Zugriff 28. 6. 2020).
56 Volkov: *Antisemitismus*.
57 Frymann: *Wenn ich der Kaiser wär'* (dort auch die Zitate).
58 Ebd.
59 Bernhardi: *Deutschland*.
60 Dazu und zum Folgenden s. Andreas Wirsching: »Appell an die Vernunft«, in: *Frankfurter Allgemeine Zeitung (FAZ)*, 24. 4. 2017.
61 *Hitler. Reden, Schriften, Anordnungen (Februar 1925–Januar 1931)*, Bd. II/2, München 1992, S. 571.
62 Treitschke: *Deutsche Geschichte*, Bd. 1, S. 710f., und Bd. 2, S. 131.
63 S. Conze: : »Europa«, S. 238f. (dort auch die Zitate).
64 Zit. nach: Faber: »Realpolitik«, S. 22.
65 S. Conze: »Europa«, S. 239–241 (dort auch die Zitate).
66 Ebd., S. 239f.
67 Krüger: »Problem der Stabilisierung Europas«.
68 Dehio: *Gleichgewicht und Hegemonie*.
69 Zit. nach: *Die Große Politik der Europäischen Kabinette 1871–1914*, Bd. 2, S. 153f.
70 Zit. nach: Hildebrand: *Das vergangene Reich*, S. 120f.; vgl. auch Gall: *Bismarck*, S. 634–638.
71 Frie: *Kaiserreich*, S. 67.
72 Vgl. Gall: *Bismarck*, S. 617; Hildebrand: *Das vergangene Reich*, S. 89; Rose: *Deutsche Außenpolitik*, S. 98.
73 Einen knappen Forschungsüberblick bietet Frie: *Kaiserreich*, S. 43–56.
74 Zit. nach: Nonn: *Bismarck*, S. 310.
75 Zur »Kronprinzenthese« im Zusammenhang mit Bismarcks Kolonialpolitik 1884 vgl. Nonn: *Bismarck*, S. 310–313, sowie Rose: *Deutsche Außenpolitik*, S. 104–106.
76 Wehler: *Bismarck und der Imperialismus*.

77 Ders.: *Kaiserreich*, S. 173.
78 Ders.: *Bismarck und der Imperialismus*, S. 501; vgl. auch Frie: *Kaiserreich*, S. 45.
79 Hildebrand: *Das vergangene Reich*, S. 90.
80 Engels an Bernstein, 13. 9.1884, zit. nach: Gründer: *Geschichte der deutschen Kolonien*, S. 61; vgl. auch Rose: *Deutsche Außenpolitik*, S. 106.
81 Zit. nach: Gall: *Bismarck*, S. 623.
82 S. in dieser Perspektive z. B. Laak: *Über alles in der Welt*.
83 Dazu auch Kundrus: »Peripherie«.
84 Olusoga/Erichsen: *Kaiser's Holocaust*.
85 Zit. nach: Röhl: *Wilhelm II.*, Bd. 3, S. 111.
86 Zimmerer: »Kein Sonderweg im ›Rassenkrieg‹«, S. 336.
87 Zit. nach: ebd., S. 337.
88 Trotha an Schlieffen, 4.10.1904, zit. nach: Behnen (Hg.): *Quellen*, S. 292f.
89 Zit. nach: Schaller: »Ich glaube, dass die Nation als solche vernichtet werden muss«, S. 398.
90 Arendt: *Elemente und Ursprünge*, S. 308; vgl. auch Gerwarth/Malinowski: »Holocaust«, S. 445.
91 Vgl. Zimmerer: »Kein Sonderweg im ›Rassenkrieg‹«, S. 339.
92 Vgl. Wirsching: »Man kann nur Boden germanisieren«.
93 Röhl: *Kaiser*, S. 6
94 Reichstagsprotokolle 1911, 6, S. 7728 und 7730.
95 S. Paulmann: *Globale Vorherrschaft*, S. 434f. (dort auch die Zahlen).
96 Moltke: *Erinnerungen*, S. 308.

III Ein vergangenes Reich?

1 Zit. nach: Klaus Wiegrefe: »Der nahe ferne Krieg«, in: *Der Spiegel*, 30.12.2013.
2 »100. Jahrestag der Gründung des Deutschen Reiches. Ansprache des Bundespräsidenten zum 18. Januar 1871«, in: *Bulletin des Presse- und Informationsamts der Bundesregierung*, 19.1.1971.
3 https://www.bundespraesident.de/SharedDocs/Reden/DE/Richard-von-Weizsaecker/Reden/1990/10/19901003_Rede.html (letzter Zugriff 3. 7. 2020).
4 Deutscher Bundestag, Plenarprotokoll 12/34, 20. 6.1991.
5 Baring: *Deutschland*, S. 202f.
6 Mommsen: *Ringen*, S. 17.
7 Winkler: *Der lange Weg*, Bd. 1, S. 2, sowie Bd. 2, S. 655; vgl. auch Doering-Manteuffel: *Politische Nationalgeschichte*.

8 Meinecke: *Katastrophe*, S. 19–42 (dort auch die Zitate).
9 Ritter: *Staatskunst und Kriegshandwerk*, Bd. 1, S. 9. Vgl. auch Ritters erstmals 1940 veröffentlichtes Buch *Machtstaat und Utopie*, das umgearbeitet seit 1947 in mehreren weiteren Auflagen unter dem Titel *Die Dämonie der Macht* erschien, vor allem S. 146–162 (6. Aufl.). S. dazu ausführlich Cornelißen: *Ritter*.
10 Erich Dombrowski: »8. Mai 1945«, in: *FAZ*, 7.5.1955.
11 Ziekursch: *Politische Geschichte*.
12 Kehr: *Schlachtflottenbau*; ders.: *Primat der Innenpolitik*. Zu Kehr s. auch Wehler: »Eckart Kehr«.
13 Fischer: *Griff nach der Weltmacht*; ders.: *Krieg der Illusionen*; ders.: *Bündnis der Eliten*.
14 Welskopp: *Identität ex negativo*, S. 116.
15 Mann: *Betrachtungen*, S. 7.
16 Nipperdey: *Deutsche Geschichte 1866–1918*, Bd. 1, S. 834.
17 Dazu noch immer: Tönnies: *Gemeinschaft und Gesellschaft*.
18 Dahrendorf: *Gesellschaft und Demokratie*, S. 15–43 (dort auch die Zitate); vgl. auch Stern: *Fünf Deutschland*, S. 302f.
19 Stern: *Kulturpessimismus*.
20 Vgl. ders.: *Fünf Deutschland*, sowie Conze u.a.: *Das Amt*, S. 616–620 (dort auch die Zitate).
21 Dazu Priemel: *Betrayal*.
22 Vgl. Conze: *Suche nach Sicherheit*, S. 275f.
23 Den Begriff »Fünfundvierziger« prägte Moses: *45er*; ders.: *German Intellectuals*.
24 Kehr: *Primat der Innenpolitik*.
25 Wehler: *Bismarck und der Imperialismus*.
26 Wehler: *Kaiserreich*, S. 15–17.
27 Zit. nach: Jefferies: *Introduction*, S. 8.
28 Wehler: *Gesellschaftsgeschichte*, Bd. 1, S. 35; Dahrendorf: *Gesellschaft und Demokratie*, S. 75.
29 Nipperdey: *Deutsche Geschichte 1800–1918* (3 Bde.); Wehler: *Deutsche Gesellschaftsgeschichte* (5 Bde.).
30 Nipperdey: *Deutsche Geschichte 1866–1918*, Bd. 1, S. 812f. Zu Nipperdeys *Deutscher Geschichte* s. auch Nolte: *Lebens Werk*.
31 Nipperdey: *Deutsche Geschichte 1866–1918*, Bd. 2, S. 878–881 (dort auch die Zitate).
32 Diese jüngere Forschung z.B. für Deutschland und Frankreich synthetisierend: König/Julien: *Verfeindung und Verflechtung*.

33 S. Stern: *Fünf Deutschland*, S. 10.
34 S. zum Beispiel Hedwig Richter: »Erbfeindschaft, nur ein Klischee«, in: *Süddeutsche Zeitung (SZ)*, 25.5.2020.
35 S. zum Beispiel Benjamin Hasselhorn: »Und ewig grüßt der Sonderweg«, in: *Cicero online*, 30.7.2019.
36 S. dazu nicht zuletzt die Beiträge in Smith: *Fluchtpunkt 1941*, sowie ders.: »Jenseits der Sonderweg-Debatte«, vor allem S. 37.
37 Smith: *Fluchtpunkt 1941*, S. 53.
38 Evans: *Coming of the Third Reich*, S. 2; ders.: *Das Dritte Reich*, S. 43.
39 Blackbourn/Eley: *Peculiarities*.
40 Evans: *Das Dritte Reich*, S. 43.
41 S. zum Folgenden ausführlicher Conze: *Verschwinden eines Problems*.
42 Johannes Willms: »Eine Symbolgestalt nationaler Selbstfindung? Plädoyer für ein neues Bild vom Fürsten und Reichskanzler«, in: *SZ*, 30.7.1998.
43 Zit. nach: Bismarck: *Reden*, S. 17.
44 *Kabinettsprotokolle der Bundesregierung 1965*, 27.1.1965.
45 Rudolf Augstein: »Bismarck-Feiern. Reiten können«, in: *Der Spiegel*, 29.3.1965, S. 48.
46 Ebd.
47 Franz: »Ein großer Außenpolitiker«, S. 21f.
48 Rothfels: *Zum 150. Geburtstag Bismarcks*.
49 Schieder: *Gedenkfeier*.
50 »100. Jahrestag der Gründung des Deutschen Reiches. Ansprache des Bundespräsidenten zum 18. Januar 1871«, in: *Bulletin des Presse- und Informationsamts der Bundesregierung*, 19.1.1971.
51 Dokumente zur Deutschlandpolitik, S. 453.
52 Heuss: »Bismarck-Bild«, S. 27.
53 Gall: *Bismarck*; Haffner: *Von Bismarck zu Hitler*; Engelberg: *Bismarck* (2 Bde.).
54 Walter Bussmann: »Bismarck – der weiße Revolutionär«, in: *FAZ*, 8.9.1980; Ernst Schulin: »Bismarck, zu Ende erzählt«, in: *FAZ*, 2.10.1990.
55 Eyck: *Bismarck*.
56 Ritter: »Bismarckproblem« (dort auch die Zitate).
57 Clark: *Schlafwandler*.
58 Clark: *Wilhelm II.*, S. 11; ders.: *Preußen*, S. 21.
59 Clark: *Schlafwandler*, S. 17 und 716.
60 Cora Stephan: »Die Urkatastrophe«, in: *Die Welt*, 14.11.2013; Dominik Geppert u.a.: »Der Beginn vieler Schrecken«, in: *Die Welt*, 3.1.2014.
61 Friedrich: *14/18*.
62 Leserbrief, Andreas Gizewski, *FAZ*, 29.8.2014.

63 S. z. B. Hedwig Richter: »Wir Untertanen«, in: *FAZ*, 20. 6. 2018; vgl. auch ähnlich dies.: *Moderne Wahlen*, S. 28–30.
64 Leonhard: *Büchse der Pandora*, S. 77.
65 Clark: *Schlafwandler*, S. 717.
66 Herfried Münkler: »Interview«, in: *SZ*, 4. 1. 2014.
67 Andreas Wirsching: »Schlafwandler und Selbstmitleid«, in: *SZ*, 27. 7. 2014.
68 Dominik Geppert u. a.: »Der Beginn vieler Schrecken«, in: *Die Welt*, 3.1.2014.
69 Ebd.
70 Sönke Neitzel: »Rezension von Ian Kershaw: Das Ende«, in: *HZ* 296 (2013), S. 560.
71 AfD-Antrag (Bundestag), 11.12.2019 (Jongen, Frömming u. a.), Drucksache 19/15784.
72 Geppert u. a.: »Der Beginn vieler Schrecken«, in: *Die Welt*, 3. 1. 2014; vgl. auch ders: *Europa*.
73 Vgl. hierzu und zum Folgenden den knappen Überblick bei Sophie Schönberger: »König, Kaiser, Kanzler«, in: *SZ*, 3. 12. 2019.
74 S. de Graaf: *Vorstin op vredespad*.
75 Die Böhmermann-Sendung ist zu sehen unter: https://www.youtube.com/watch?v=kFZKaXi7HyM (letzter Zugriff 4. 7. 2020).
76 Die Gutachten sind nach wie vor verfügbar unter: http://hohenzollern.lol/ (letzter Zugriff 4. 7. 2020).
77 Christopher Clark: »›Der Mann war eine Flasche‹«, in: *Der Spiegel*, 27. 10. 2019.
78 Richard J. Evans: »Das Gewissen eines Gutachters«, in: *FAZ*, 9. 12. 2019.
79 Ulrich Herbert: »Vier Gutachter, ein Kronprinz und die nationale Diktatur«, in: *FAZ*, 29. 11. 2019.
80 Zit. nach: Röhl: *Wilhelm II.* (2013), S. 140f.
81 S. dazu Niklas Weber: »Wie eng Konservative und Rechtsradikale verstrickt sind«, in: *SZ*, 3. 3. 2020.
82 Hasselhorn: *Königstod*, S. 15, 56, 104f. und 167; ders.: *Politische Theologie*, S. 233; ders.: »Ein reflektiertes Preußen-Bild ist gefragt«, in: *Neue Zürcher Zeitung (NZZ)*, 11. 12. 2019.
83 S. z. B. Christoph Schönberger: »Wenn Prinzen träumen«, in: *FAZ*, 4.12. 2019.
84 Alexander Gauland: Deutscher Bundestag, 16. 1. 2020.
85 Hasselhorn: *Königstod*, S. 168.
86 Ebd., S. 167f.
87 S. den offenen Brief von Martin Sabrow: »Ihr Vorgehen greift die Freiheit der Wissenschaft an«, in: *Der Tagesspiegel*, 21. 12. 2019.
88 Michael Wolffsohn: »Geist und Geister. (Fast) 1000 Jahre Hohenzollern«, in: *NZZ*, 29. 2. 2020.

Literatur

Alings, Reinhard: *Die Berliner Siegessäule. Vom Geschichtsbild zum Bild der Geschichte*, Berlin 2000.
Althammer, Beate: *Das Bismarckreich 1871–1890*, Paderborn 2009.
Anderson, Benedict: *Die Erfindung der Nation. Zur Karriere eines folgenreichen Konzepts*, Frankfurt am Main 2005.
Anderson, Margaret Lavinia: »Ein Demokratiedefizit? Das Deutsche Kaiserreich in vergleichender Perspektive«, in: *Geschichte und Gesellschaft* (fortan GG) 44 (2018), S. 367–398.
Anderson, Margaret Lavinia: *Lehrjahre der Demokratie. Wahlen und politische Kultur im Deutschen Kaiserreich*, Stuttgart 2009 (engl.: *Practicing Democracy. Elections and Political Culture in Imperial Germany*, Princeton 2000).
Applegate, Celia: *A Nation of Provincials. The German Idea of Heimat*, Berkeley u. a. 1990.
Arand, Tobias: *1870/71. Die Geschichte des Deutsch-Französischen Krieges erzählt in Einzelschicksalen*, Hamburg 2018.
Arendt, Hannah: *Elemente und Ursprünge totalitärer Herrschaft*, München 1986.
Baring, Arnulf: *Deutschland, was nun?*, Berlin 1991.
Baumgarten, Hermann: *Der deutsche Liberalismus. Eine Selbstkritik*, Berlin 1866.
Bavaj, Ricardo, und Martina Steber (Hgg.): *Germany and »The West«. The History of a Modern Concept*, New York 2015.
Becht, Hans-Peter, und Ewald Grothe (Hgg.): *Karl von Rotteck und Karl Theodor Welcker*, Baden-Baden 2018.
Becker, Frank: *Bilder von Krieg und Nation. Die Einigungskriege in der bürgerlichen Öffentlichkeit Deutschlands 1864–1913*, München 2001.
Behnen, Michael (Hg.): *Quellen zur deutschen Außenpolitik im Zeitalter des Imperialismus 1890–1911*, Darmstadt 1977.
Bendikowski, Tilmann: *1870/71. Der Mythos von der deutschen Einheit*, München 2020.
Berghahn, Volker: *Das Kaiserreich 1871–1914* (Gebhardt Handbuch der deutschen Geschichte, Bd. 16), Stuttgart 2003.
Bernhardi, Friedrich von: *Deutschland und der nächste Krieg*, Stuttgart 1912.

Biefang, Andreas, u. a. (Hg.): *Das politische Zeremoniell im Deutschen Kaiserreich 1871–1918*, Düsseldorf 2009.

Biefang, Andreas: *Die andere Seite der Macht. Reichstag und Öffentlichkeit im »System Bismarck« 1871–1890*, Düsseldorf 2009.

Bismarck, Otto von: *Dokumente seines Lebens*, Frankfurt am Main 1986.

Bismarck, Otto von: *Erinnerung und Gedanke*, 3 Bde., Berlin 1932.

Bismarck, Otto von (1815–1998): *Reden aus Anlass seines 100. Todestages*, Hamburg 1998.

Blackbourn, David, und Geoff Eley: *The Peculiarities of German History. Bourgeois Society and Politics in 19th Century Germany*, Oxford 1984 (dt.: *Mythen deutscher Geschichtsschreibung. Die gescheiterte bürgerliche Revolution von 1848*, Frankfurt am Main 1980).

Blackbourn, David: »The Politics of Demagogy in Imperial Germany«, in: *Past & Present* 113 (1986), S. 152–184.

Böhme, Helmut (Hg.): *Probleme der Reichsgründungszeit 1848–1879*, Köln/Berlin 1968.

Borutta, Manuel: »Repräsentation, Subversion und Spiel: Die kulturelle Praxis nationaler Feste in Rom und Berlin, 1870/71 und 1895«, in: Ulrike von Hirschhausen und Jörn Leonhard (Hgg.): *Nationalismen in Europa. West- und Osteuropa im Vergleich*, Göttingen 2001, S. 243–266.

Bösch, Frank: »Grenzen des ›Obrigkeitsstaates‹. Medien, Politik und Skandale im Kaiserreich«, in: Müller/Torp (Hgg.): *Kaiserreich*, S. 136–153.

Bösch, Frank: *Öffentliche Geheimnisse. Skandale, Politik und Medien in Deutschland und Großbritannien 1880–1914*, München 2009.

Braun, Matthias: *Die Siegessäule*, Berlin 2000.

Bremm, Klaus-Jürgen: *70/71. Preußens Triumph über Frankreich und die Folgen*, Darmstadt 2019.

Breuer, Stefan: *Die Völkischen in Deutschland. Kaiserreich und Weimarer Republik*, Darmstadt 2008.

Bruch, Rüdiger vom, und Björn Hofmeister (Hgg.): *Kaiserreich und Erster Weltkrieg 1871–1918* (Deutsche Geschichte in Quellen und Darstellungen, Bd. 8), Stuttgart 2019.

Bruns, Tobias: »1878 als sicherheitskulturelle Wende in der deutschen Geschichte«, in: Christoph Kampmann u. a. (Hg.): *»Security Turns its Eye Exclusively on the Future«. Zum Verhältnis von Sicherheit und Zukunft in der Geschichte*, Baden-Baden 2018, S. 233–257.

Bührer, Tanja: *Die Kaiserliche Schutztruppe für Deutsch-Ostafrika. Koloniale Sicherheitspolitik und transkulturelle Kriegführung, 1855–1918*, München 2011.

Burckhardt, Jacob: *Briefe an Friedrich von Preen 1864–1893*, Stuttgart 1922.

Burckhardt, Jacob: *Über das Studium der Geschichte. Weltgeschichtliche Betrachtungen*, München 1982.

Canis, Konrad: *Bismarcks Außenpolitik 1870–1890. Aufstieg und Gefährdung*, Paderborn 2008.

Canis, Konrad: *Von Bismarck zur Weltpolitik. Deutsche Außenpolitik 1890 bis 1902*, München 2009.

Canis, Konrad: *Der Weg in den Abgrund. Deutsche Außenpolitik 1902–1914*, Paderborn 2011.

Clark, Christopher: *Preußen. Aufstieg und Niedergang 1600–1947*, München 2006.

Clark, Christopher: *Die Schlafwandler. Wie Europa in den Ersten Weltkrieg zog*, München 2013.

Clark, Christopher: *Wilhelm II. Die Herrschaft des letzten deutschen Kaisers*, München 2008.

Conrad, Sebastian, und Jürgen Osterhammel (Hgg.): *Das Kaiserreich transnational. Deutschland in der Welt 1871–1914*, Göttingen 2004.

Conrad, Sebastian: *Deutsche Kolonialgeschichte*, München 2008.

Conrad, Sebastian: *Globalisierung und Nation im Deutschen Kaiserreich*, München 2006.

Conrad, Sebastian: »Globalisierungseffekte. Mobilität und Nation im Kaiserreich«, in: Müller/Torp (Hgg.): *Kaiserreich*, S. 406–421.

Conze, Eckart, u. a.: *Das Amt und die Vergangenheit. Deutsche Diplomaten im Dritten Reich und der Bundesrepublik*, München 2010.

Conze, Eckart: *Das Auswärtige Amt. Vom Kaiserreich bis zur Gegenwart*, München 2013.

Conze, Eckart: *Die große Illusion. Versailles 1919 und die Neuordnung der Welt*, München 2018.

Conze, Eckart: »Vom allmählichen Verschwinden eines Problems. Bismarck-Rezeption und politische Kultur in der Bundesrepublik Deutschland«, in: *Jahrbuch zur Liberalismusforschung* 27 (2015), S. 131–148.

Conze, Eckart: »›Wer von Europa spricht, hat Unrecht.‹ Aufstieg und Verfall des vertragsrechtlichen Multilateralismus im europäischen Staatensystem des 19. Jahrhunderts«, in: *Historisches Jahrbuch* 121 (2001), S. 214–241.

Conze, Vanessa: »*Ich schwöre Treue …*«. *Der politische Eid in Deutschland zwischen Kaiserreich und Bundesrepublik*, Göttingen 2020.

Cornelißen, Christoph: *Gerhard Ritter. Geschichtswissenschaft und Politik im 20. Jahrhundert*, Düsseldorf 2001.

Dahrendorf, Ralf: *Gesellschaft und Demokratie in Deutschland*, München 1965.

Daniel, Ute: »Einkreisung und Kaiserdämmerung. Ein Versuch, der Kulturgeschichte der Politik vor dem Ersten Weltkrieg auf die Spur zu kommen«, in:

Barbara Stollberg-Rilinger (Hg.): *Was heißt Kulturgeschichte des Politischen?*, Berlin 2005, S. 279–328.

De Graaf, Beatrice: »Vorstin op vredespad. Wilhelm II en Wilhelmina en het einde van de Eerste Wereldoorlog«, in: *Tijdschrift voor Geschiedenis* 131 (2018), S. 577–604.

Dehio, Ludwig: *Gleichgewicht oder Hegemonie*, Krefeld 1948.

Deutscher Sonderweg – Mythos oder Realität? Kolloquien des Instituts für Zeitgeschichte, München 1982.

Doering-Manteuffel, Anselm: *Die deutsche Frage und das europäische Staatensystem 1815–1871*, München 1993.

Doering-Manteuffel, Anselm: *Konturen von Ordnung. Ideengeschichtliche Zugänge zum 20. Jahrhundert*, Berlin 2019.

Doering-Manteuffel, Anselm: »Eine politische Nationalgeschichte für die Berliner Republik. Überlegungen zu Heinrich August Winklers ›Der lange Weg nach Westen‹«, in: *GG* 27 (2001), S. 446–462.

Doering-Manteuffel, Anselm: *Vom Wiener Kongress zur Pariser Konferenz. England, die deutsche Frage und das europäische Mächtesystem 1815–1856*, Göttingen/Zürich 1991.

Dokumente zur Deutschlandpolitik. Deutsche Einheit. Sonderedition aus den Akten des Bundeskanzleramts 1989/90, München 1998.

Droysen, Johann Gustav: *Geschichte der preußischen Politik*, 5 Teile, 14 Bde., Leipzig 1855–1886.

Droysen, Johann Gustav: *Historik*, Stuttgart 1977.

Eley, Geoff, und James N. Retallack (Hgg.): *Wilhelminism and Its Legacies. German Modernities, Imperialism, and the Meanings of Reform, 1890–1930*, New York/Oxford 2003.

Eley, Geoff: *Reshaping the German Right. Radical Nationalism and Political Change after Bismarck*, Ann Arbor 1996.

Eley, Geoff: *Wilhelminismus, Nationalismus, Faschismus. Zur historischen Kontinuität in Deutschland*, Münster 1991.

Engelberg, Ernst: *Bismarck*, 2 Bde., Berlin 1985 und 1990.

Epkenhans, Michael: *Der Deutsch-Französische Krieg 1870/1871*, Stuttgart 2020.

Epkenhans, Michael: *Die Reichsgründung 1870/71*, München 2020.

Etzemüller, Thomas: »Romantischer Rhein – Eiserner Rhein. Ein Fluss als imaginary landscape der Moderne«, in: *Historische Zeitschrift* (fortan *HZ*) 295 (2012), S. 390–424.

Eulenburg, Philipp von: *Politische Korrespondenz*, hg. von John C. G. Röhl, Boppard 1976–1983.

Evans, Richard J.: *Das Dritte Reich. Aufstieg*, München 2004.

Evans, Richard J.: *The Pursuit of Power. Europe 1814–1914*, London 2016.
Evans, Richard J.: *Rethinking German History. 19th Century Germany and the Origins of the Third Reich*, London 1987.
Eyck, Erich: *Bismarck. Leben und Werk*, 3 Bde., Erlenbach 1941–1944.
Faber, Karl-Georg: »Realpolitik als Ideologie. Die Bedeutung des Jahres 1866 für das politische Denken Deutschlands«, in: *HZ* 203 (1966), S. 1–45.
Fairbairn, Brett: *Democracy in the Undemocratic State. The German Reichstag Elections of 1898 and 1903*, Toronto 1997.
Fenske, Hans (Hg.): *Im Bismarckschen Reich 1871–1890*, Darmstadt 1978.
Fenske, Hans (Hg.): *Der Weg zur Reichsgründung 1850–1871*, Darmstadt 1977.
Fischer, Fritz: *Bündnis der Eliten. Zur Kontinuität der Machtstrukturen in Deutschland 1871–1945*, Düsseldorf 1979.
Fischer, Fritz: *Griff nach der Weltmacht. Die Kriegszielpolitik des kaiserlichen Deutschland, 1914–1918*, Düsseldorf 1961.
Fischer, Fritz: *Krieg der Illusionen. Die deutsche Politik von 1911 bis 1914*, Düsseldorf 1969.
Fontane, Theodor: *Der Krieg gegen Frankreich 1870–1871*, 4 Bde., [1873–1876], Zürich 1988.
Förster, Birte: *Der Königin Luise-Mythos. Mediengeschichte des »Idealbilds deutscher Weiblichkeit«, 1860–1960*, Göttingen 2011.
Franz, Corinna: »›Ein großer Außenpolitiker, aber ein sehr schlechter Innenpolitiker‹. Otto von Bismarck im Urteil Konrad Adenauers«, in: Lappenküper (Hg.): *Otto von Bismarck*, S. 9–30.
Freytag, Nils: *Das wilhelminische Kaiserreich 1890–1914*, Paderborn 2018.
Frie, Ewald: *Das Deutsche Kaiserreich*, Darmstadt 2004.
Friedrich, Jörg: *14/18. Der Weg nach Versailles*, Berlin 2014.
Frymann, Daniel (Heinrich Claß): *Wenn ich der Kaiser wär'. Politische Wahrheiten und Notwendigkeiten*, Leipzig 1912.
Gaehtgens, Thomas: *Anton von Werner, die Proklamierung des Deutschen Kaiserreichs. Ein Historienbild im Wandel preußischer Politik*, Frankfurt am Main 1990.
Gall, Lothar: *Bismarck. Der weiße Revolutionär*, Frankfurt am Main 1980.
Gall, Lothar (Hg.): *Das Bismarck-Problem in der Geschichtsschreibung nach 1945*, Köln 1971.
Gall, Lothar: »Die ›deutsche Frage‹ im 19. Jahrhundert«, in: *1871 – Fragen an die deutsche Geschichte*, Berlin 1971, S. 19–52.
Gall, Lothar: »Georg Gottfried Gervinus«, in: Hans-Ulrich Wehler (Hg.): *Deutsche Historiker*, Bd. 5, Göttingen 1972, S. 7–26.
Gall, Lothar (Hg.): *Regierung, Parlament und Öffentlichkeit im Zeitalter Bismarcks. Politikstile im Wandel*, Paderborn 2003.

Geisthövel, Alexa: *Restauration und Vormärz 1815–1847*, Paderborn 2008.

Geppert, Dominik: *Ein Europa, das es nicht gibt. Die fatale Sprengkraft des Euro*, Berlin 2013.

Gerlach, Ernst Ludwig von: *Die Annexionen und der Norddeutsche Bund*, Berlin 1866.

Gervinus, Georg Gottfried: *Denkschrift zum Frieden* [1870/71], Haag 1946.

Gerwarth, Robert, und Stephan Malinowski: »Der Holocaust als ›kolonialer Genozid‹? Europäische Kolonialgewalt und nationalsozialistischer Vernichtungskrieg«, in: *GG* 33 (2007), S. 439–466.

Green, Abigail: *Fatherlands. State-Building and Nationhood in 19th Century Germany*, Cambridge 2004.

Greiffenhagen, Martin: *Die Aktualität Preußens. Fragen an die Bundesrepublik*, Frankfurt am Main 1981.

Gründer, Horst: *Geschichte der deutschen Kolonien*, Paderborn 2012.

Hardtwig, Wolfgang: *Geschichtskultur und Wissenschaft*, München 1990.

Hardtwig, Wolfgang: »Von Preußens Aufgabe in Deutschland zu Deutschlands Aufgabe in der Welt. Liberalismus und borussianisches Geschichtsbild zwischen Revolution und Imperialismus«, in: ders.: *Geschichtskultur*, S. 103–160.

Hardtwig, Wolfgang, und Helmut Hinze (Hgg.): *Vom Deutschen Bund zum Kaiserreich 1815–1871 (Deutsche Geschichte in Quellen und Darstellungen*, Bd. 7), Stuttgart 2018.

Hasselhorn, Benjamin: *Königstod. 1918 und das Ende der Monarchie in Deutschland*, Leipzig 2018.

Hasselhorn, Benjamin: *Politische Theologie Wilhelms II.*, Berlin 2012.

Herbert, Ulrich: »Europe in High Modernity. Reflections on a Theory of the 20th Century«, in: *Journal of Modern European History* 5 (2007), S. 5–21.

Heuss, Theodor: »Das Bismarck-Bild im Wandel. Ein Versuch«. Einführung zu: *Otto von Bismarck: Gedanken und Erinnerungen, Reden und Briefe*, Berlin 1951, S. 7–27.

Hewitson, Mark: *Germany and the Modern World, 1880–1914*, Cambridge 2018.

Hewitson, Mark: »The Kaiserreich in Question. Constitutional Crisis in Germany before the First World War«, in: *Journal of Modern History* 73 (2001), S. 725–780.

Hildebrand, Klaus: *Deutsche Außenpolitik 1871–1918*, München 2008.

Hildebrand, Klaus: *Das vergangene Reich. Deutsche Außenpolitik von Bismarck bis Hitler, 1871–1945*, München 1995.

Hopp, Andrea (Hg.): *Erlebnis und Deutung. 1870/71 und 1888*, Friedrichsruh 2007.

Hopp, Andrea: »Warum Bismarck?«, in: *Aus Politik und Zeitgeschichte* 13 (2015), S. 3–8.

Howard, Michael: *The Franco-Prussian War. The German Invasion of France 1870–1871*, London 2006.
Huber, Ernst Rudolf: *Deutsche Verfassungsgeschichte seit 1789*, Bd. 3: *Bismarck und das Reich*, Stuttgart u. a. 1988.
Hull, Isabel V.: *Absolute Destruction. Military Culture and the Practices of War in Imperial Germany*, Ithaca 2005.
Jansen, Christian: »Selbstbewusstes oder gefügiges Parlament? Abgeordnetendiäten und Berufspolitiker in den deutschen Staaten des 19. Jahrhunderts«, in: *GG* 25 (1999), S. 33–65.
Jarausch, Konrad H., und Michael Geyer: *Shattered Past. Reconstructing German Histories*, Princeton 2003.
Jefferies, Matthew (Hg.): *The Ashgate Research Companion to Imperial Germany*, Farnham 2015.
Jefferies, Matthew: *Contesting the German Empire, 1871–1918*, Oxford 2008.
Jefferies, Matthew: »Introduction«, in: ders. (Hg.): *Imperial Germany*, S. 1–9.
Jeismann, Michael: *Das Vaterland der Feinde. Studien zum nationalen Feindbegriff und Selbstverständnis in Deutschland und Frankreich, 1792–1918*, Stuttgart 1992.
Jung, Theo: »Der Feind im eigenen Hause. Antiparlamentarismus im Reichstag 1867–1918«, in: Marie-Luise Recker und Andreas Schulz (Hgg.): *Parlamentarismuskritik und Antiparlamentarismus in Europa*, Düsseldorf 2018, S. 129–149.
Kehr, Eckart: *Der Primat der Innenpolitik*, hg. von Hans-Ulrich Wehler, Berlin 1965.
Kehr, Eckart: *Schlachtflottenbau und Parteipolitik, 1894–1901. Versuch eines Querschnitts durch die innenpolitischen, sozialen und ideologischen Voraussetzungen des deutschen Imperialismus*, Berlin 1930.
Kießling, Friedrich: *Gegen den »großen« Krieg. Entspannung in den internationalen Beziehungen 1911–1914*, München 2002.
Kocka, Jürgen: »Bismarcks zweites Leben. Ansichten seit 1890«, in: Marcus Gräser u. a. (Hg.): *Staat, Nation, Demokratie*, Göttingen 2001, S. 53–59.
Kocka, Jürgen: *Das lange 19. Jahrhundert. Arbeit, Nation und bürgerliche Gesellschaft* (*Gebhardt Handbuch zur deutschen Geschichte*, Bd. 13), Stuttgart 2002.
Kocka, Jürgen: »Looking Back on the Sonderweg«, in: *Central European History* 51 (2018), S. 137–142.
Kohlrausch, Martin: *Der Monarch im Skandal. Die Logik der Massenmedien und Transformationen der wilhelminischen Monarchie*, Berlin 2005.
König, Mareike, und Élise Julien: *Verfeindung und Verflechtung. Deutschland und Frankreich 1870–1918*, Darmstadt 2019.

Kreuzer, Marcus: »Und sie parlamentarisierte sich doch. Die Verfassungsordnung des Kaiserreichs in vergleichender Perspektive«, in: Marie-Luise Recker (Hg.): *Parlamentarismus in Europa. Deutschland, England und Frankreich im Vergleich*, München 2004, S. 17-40.

Kruck, Alfred: *Geschichte des Alldeutschen Verbandes 1890-1939*, Wiesbaden 1954.

Krüger, Christine: »*Sind wir denn nicht Brüder?*« *Deutsche Juden im nationalen Krieg 1870/71*, Paderborn 2006.

Krüger, Peter: »Das Problem der Stabilisierung Europas nach 1871«, in: ders. (Hg.): *Das europäische Staatensystem im Wandel. Strukturelle Bedingungen und bewegende Kräfte seit der Frühen Neuzeit*, München 1996, S. 171-188.

Krumeich, Gerd: *Juli 1914. Eine Bilanz*, Paderborn 2014.

Kühne, Thomas: »Demokratisierung und Parlamentarisierung. Neue Forschungen zur politischen Entwicklungsfähigkeit Deutschlands vor dem Ersten Weltkrieg«, in: GG 31 (2005), S. 293-316.

Kühne, Thomas: *Dreiklassenwahlrecht und Wahlkultur in Preußen 1867-1914: Landtagswahlen zwischen korporativer Tradition und politischem Massenmarkt*, Düsseldorf 1994.

Kundrus, Birthe (Hg.): *Phantasiereiche. Zur Kulturgeschichte des deutschen Kolonialismus*, Frankfurt am Main 2003.

Kundrus, Birthe: *Moderne Imperialisten. Das Kaiserreich im Spiegel seiner Kolonien*, Köln 2003.

Kundrus, Birthe: »Von der Peripherie ins Zentrum. Zur Bedeutung des Kolonialismus für das Deutsche Kaiserreich«, in: Müller/Torp (Hgg.): *Kaiserreich*, S. 359-373.

Kuss, Susanne: *Deutsches Militär auf kolonialen Kriegsschauplätzen. Eskalation von Gewalt zu Beginn des 20. Jahrhunderts*, Berlin 2011.

Küsters, Hanns Jürgen, und Ulrich Lappenküper (Hgg.): *Kanzler der Einheit. Bismarck – Adenauer – Kohl*, St. Augustin 2012.

Laak, Dirk van: *Über alles in der Welt. Deutscher Imperialismus im 19. und 20. Jahrhundert*, München 2005.

Lagarde, Paul de: *Juden und Indogermanen*, Göttingen 1887.

Langewiesche, Dieter: »Der ›deutsche Sonderweg‹. Defizitgeschichte als geschichtspolitische Zukunftskonstruktion nach dem Ersten und dem Zweiten Weltkrieg«, in: Horst Carl u. a. (Hg.): *Kriegsniederlagen. Erfahrungen und Erinnerungen*, Berlin 2004, S. 57-65.

Langewiesche, Dieter: »Der historische Ort des Kaiserreichs«, in: Bernd Heidenreich und Sönke Neitzel (Hgg.): *Das Deutsche Kaiserreich 1890-1914*, Paderborn 2011, S. 23-35.

Langewiesche, Dieter: *Liberalismus in Deutschland*, Frankfurt am Main 1988.

Langewiesche, Dieter: *Nation, Nationalismus, Nationalstaat in Deutschland und Europa*, München 2000.

Lappenküper, Ulrich (Hg.): *Otto von Bismarck im Urteil deutscher Bundeskanzler*, Friedrichsruh 2009.

Lehnstaedt, Stephan: »In der Endlosschleife? Debatten über die Schuld am Ersten Weltkrieg von Emil Ludwig bis Christopher Clark«, in: *Zeitschrift für Geschichtswissenschaft* 2016 (H. 7/8), S. 620–641.

Leonhard, Jörn: »Another ›Sonderweg‹? The Historical Semantics of ›Democracy‹ in Germany«, in: Jusi Kurunmäki u. a. (Hg.): *Democracy in Modern Europe. A Conceptual History*, New York/Oxford 2018, S. 65–87.

Leonhard, Jörn: *Bellizismus und Nation. Kriegsdeutung und Nationsbestimmung in Europa und den Vereinigten Staaten, 1750–1914*, München 2008.

Leonhard, Jörn: *Die Büchse der Pandora. Geschichte des Ersten Weltkriegs*, München 2014.

Malitz, Jürgen: »›Ich wünschte ein Bürger zu sein.‹ Theodor Mommsen im wilhelminischen Reich«, in: Karl Christ und Arnoldo Momigliano (Hgg.): *Die Antike im 19. Jahrhundert in Italien und Deutschland*, Berlin/Bologna 1988, S. 321–359.

Mann, Thomas: *Betrachtungen eines Unpolitischen*, Berlin 1918.

Mann, Thomas: »Deutschland und die Deutschen« (29.5.1945), in: ders.: *Essays, Bd. 2 (Politische Reden und Schriften)*, hg. von Hermann Kurzke, Frankfurt am Main 1986, S. 281–298.

Mehrkens, Heidi: »Deutsch-Französischer Krieg 1870/71«, in: Ute Daniel und Gerd Krumeich (Hgg.): *Frankreich und Deutschland im Krieg, 18.–20. Jahrhundert. Zur Kulturgeschichte der europäischen »Erbfeindschaft«*, Braunschweig 2005, S. 96–157.

Meinecke, Friedrich: *Die deutsche Katastrophe. Betrachtungen und Erinnerungen*, Wiesbaden 1946.

Meteling, Wencke: *Ehre, Einheit, Ordnung. Preußische und französische Städte und ihre Regimenter im Krieg, 1870/71 und 1914–19*, Baden-Baden 2010.

Metzler, Gabriele: *Großbritannien – Weltmacht in Europa. Handelspolitik im Wandel des europäischen Staatensystems 1856–1871*, Berlin 1997.

Metzler, Gabriele: *Der Staat der Historiker. Staatsvorstellungen deutscher Historiker seit 1945*, Berlin 2018.

Miard-Delacroix, Hélène, und Andreas Wirsching: *Von Erbfeinden zu guten Nachbarn. Ein deutsch-französischer Dialog*, Stuttgart 2019.

Moltke, Helmuth von: *Erinnerungen, Briefe, Dokumente 1877–1916*, Stuttgart 1922.

Mombauer, Annika: *Die Julikrise. Europas Weg in den Ersten Weltkrieg*, München 2013.

Mombauer, Annika: *The Origins of the First World War. Controversies and Consensus*, London 2002.

Mommsen, Wilhelm (Hg.): *Deutsche Parteiprogramme*, München 1964.

Mommsen, Wolfgang J.: *Der autoritäre Nationalstaat. Verfassung, Gesellschaft und Kultur im deutschen Kaiserreich*, Frankfurt am Main 1990.

Mommsen, Wolfgang J.: *Bürgerstolz und Weltmachtstreben. Deutschland unter Wilhelm II. 1890 bis 1918*, Berlin 1995.

Mommsen, Wolfgang J.: *Das Ringen um den nationalen Staat. Die Gründung und der innere Ausbau des Deutschen Reiches unter Otto von Bismarck 1850 bis 1890*, Berlin 1993.

Mommsen, Wolfgang J.: *War der Kaiser an allem schuld? Wilhelm II. und die preußisch-deutschen Machteliten*, Berlin 2002.

Moses, Dirk: »Die 45er. Eine Generation zwischen Faschismus und Demokratie«, in: *Neue Sammlung* 40 (2000), S. 211–233.

Moses, Dirk: *German Intellectuals and the Nazi Past*, Cambridge 2007.

Müller, Sven Oliver, und Cornelius Torp (Hgg.): *Das Deutsche Kaiserreich in der Kontroverse*, Göttingen 2009.

Müller, Tim B., und Hedwig Richter: »Demokratiegeschichten. Deutschland (1800–1933) in transnationaler Perspektive«, in: *GG* 44 (2018), S. 325–335.

Mulligan, William: *The Origins of the First World War*, Cambridge 2010.

Nippel, Wilfried: *Johann Gustav Droysen. Ein Leben zwischen Wissenschaft und Politik*, München 2008.

Nipperdey, Thomas: *Deutsche Geschichte 1800–1866. Bürgerwelt und starker Staat*, München 1983.

Nipperdey, Thomas: *Deutsche Geschichte 1866–1918*, 2 Bde., München 1990/93.

Nipperdey, Thomas: »Einheit und Vielfalt in der Neueren Geschichte«, in: *HZ* 253 (1991), S. 1–20.

Nipperdey, Thomas: »Rede zum Wartburgtreffen 1990«, in: Ulrich Zwiener (Hg.): *Ein demokratisches Deutschland für Europa. Wartburgtreffen 1990*, Jena 1990, S. 48–58.

Nipperdey, Thomas: »War die wilhelminische Gesellschaft eine Untertanen-Gesellschaft?«, in: Paul Nolte (Hg.): *Thomas Nipperdey. Kann Geschichte objektiv sein? Historische Essays*, München 2013, S. 235–252.

Nipperdey, Thomas: »Wehlers ›Kaiserreich‹. Eine kritische Auseinandersetzung«, in: ders.: *Gesellschaft, Kultur, Theorie*, Göttingen 1976, S. 360–389.

Nolte, Paul: »Abschied vom 19. Jahrhundert oder Auf der Suche nach einer anderen Moderne«, in: Dieter Langewiesche u. a. (Hg.): *Wege der Gesellschaftsgeschichte*, Göttingen 2006, S. 103–132.

Nolte, Paul: *Lebens Werk. Thomas Nipperdeys Deutsche Geschichte. Biographie eines Buches*, München 2018.

Nonn, Christoph: *Bismarck. Ein Preuße und sein Jahrhundert*, München 2015.

Nonn, Christoph: *Das Deutsche Kaiserreich. Von der Gründung bis zum Untergang*, München 2017.

Nonn, Christoph: *Eine Stadt sucht einen Mörder. Gerücht, Gewalt und Antisemitismus im Kaiserreich*, Göttingen 2002.

Olusoga, David, und Casper W. Erichsen: *The Kaiser's Holocaust. Germany's Forgotten Genocide and the Colonial Roots of Nazism*, London 2010.

Oncken, Hermann: *Über die Zusammenhänge zwischen äußerer und innerer Politik*, Wiesbaden 1919.

Oncken, Wilhelm: *Das Zeitalter des Kaisers Wilhelm*, 2 Bde., Berlin 1890.

Paulmann, Johannes: *Globale Vorherrschaft und Fortschrittsglaube. Europa 1850–1914*, München 2019.

Plessner, Helmuth: *Die verspätete Nation. Über die politische Verführbarkeit bürgerlichen Geistes* [1935], Stuttgart 1959.

Priemel, Kim Christian: *The Betrayal. The Nuremberg Trials and German Divergence*, Oxford/New York 2016.

Radbruch, Gustav: »Die politischen Parteien im System des deutschen Verfassungsrechts«, in: Gerhard Anschütz und Richard Thoma (Hg.): *Handbuch des deutschen Staatsrechts*, Bd. 1, Tübingen 1930, S. 285–294.

Rauh, Manfred: *Die Parlamentarisierung des Deutschen Reiches*, Düsseldorf 1977.

Retallack, James N.: *The German Right, 1860–1920. Political Limits of the Authoritarian Imagination*, Toronto 2006.

Retallack, James N.: *Germany in the Age of Kaiser Wilhelm II*, Basingstoke/London 1996.

Retallack, James N.: *Germany's Second Reich. Portraits and Pathways*, Toronto 2015.

Retallack, James N. (Hg.): *Imperial Germany 1871–1918*, Oxford 2008.

Retallack, James N.: *Notables of the Right. The Conservative Party and Political Mobilization in Germany 1876–1918*, London 1988.

Retallack, James N.: »Obrigkeitsstaat und politischer Massenmarkt«, in: Müller/Torp (Hgg.): *Kaiserreich*, S. 121–135.

Retallack, James N.: *Red Saxony. Election Battles and the Spectre of Democracy in Germany, 1860–1918*, Oxford 2017.

Richter, Hedwig: *Moderne Wahlen. Eine Geschichte der Demokratie in Preußen und den USA im 19. Jahrhundert*, Hamburg 2017.

Ritter, Gerhard: »Das Bismarckproblem«, in: *Merkur* 1950 (H. 4), S. 657–676 (wiederabgedruckt in: Gall (Hg.): *Bismarck-Problem*, S. 119–137.

Ritter, Gerhard: *Die Dämonie der Macht*, München 1948 (6. Aufl.).

Ritter, Gerhard: *Staatskunst und Kriegshandwerk. Das Problem des Militarismus in Deutschland*, 4 Bde., München 1954–1968.

Ritter, Gerhard A. (Hg.): *Das Deutsche Kaiserreich. Ein historisches Lesebuch*, Göttingen 1981.

Rochau, Ludwig August von: *Grundsätze der Realpolitik. Angewendet auf die staatlichen Zustände Deutschlands* [1853], Frankfurt am Main 1972.

Rödder, Andreas: *Wer hat Angst vor Deutschland? Geschichte eines europäischen Problems*, Frankfurt am Main 2018.

Rohkrämer, Thomas: *Der Militarismus der »kleinen Leute«. Die Kriegervereine im Deutschen Kaiserreich 1871–1914*, München 1990.

Röhl, John C. G.: *The Kaiser and his Court. Wilhelm II and the Government of Germany*, Cambridge 1994.

Röhl, John C. G.: *Wilhelm II.*, 3 Bde., München 1993–2008.

Röhl, John C. G.: *Wilhelm II.*, München 2013.

Rose, Andreas: *Die Außenpolitik des Wilhelminischen Kaiserreiches (1890–1918)*, Darmstadt 2015.

Rose, Andreas: *Deutsche Außenpolitik in der Ära Bismarck (1862–1890)*, Darmstadt 2013.

Rothfels, Hans: »Zum 150. Geburtstag Bismarcks«, in: *Vierteljahrshefte für Zeitgeschichte* (fortan *VfZ*) 13 (1965), S. 225–235.

Schaller, Dominik J.: »›Ich glaube, dass die Nation als solche vernichtet werden muss.‹ Kolonialkrieg und Völkermord in ›Deutsch-Südwestafrika‹ 1904–1907«, in: *Journal of Genocide Research* 6 (2004), S. 395–430.

Schieder, Theodor, und Ernst Deuerlein (Hgg.): *Reichsgründung 1870/71. Tatsachen, Kontroversen, Interpretationen*, Stuttgart 1970.

Schieder, Theodor: *Gedenkfeier zum 150. Geburtstag Otto von Bismarcks*, Bonn 1965.

Schieder, Theodor: *Staatensystem als Vormacht der Welt 1848–1918*, Frankfurt am Main u. a. 1982.

Schmitt, Carl: »Hugo Preuß. Sein Staatsbegriff und seine Stellung in der deutschen Staatslehre«, in: *Recht und Staat in Geschichte und Gegenwart* 72 (1930).

Schmitt, Carl: *Staatsgefüge und Zusammenbruch des zweiten Reiches*, Hamburg 1934.

Schneider, Ute: »Einheit ohne Einigkeit? Der Sedantag im Kaiserreich«, in: Sabine Behrenbeck und Alexander Nützenadel (Hgg.): *Inszenierungen des Natio-*

nalstaats. Politische Feiern in Italien und Deutschland seit 1860/71, Köln 2000, S. 27-44.

Schönberger, Christoph: »Die überholte Parlamentarisierung. Einflussgewinn und fehlende Herrschaftsfähigkeit des Reichstags im sich demokratisierenden Kaiserreich«, in: *HZ* 272 (2001), S. 623-666.

Schroeder, Paul W.: *The Transformation of European Politics, 1763-1848*, Oxford 1994.

Schubert, Sebastian: »Abschied vom Nationalstaat? Die deutsche Reichsgründung 1871 in der Geschichtspolitik des geteilten Deutschlands von 1965 bis 1974«, in: Heinrich August Winkler (Hg.): *Griff nach der Deutungsmacht. Zur Geschichte der Geschichtspolitik in Deutschland*, Göttingen 2004, S. 230-265.

Schulze, Hagen: *Der Weg zum Nationalstaat. Die deutsche Nationalbewegung vom 18. Jahrhundert bis zur Reichsgründung*, München 1985.

Seier, Hellmut: »Heinrich v. Sybel«, in: Hans-Ulrich Wehler (Hg.): *Deutsche Historiker*, Bd. 2, Göttingen 1971, S. 24-38.

Sell, Friedrich: *Die Tragödie des Deutschen Liberalismus*, Stuttgart 1953.

Sheehan, James J.: *German History 1770-1866*, Oxford 1989.

Sheehan, James J.: »Paradigm Lost? The ›Sonderweg‹ Revisited«, in: Gunilla Budde u. a. (Hg.): *Transnationale Geschichte. Themen, Tendenzen und Theorien*, Göttingen 2006, S. 150-160.

Sieg, Ulrich: *Deutschlands Prophet. Paul de Lagarde und die Ursprünge des modernen Antisemitismus*, München 2007.

Siemann, Wolfram: *Die deutsche Revolution von 1848/49*, Frankfurt am Main 1985.

Siemann, Wolfram: *Metternich. Stratege und Visionär*, München 2016.

Siemann, Wolfram: »Reichsgründung 1871«, in: Alexander Gallus (Hg.): *Deutsche Zäsuren. Systemwechsel seit 1806*, Köln 2006, S. 105-131.

Siemann, Wolfram: *Vom Staatenbund zum Nationalstaat. Deutschland 1806-1871*, München 1995.

Smith, Helmut Walser: *Fluchtpunkt 1941. Kontinuitäten in der deutschen Geschichte*, Stuttgart 2010.

Smith, Helmut Walser: *Die Geschichte des Schlachters. Mord und Antisemitismus in einer deutschen Kleinstadt*, Göttingen 2002.

Smith, Helmut Walser: »Jenseits der Sonderweg-Debatte«, in: Müller/Torp (Hgg.): *Kaiserreich*, S. 31-50.

Speitkamp, Wilfried: *Deutsche Kolonialgeschichte*, Stuttgart 2005.

Spenkuch, Hartwin: *Das Preußische Herrenhaus. Adel und Bürgertum in der Ersten Kammer des Landtags 1854-1918*, Düsseldorf 1998.

Spenkuch, Hartwin: »Vergleichsweise besonders? Politisches System und Strukturen Preußens als Kern des ›deutschen Sonderwegs‹«, in: *GG* 29 (2003), S. 262–293.

Sperber, Jonathan: *The Kaiser's Voters. Electors and Elections in Imperial Germany*, Cambridge 1997.

Stern, Fritz: *Fünf Deutschland und ein Leben. Erinnerungen*, München 2007.

Stern, Fritz: *Kulturpessimismus als politische Gefahr*, Stuttgart 1963 (engl.: *The Politics of Cultural Despair*, Berkeley 1961).

Stürmer, Michael (Hg.): *Das kaiserliche Deutschland. Politik und Gesellschaft 1870–1918*, Düsseldorf 1984.

Stürmer, Michael: *Die Reichsgründung. Deutscher Nationalstaat und europäisches Gleichgewicht im Zeitalter Bismarcks*, München 1984.

Stürmer, Michael: *Das ruhelose Reich. Deutschland 1866–1918*, Berlin 1994.

Sybel, Heinrich von: *Die Begründung des Deutschen Reiches durch Wilhelm I.*, 7 Bde., München 1889–1894.

Tönnies, Ferdinand: *Gemeinschaft und Gesellschaft*, Berlin 1887.

Torp, Cornelius, und Sven Oliver Müller: »Das Bild des Deutschen Kaiserreichs im Wandel«, in: Müller/Torp (Hgg.): *Kaiserreich*, S. 9–27.

Torp, Cornelius: *Die Herausforderung der Globalisierung. Wirtschaft und Politik in Deutschland 1860–1914*, Göttingen 2005.

Treitschke, Heinrich von: *Deutsche Geschichte im 19. Jahrhundert*, 5 Bde., Leipzig 1879–1894.

Treitschke, Heinrich von: »Unsere Aussichten«, in: *Preußische Jahrbücher* 44 (1879), S. 559–576.

Ullmann, Hans-Peter: *Das Deutsche Kaiserreich 1871–1918*, Frankfurt am Main 1995.

Ullmann, Hans-Peter: *Interessenverbände in Deutschland*, Frankfurt am Main 1988.

Ullrich, Volker: *Die nervöse Großmacht. Aufstieg und Untergang des deutschen Kaiserreichs 1871–1918*, Frankfurt am Main 1997.

Verhey, Jeffrey: *Der »Geist von 1914« und die Erfindung der Volksgemeinschaft*, Hamburg 2000.

Vogel, Jakob: *Nationen im Gleichschritt. Der Kult der »Nation in Waffen« in Deutschland und Frankreich 1871–1914*, Göttingen 1997.

Volkov, Shulamith: *Antisemitismus als kultureller Code. Zehn Essays*, München 2000.

Volkov, Shulamith: »Antisemitismus als kultureller Code«, in: dies.: *Antisemitismus als kultureller Code. Zehn Essays*, München 2000, S. 13–36.

Volkov, Shulamith: *Die Juden in Deutschland, 1780–1918*, München 1994.

Walkenhorst, Peter: *Nation – Volk – Rasse. Radikaler Nationalismus im Deutschen Kaiserreich, 1890–1914*, Göttingen 2007.

Weber, Max: *Gesammelte Politische Schriften*, Tübingen 1988.

Weber, Max: *Wirtschaft und Gesellschaft* [1921], Tübingen 1976.

Wehler, Hans-Ulrich: *Bismarck und der Imperialismus*, Köln 1969.

Wehler, Hans-Ulrich: *Deutsche Gesellschaftsgeschichte*, 5 Bde., München 1987–2008.

Wehler, Hans-Ulrich: *Das Deutsche Kaiserreich 1871–1918*, Göttingen 1973.

Wehler, Hans-Ulrich: »Eckart Kehr«, in: ders. (Hg.): *Deutsche Historiker*, Bd. 1, Göttingen 1971, S. 100–113.

Wehler, Hans-Ulrich: *Krisenherde des Kaiserreichs, 1871–1918. Studien zur deutschen Sozial- und Verfassungsgeschichte*, Göttingen 1979.

Wehler, Hans-Ulrich: *Nationalismus. Geschichte, Formen, Folgen*, München 2004.

Welskopp, Thomas: »Identität ex negativo. Der ›deutsche Sonderweg‹ als Metaerzählung in der bundesdeutschen Geschichtswissenschaft der siebziger und achtziger Jahre«, in: Konrad Jarausch und Martin Sabrow (Hgg.): *Die historische Meistererzählung. Deutungslinien der deutschen Nationalgeschichte nach 1945*, Göttingen 2002, S. 109–139.

Wette, Wolfram: *Militarismus in Deutschland. Geschichte einer kriegerischen Kultur*, Darmstadt 2008.

Wetzel, David: *Duell der Giganten. Bismarck, Napoleon III. und die Ursachen des Deutsch-Französischen Krieges 1870/71*, Paderborn 2005.

Wienfort, Monika: *Geschichte Preußens*, München 2008.

Wigard, Franz (Hg.): *Stenographischer Bericht über die Verhandlungen der deutschen constituierenden Nationalversammlung zu Frankfurt am Main*, 9 Bde., Leipzig 1848/49.

Winkler, Heinrich August: *Der lange Weg nach Westen*, 2 Bde., München 2000.

Wirsching, Andreas: »›Man kann nur Boden germanisieren.‹ Eine neue Quelle zu Hitlers Rede vor den Spitzen der Reichswehr am 3. Februar 1933«, in: *VfZ* 49 (2001), S. 517–550.

Wirth, Johann Georg (Hg.): *Das Nationalfest der Deutschen zu Hambach*, Neustadt an der Haardt 1832.

Witt, Peter-Christian: »Die Gründung des Deutschen Reiches von 1871 oder dreimal Kaiserfest«, in: Uwe Schultz (Hg.): *Das Fest. Eine Kulturgeschichte von der Antike bis zur Gegenwart*, München 1988, S. 306–317.

Wolfrum, Edgar: *Geschichte als Waffe. Vom Kaiserreich bis zur Wiedervereinigung*, Göttingen 2001.

Ziekursch, Johannes: *Politische Geschichte des neuen deutschen Kaiserreiches*, 3 Bde., Frankfurt am Main 1925–1930.

Ziemann, Benjamin: *Das Kaiserreich als Epoche der Polykontexturalität*, in: Müller/Torp (Hgg.): *Kaiserreich*, S. 51–65.

Zimmerer, Jürgen, und Joachim Zeller (Hgg.): *Völkermord in Deutsch-Südwestafrika. Der Kolonialkrieg (1904–1908) in Namibia und seine Folgen*, Berlin 2016.

Zimmerer, Jürgen: »Kein Sonderweg im ›Rassenkrieg‹. Der Genozid an den Herero und Nama 1904–1908 zwischen deutschen Kontinuitäten und der Globalgeschichte der Massengewalt«, in: Müller/Torp (Hgg.): *Kaiserreich*, S. 323–340.

Zimmerer, Jürgen: *Von Windhuk nach Auschwitz. Beiträge zum Verhältnis von Kolonialismus und Holocaust*, Münster 2011.